KB190908

21세기 교회의 존재방식, M-Church

사명을 다하는 교회로
바로 세워라

장성배 지음

kmc

M-Church는 여러 가지 뜻을 함축한 말이다.
'21세기형 교회'(Millenium Church), '선교적 교회'(Missional Church),
그리고 개척이 불가능한 시대에 '기적을 낳는 교회'(Miracle Church) 등이 그것이다.
그러나 이 책이 강조하고 싶은 것은 '사명 중심적 교회'(Mission-centered Church)다.
사명 중심적 교회는 위의 모든 단어들을 포괄하기 때문이다.

서문

　1986년 한 교회를 개척하면서 시작됐던 목회자의 길이 어언 23년이 지나고 있습니다. 저의 목회에 중간 결산을 해야 할 시기입니다. 이 무렵에 출간되는 이 책이 한국교회는 물론 필자에게도 후반기 사역의 방향을 설정하는 역할을 하기를 기대합니다.

　필자에게 교회갱신과 선교를 주제로 논문지도를 받던 한 목사가 물었습니다. "교수님, 교수님께서 이 분야에 많은 글을 쓰신 줄 미처 몰랐습니다. 지금 보니 저에게 꼭 맞는 글들이군요." 이 일이 필자로 하여금 이 책을 출판하게 만드는 계기가 되었습니다. 이미 여러 연구지들을 통해 발표된 글들을 한 책으로 묶음으로써 독자들에게 편의를 제공하고, 서로 다른 것처럼 보였던 글들의 일관성을 볼 수 있게 하려고 노력했습니다.

이 책의 목적

　첫째, 교회갱신과 성장분야에 있어서 신학적 이론과 실천 사이의 균형을 이룬 글을 쓰는 것이었습니다. 이미 출판된 책들을 읽다 보면 어떤 글은 지극히 신학적이어서 그것을 어떻게 현실에 적용할 것인지 막연함을 느낄 때가 있었습니다. 그런가 하면 어떤 글들은 너무 방법론에 치우쳐서 "꿩 잡는 것이 매"라는 식의 주장을 하는 것처럼 보이기도 했습니다. 이 책은 이러한 둘 다의 요구에 적절하게 응답하려고 노력한 결과입니다.

둘째, 교회의 선교와 성장에 대한 서로 다른 신학적 주장들을 '사명 중심적 교회'(Mission-centered Church 혹은 Missional Church)라는 선교학적으로도 포괄적이고, 성서적으로도 분명한 근거가 있는 개념을 중심으로 통합하고자 했습니다. 이 제안은 포스트모던 사회에서 다양한 그룹의 사람들을 향해 목회할 때, 다양성 속의 일치를 추구함으로써 획일화된 목회를 지양하면서도 선교를 위한 교회간의 협력을 가능하게 할 것입니다.

셋째, 이 책은 기존의 교회를 선교 공동체로 전환하거나, 지역의 교회들이 연대하여 만드는 선교 운동을 가능하게 하는 컨설팅 교재를 목적으로 편집되었습니다. 이 책을 중심으로 연구와 토론 모임을 만들고, 각 주제들을 검토해 나간다면, 교회의 갱신과 선교 수행에 많은 변화가 있을 것입니다.

사용방법

첫째, 이 책을 읽는 독자는 먼저 이 책의 목차에 따라 순서적으로 읽기를 권합니다. 이 책은 '사명 중심적 교회'인 M-Church의 개념부터, 그를 뒷받침할 수 있는 신학과 교회론, 그리고 그 적용방법을 설명하고 있습니다. 그러므로 순서적으로 읽을 때 가장 큰 효과를 기대할 수 있습니다.

둘째, 일독 후에는 그 적용을 위해 필요에 따라 부분적으로 읽을 수 있습니다. 이를 위해서는 각 장 뒤에 있는 '적용을 위한 과제'가 도움이 될 것입니다.

셋째, 신학교에서 교회성장 혹은 교회개척 과목의 교재로 사용할 수 있습니다. 필자의 교육 경험상 필요한 주제들을 묶었기 때문에, 매주 한 주제씩 다뤄나간다면 한 학기의 과제로 적절할 것입니다. 이때 '내 것으로 만들기'는 한 주의 과제물로 부여될 수 있을 것입니다. 또한 미주와 책 뒤의 부록에 있는 책들은 각 주제들을 다루는 참고도서목록이 될 수 있습니다. 10개의 장으로 구성되었기 때문에, 15주 학기 중 오리엔테이션, 중간고사와 기말고사, 그리고 나머지 두 주는 자신의 목회계획서를 발표하고 상호 평가하는 시간을 가지면 좋겠습니다.

20여 년 전 교회를 개척할 당시를 돌아보면, 무슨 용기로 교회를 개척하겠다고 했는지 그 무모함에 얼굴이 벌게집니다. 확실한 교회론도 없었고, 복음의 열정과 전도의 노하우도 없었으며, 목회와 선교에 대한 분명한 정리도 안 되어 있던 사람이 교회를 개척하고, 지역사회를 변화시키며, 부흥 성장하는 교회를 보기 원했던 것입니다. 무식하면 용감하다고 했던가요? 용감한 사람이 지식을 가진 사람보다 낫다고 했던가요?

그러나 하나님께서는 너무도 부족한 필자를 여러 상황으로 이끌고 가면서 성장시키셨습니다. 3년간의 군목 생활은 교회가 세상 사람들과 어떻게 공존하며 사명을 감당해야 하는지에 대해 질문하도록 이끌었습니다. 기독교 신앙을 갖고 있지 않은 연대장과 장교들, 하사관들, 사병들과 씨름하면서, 교회 안의 목회가 아니라 세상으로 흩어져 사역을 감당해야 하는 교회론이 형성되었습니다. 제대 후 전통적인 교회에서의 부목사 생활은 변화하는 시대에 교회가 변화되어야 한다는 갈증을 절감하게 했습니다. 미국 유학중에 방문했던 많은 성장하는 교회들은 앞으로 한국교회가 어떻게 변화되어가야 하는지에 대한 통찰력을 제공해 주었습니다. 귀국 후에 방문한 한국의

6

많은 성장하는 교회들은 필자의 가슴을 설레게 했습니다.

　1998년부터 감리교신학대학교에서 선교와 전도, 교회개척과 성장 분야를 가르치면서 많은 제자들이 작은교회 현장으로 나가는 것을 보아왔습니다. 그런데 그 현장은 갈수록 어려워지고 있었습니다. 그들을 구체적으로 도와야겠다는 생각에 연구소를 설립하고 2000년대에 들어서면서 감리회 본부 선교국과 함께 미자립교회 극복을 위한 모임들을 구성하기 시작했습니다. 그 경험들이 이론으로 정리된 것이 오늘의 이 책입니다.

　필자가 섬기는 M-Center는 현장의 목회자들과 이 책의 방법들을 적용하는 모임을 시작하고 있습니다. 신학교에는 개척자 모임을 가동했습니다. 교회가 그 사명을 잃어버린 것 같은 이 시대에, 교회개척이 너무 어렵다고 하는 이 시대에, 사명 중심적 교회라는 꿈을 꾸며 현장에서부터 운동을 만들어가려고 합니다.

　이 책을 통해 많은 믿음의 사람들을 만나기 원하고, 교회의 사명회복을 향한 운동이 더욱 강하게 일어나기를 기도합니다.

2009년 5월
장성배 교수

I

이론적 근거

하나님께서는 당신의 구원 사역의 도구로 사용하기 위해 교회를 조직하셨다. 그러므로 교회는 하나님의 구속 역사에 민감해야 하며 이 땅에서의 하나님의 구속활동에 동참하기 위해 최선을 다해야 한다. 이러한 교회를 사명 중심적 교회라고 불러본다. 특히 '가서 제자 삼으라'는 명령과 '네 이웃을 사랑하라'는 명령은 교회가 땅 끝까지 완수해야 하는 최대의 사명이다.

1

M-Church?

1. M-Church?

M-Church라는 말은 필자가 2년여 동안 미자립교회 극복 모델을 만들어 보려는 M-Project에서부터 비롯되었다. 그 당시에 M은 여러 가지 의미를 담는 단어로 사용되었는데, 우리가 꼽을 수 있는 의미들로는 선교(Mission), 새 천년(Millenium), 그리고 개척이 불가능한 시대에 기적(Miracle)을 낳는 교회와 같은 것들이 있었다.

이 책의 M-Church는 위의 모든 뜻을 담는 교회를 의미한다. 21세기형 교회(Millenium Church), 선교적 교회(Missional Church), 기적을 낳는 교회(Miracle Church) 등이 그것이다. 그러나 필자의 마음에 가장 강력히 자리 잡은 것은 '사명 중심적 교회'(Mission-centered Church)다. 사명 중심적 교회는 위의 모든 성격을 포함하기 때문이다.

이 세상의 모든 것은 존재하는 목적이 있다. 창조주 하나님의 손길을 거친 세상의 그 어떤 것도 우연히 이뤄진 것은 없다. 다만 하나님의 계획과 디자인에 순종하거나 아니면 반역 또는 무관심하여 창조의 목적을 훼손하는 존재가 있을 뿐이다.

그중에 하나님께서는 당신의 구원 사역의 도구로 사용하기 위해 교회를 조직하셨다. 그러므로 교회는 하나님의 구속 역사에 민감해야 하며 이 땅에서의 하나님의 구속활동에 동참하기 위해 최선을 다해야 한다. 이러한 교회를 사명 중심적 교회라고 불러본다. 특히 주님의 가장 큰 위임(the great commission)인 '가서 제자 삼으라'는 명령과 가장 큰 명령(the great command)인 '네 이웃을 사랑하라'는 명령은 교회가 땅 끝까지 완수해야 하는 최대의 사명이다.

한국 교회가 체제 유지적이고, 개교회 성장에만 머물러 있다는 자성의 소리가 높아지고 있다. 이러한 때에 교회는 다시 한 번 사명 중심적으로 개혁되어야 한다. 이 시대에 한국 교회가 하나님 나라의 빛에 따른 사명을 성실히 수행할 때, 한국 교회의 영향력이 회복될 것이고, 한국 사회의 변화도 일어날 것이다.

교회는 부활하신 예수 그리스도로부터 시작된 부름 받은 공동체(ecclesia)다. 부름 받은 공동체는 그 부르신 목적을 수행해야 하는 사명이 있다. 그러므로 교회는 하나님으로부터 받은 사명이 무엇인가를 묻고, 그 사명을 완수하기 위해 최선을 다해야 한다.

역사 속의 많은 교회들이 그 사명을 감당하는 가운데 부흥을 체험하고, 사회의 변혁을 이루며, 결과적으로 교회의 성장을 가져왔다. 반면에 많은 교회들이 그 사명을 잃어버리고 체제를 유지하며 안주한 결과 타락과 권력싸움, 그리고 교회의 분열과 쇠퇴를 자초했다. 사명을 잃어버린 교회는 하나님의 기대를 저버리고 역사 안에서 사라질 뿐만 아니라, 사람들이 하나님께 나아가는 데에 걸림돌이 된다. 이런 교회들은 심판의 때에 견디지 못할 것이다.

2. 교회 성장은 교회의 사명이 아니라 결과다.

필자는 감리교신학대학교의 선교학 교수로서, 또 M-center 소장으로서 교회 성장학을 연구했고 학교뿐만 아니라 여러 곳에서 교회 성장 전략을 가르쳐 왔다. 필자가 만나본 많은 목회자들은 교회 성장을 간절히 원하고, 그것을 위해 많은 노력을 기울이고 있었다. 그들에게 교회 성장은 교회가 성취해야 할 사명처럼 보였다. 실제로 교회 성장 학자들은 교회 성장이 하나님의 뜻이라고 주장하기도 한다. 그 결과 수많은 교회 성장 이론들이 목회자들을 다양한 교회 성장 세미나들로 이끌고 있다. 또한 교회 성장을 이루어낸 대형 교회 목회자들은 선망의 대상이 되고, 그들과 같아지고자 많은 사람들이 그들을 연구한다. 새들백 교회나 윌로우크릭 교회와 같은 교회 성장을 이룬 교회의 담임목사는 한국 목회자들에게 스타처럼 여겨지고, 자연적 교회 성장(NCD)이나, 셀 교회, 뜨레스디아스(TD), 알파 세미나에 많은 목회자들이 몰리고 있다. 아쉬운 것은 많은 경우 이 과정에서 교회의 본질과 사명은 사라지고 오직 성장 방법만이 남는다는 것이다.

한국 교회는 세계에서 유래를 찾아볼 수 없는 성장으로 인해 잘 알려져 있다. 지금도 한국의 목회자들은 다른 나라의 목회자들에 비해서 많은 시간을 목회에 할애하고 있다. 그럼에도 불구하고 1990년대 이후 교회 성장률이 둔화되기 시작하더니 2000년대 들어서면서 교회 성장에 적신호가 켜졌다. 교회에 대한 부정적인 시각이 늘어나고, 교회의 영향력은 급격하게 감소하고 있다. 믿지 않는 사람들의 선호도에서도 개신교회는 가톨릭, 불교에 떨어지고 있다. 그 결과 현재 성장하는 교회들은 회심 성장보다는 이동 성장에 의존하고 있는 실정이고, 전통적인 교회들은 교인수의 감소를 체험하고 있다. 각종 세미나에서 전수받은 방법들을 적용해 봐도 좀처럼 교회 성장은 일어나지 않는다.

많은 목회자들이 필자에게 새로운 교회 성장 전략에 대해 묻곤 한다. 이에 대해 본인은, "교회가 교회 되면 성장하지 않을까요?"라고 대답한다. 교회가 교회 된다는 것이 무엇을 의미할까? 필자는 그것을 교회가 자신의 사명을 회복하는 데서 찾는다. 교회가 하나님이 주신 사명을 회복하고, 그 사명에 피가 끓으며, 열정을 담아 사역을 감당할 때, 교회의 부흥과 성장도 일어날 줄 믿는다.

그러므로 교회 성장은 교회의 사명이 아니다. 교회 성장은 사명을 감당하는 건강한 교회들에게 따라오는 결과고 열매다. 그러면 M-Church가 추구할 가장 중요한 목표는 무엇일까?

3. M-Church는 구속사적 관점에서 교회의 사명을 고백한다.

M-Church는 하나님의 구속사적 관점에서 교회의 사명을 고백한다. 성서는 하나님께서 천지를 창조하신 이후, 인간의 타락으로 말미암아 세상은 그 원형을 상실했다고 증언하고 있다. 그 이후의 성서 이야기는 하나님의 나라를 회복하고자 하는 하나님의 선교 행위와 그분에게 쓰임 받는 사람들, 나라들에 대한 것이다.

이 성서 이야기는 하나님께서 세상을 사랑하셔서 독생자를 주셨다는 데서 그 절정에 달한다. 그 아들은 이 세상에서 아버지의 뜻에 순종하며 사명을 감당하다가 십자가에서 자신의 생명을 주심으로 사랑의 진수를 보여준다. 그리고 부활하셔서 영원한 생명

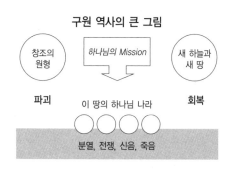

구원 역사의 큰 그림

창조의 원형 | 하나님의 Mission | 새 하늘과 새 땅

파괴 / 이 땅의 하나님 나라 / 회복

분열, 전쟁, 신음, 죽음

의 약속이 된다. 부활하신 예수 그리스도는 제자들을 세상에 보내시며 이 복음의 증인이 되라고 명령하셨고, 성령의 권능을 받은 초대교회는 주님이 다시 오실 때까지 땅 끝까지 그 사명을 완수한다. 이 구속사의 한 정점에 지금의 교회가 존재한다.

이러한 구속사 중심의 교회에 대한 이해는 교회로 하여금 자기중심적이 되지 않도록 한다. 교회는 '사명을 수행하시는 하나님'(missional God)의 구속 역사의 도구가 되어야 하며, 항상 민감하게 그 하나님의 뜻을 찾아 순종해야 한다. 이러한 관점은 교회로 하여금 선교의 주체가 하나님이라는 사실을 깨닫게 한다. 선교는 교회의 편의에 따라 해도 되고 안 해도 되는 것이 아니라는 것이다. 이러한 각성을 한 교회는 현재의 자리에 안주할 수 없다. 종말론적 고백을 하는 교회는 우리에게 생명이 있는 한 촌각을 아껴서 자신에게 주어진 사명을 감당해야 한다.

4. M-Church는 하나님의 나라를 추구한다.

구속사의 관점에서 사명을 고백하는 M-Church는 하나님 나라를 추구하는 삶을 산다. 교회가 진정 '하나님의 백성들'과 '그리스도의 몸'으로서의 정체성을 가지고 있다면, 교회가 추구할 목표는 '하나님의 나라'가 된다. 예수께서도 제자들이 추구해야 할 가장 중요한 것을 말씀하시면서, "먼저 그의 나라와 그의 의를 구하라"고 하셨다.[1] 또한 주의 기도를 가르쳐 주시면서, 나라가 임하고 뜻이 하늘에서 이룬 것같이 땅에서도 이루어지도록 기도하라고 하셨다.[2] 이 하나님 나라는 실로 예수님의 선포의 알파와 오메가였다. 그의 공생애를 시작하는 첫 선포는, 천국이 가까웠으니 회개하라는 것이었다.[3] 부활하신 그리스도께서 사십일 동안 제자들을 가르치실 때도 하나님 나라의 일을 가르치셨다.[4]

예수께서는 하나님의 나라를 여러 비유를 들어 설명하셨다. 그중에 겨자씨와 누룩의 비유는 비록 작은 공동체라도 자신을 희생하고 섬기면 큰 생명의 역사를 이뤄낸다는 것을 강조하고 있다.[5] 또한 천국은 밭

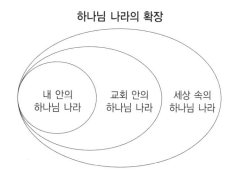

하나님 나라의 확장

내 안의 하나님 나라 / 교회 안의 하나님 나라 / 세상 속의 하나님 나라

에 감추인 보화와 같고, 좋은 진주와 같아서 이를 발견한 사람은 자기 소유를 다 팔아 그것을 사게 된다.[6]

예수가 사용한 하나님의 나라란 어떤 '영역' 보다는 '통치' 의 개념을 가진 말이다. 주님이 가르치신 기도도 그의 뜻이 이루어지는 것과 하나님의 나라가 임하는 것을 같이 보고 있다. 이러한 맥락에서 볼 때 하나님의 뜻이 온전히 이루어지는 곳에 하나님의 나라가 임한다. 즉 하나님의 나라는 하나님의 주권이 선포된 곳이다. 그 나라는 우선 개개인의 그리스도인의 삶 안에 임한다. 그리스도인들이 온전히 하나님의 뜻에 순종할 때, 그들의 삶은 하나님의 다스리심이 임한 그의 나라가 된다. 또한 하나님의 나라는 교회공동체 안에 임한다. 교회가 다른 무엇보다 하나님의 다스리심에 순종할 때 교회는 하나님의 나라가 된다. 이렇게 하나님의 나라를 체험한 사람들은 뜻이 하늘에서 이룬 것같이 땅에서도 이뤄지기를 기도하며 세상을 향해 나간다. 교회의 마지막 목표는 하나님의 나라가 이 땅에 이뤄지는 것이다.

하나님의 나라 개념은 교회가 역동적으로 사명을 수행하는 데 매우 중요한 역할을 감당해 왔다. 하나님 나라의 빛에서 교회는 죽음을 무릅쓰고 세상으로 나가 증인의 사명을 감당했다. 그런데 교회가 이해한 하나님의 나라는 그 강조점에 따라 많은 차이를 드러내고 있다. 하워드 스나이더는 기독교 역사 속에서 다양한 하나님의 나라에 대한 이해가 있어 왔다는 것을 잘

설명해 주고 있다. 그에 의하면, 기독교 역사 속에 하나님 나라는 미래의 소망으로, 내면의 영적인 경험으로, 제도적인 교회로, 대안 사회로, 정치적인 국가로, 기독교화된 문화로, 지상의 유토피아로 이해되어 왔다.[7] 그러나 이러한 강조점의 차이들은 전체적인 하나님 나라를 이해할 수 있는 부분들일 뿐이다. 세상과 교회의 분열을 치유하기 위해서도 우리는 다시 하나님 나라의 총체성을 회복해야 한다. 스나이더는 하나님의 나라가 천상적이면서도 지상적이고, 현재적이면서도 미래적이며, 개인적이면서도 사회적이라는 것을 강조한다. 이러한 통전적 하나님 나라의 개념은 교회가 통전적으로 사명을 수행하기 위한 중요한 관점을 줄 수 있다.

하나님 나라는 여러 가지 면에서 교회가 사명을 찾아가는 데 도전을 준다. 첫째, 하나님 나라는 교회 일치에 중요한 역할을 한다. 교회는 그 어느 위치에 있든 하나님의 나라 성취를 위해 부름 받았고, 헌신해야 할 존재기 때문이다. 둘째, 하나님 나라는 교회로 하여금 현실에 안주하지 않고 하나님의 선교에 동참하도록 요청한다. 현재적 하나님 나라를 강조하면서도 미래적인 차원을 잊지 않는다는 것은, 교회로 하여금 종말론적인 공동체가 되게 함으로써, 세속에 물들지 않고 현실을 극복할 수 있는 원동력을 제공한다. 셋째, 하나님 나라는 교회 자체가 완전한 존재가 아니라는 것을 일깨워줌으로써, 도상의 존재로서의 교회 자신을 깨닫게 도와준다. 이는 교회 갱신의 중요한 모티브가 된다. 넷째, 하나님 나라의 수평적이고도 수직적인 차원의 강조는, 이 세상의 문제들을 외면하지 않으면서도, 그 문제들을 초월적 관점에서 조망하도록 도와준다. 즉 범지구적으로 갖고 있는 많은 문제들을 초월적인 관점에서도 볼 수 있도록 이끌어 준다. 다섯째, 하나님 나라는 개인적인 신앙을 뛰어넘어 공동체를 볼 수 있게 한다. 이는 개인의 영혼 구원에 집중해 왔던 한국 개신교의 일부 그룹들에게 신앙의 포괄적인 관점을 갖도록 도전한다.[8]

5. M-Church는 예수 중심적 교회다.

교회는 예수 그리스도의 삶과 죽음, 그리고 부활을 통해 생겨난 공동체다. 그러므로 초대교회는 예수 그리스도 중심적인 제자들의 공동체였다. 그들은 예수 그리스도의 사랑의 삶을 추구하는 사람들이었고, 그 결과 세상과 구별된 삶을 사는 사람들이었다.

더 나아가서 초대교회는 머리 되신 예수 그리스도와 연결된 그리스도의 몸이었다. 몸에는 여러 가지 지체가 있어서 맡은 기능을 감당하듯이, 성령께서는 뜻하신 대로 각 성도들에게 은사를 주셔서 그리스도의 몸의 기능을 하게 하신다. 그러므로 은사공동체는 지극히 예수 그리스도 중심적이다.

그리스도의 뒤를 따르는 초대교회는 제자도를 강조했다. 제자는 예수를 주라고 고백하고 자신들 삶 속에서 그를 따라가려고 결심하는 사람들이다. 제자들에게는 예수의 삶과 가르침이 매우 중요했다. 예수의 죽음은 하나님의 자비와 인간들의 죄를 향한 하나님의 용서를 보여준다. 그러나 예수를 구세주로 받아들이는 것은 신앙의 출발점에 지나지 않는다. 제자들에게 진리는 그 본질에 있어서 관념적이기보다는 실존적이었다. 그러므로 초대교회가 말하는 제자도는 예수 그리스도의 삶을 따라가는 것을 강조한다. 초대교회 그리스도인들은 그들의 신앙생활 때문에 박해를 받을 준비가 되어 있었다.

초대교회의 가장 중요한 제자도의 성격은 공동체의 형태로 나타났다. 특히 제자도는 그들의 재물에 대한 태도에서 볼 수 있다. 많은 경우에 그들은 각자의 재산을 함께 공유하려고 시도했다. 제자가 되려는 결단이 신앙의 개인적인 단계라면, 제자들이 들어서야 할 새로운 삶은 공동체적이었다. 제자가 되는 것은 사람들로 하여금 참된 공동체를 이루게 했다. 이 공동체는 장차 올 하나님의 나라를 예시해 주는 것이었다. 그들은 이 땅에 "가시적인 사

랑의 공동체"를 형성했다.[9]

M-Church는 예수 그리스도의 삶과 가르침에 집중하기를 원한다. 그들은 예배를 통해 이러한 예수 그리스도가 드러나게 되고, 예배의 참석자들로 하여금 그 예수 그리스도를 만나도록 노력한다. 그리고 이렇게 진정한 예배에 참예한 사람들은 삶 속에서 그들의 신앙을 실천하게 된다. 이머징 교회 (Emerging church)에서는 이것이 공동체의 형태로 나타나게 되었다. 교회는 일주일에 한 번, 정해진 건물에 모이는 개인적인 신자들의 집합체 이상의 의미가 있다. 즉 교회는 예수 그리스도와 그 지체들 간에 소속의식과 일체감을 갖는 신자들의 공동체다.

6. M-Church는 흩어지는 구조(go-structure)를 띤다.

성서의 하나님은 '선교하시는 하나님'(Missional God)이시다. 그분은 사명을 수행하기 위해 스스로 사명의 장소로 이동해 가는 분이시다. 하나님은 자신의 영역인 하늘을 떠나 사명의 장소인 세상으로 오신다. 세상에 버려진 아담을 찾아오시고, 노아와 아브라함을 찾아오신다. 광야의 모세를 찾아오시고, 친히 이스라엘 백성들을 이끌고 가나안으로 들어가신다. 사사들과 왕들, 예언자들을 찾아오셔서 사명을 주시고, 그들을 이끄신다. 그러고는 끝내 예수 그리스도의 모습으로 이 땅에 오신다. 당신의 자리인 하늘에서 보면 하나님은 흩어지는 구조로 일하신다.

그의 아들 예수 그리스도도 이 땅에서 살 동안 그의 사명을 수행하기 위해서 머리 둘 곳도 없이 다니셨다.[10] 그는 한적한 곳에 가서 기도하신 후에 다시 세상으로

흩어지는 교회

증인
공동체

나가 전도하시고 귀신들을 내어 쫓는 사역을 감당하셨다.[11] 마태복음 9장 35절 이하의 말씀은 예수의 사역과 제자들의 사명을 잘 묘사하고 있다.

> 예수께서 모든 도시와 마을에 두루 다니사 그들의 회당에서 가르치시며 천국 복음을 전파하시며 모든 병과 모든 약한 것을 고치시니라 무리를 보시고 불쌍히 여기시니 이는 그들이 목자 없는 양과 같이 고생하며 기진함이라 이에 제자들에게 이르시되 추수할 것은 많되 일꾼이 적으니 그러므로 추수하는 주인에게 청하여 추수할 일꾼들을 보내 주소서 하라 하시니라.[12]

그는 사명을 수행하기 위해 쉼 없이 성과 촌을 두루 다니며 가르치시고, 천국 복음을 전파하시고, 모든 병과 약한 것을 고치셨다. 그 이유는 그들을 향한 사랑과 연민 때문이었다. 그리고 제자들은 예수의 사역의 동역자가 되어 추수하는 일에 동참할 것을 요구받았다.

교회 또한 본래 흩어지는 구조를 중심으로 움직였다. 예수의 부활을 체험하고 성령에 사로잡힌 사람들이 미친 듯이 세상에 나가 부활하신 주님을 증거하는 가운데 교회가 시작되었다. 초대교회는 예루살렘 교회로부터 전 세계로 퍼져나갔다. 부활하신 주님은 제자들에게 가장 중요한 사명을 주었는데, 그 사명을 수행하기 위해서는 '가는 것'부터 시작한다. "너희는 가서 모든 민족을 제자로 삼아 아버지와 아들과 성령의 이름으로 세례를 베풀고 내가 너희에게 분부한 모든 것을 가르쳐 지키게 하라."[13] 요한복음에서도 예수는 제자들을 세상에 보내신다. "아버지께서 나를 보내신 것같이 나도 너희를 보내노라."[14] 이 본문에서는 '아들을 보내시는 하나님'과 '제자들을 보내는 아들'에 대한 언급이 분명하게 나타나고 있다. 성령의 역사도 제자들을 세상으로 흩어지게 만든다. "오직 성령이 너희에게 임하시면 너희가 권능을 받고 예루살렘과 온 유대와 사마리아와 땅 끝까지 이르러 내 증인이 되리라 하시니라.”[15]

교회는 '세상의' 빛과 소금이 되어야 한다.[16] 교회의 빛과 소금이 아니라 세상의 빛과 소금이다. 교회가 교회 안에만 안주하고 있으면 더 이상 교회이기를 그치게 된다.

교회가 모이는 것은 흩어지기 위함이다. 그리스도인들은 세상의 증인의 사명을 감당하기 위해 하나님을 만나고 말씀으로부터 사명을 깨달아야 한다. 그것이 예배고 설교다. 또한 교육과 훈련을 통해 제자로 양육되어야 한다. 이것이 교회학교고 제자훈련학교다. 그리고 그들은 세상으로 나가야 한다. 그곳에서 그들은 또 다른 예배를 맛보며 성경말씀의 진수를 배우게 된다. 즉 사명의 장소인 세상에서 그들은 실천하는 가운데 말씀을 새롭게 깨닫게 되며, 삶의 현장에서 살아계신 하나님을 만나게 된다.

그러므로 M-Church는 흩어지는 교회고 세상에 있는 교회다. 주일 중심에서 주중의 6일의 소중함이 새롭게 드러나는 교회고, 목회자 중심에서 평신도 중심으로 이동해간 교회며, 주일예배 중심에서 주중의 성경공부와 소그룹, 선교와 전도, 그리고 봉사가 중요시 되는 교회다. 주일의 소중함은 주중의 6일과 연결되어 열매 맺어야 한다.

7. 세상으로 흩어지는 중요한 단위들은 가정, 직장, 지역사회, 세계다.

가정은 하나님께서 인간이 삶을 이어가기 위해 부여하신 가장 중요한 단위 중의 하나다. 교회는 가정이 하나님의 나라가 되도록 최선을 다해 가르치고 지원해야 한다. 흩어지는 교회는 가정을 하나님의 교회로 인식하고 평신도 부모들이 목회자의 기능을 감당하도록 격려한다. 가정에서의 예배와 말씀양육, 제자훈련과 친교, 그리고 이웃을 향한 전도와 선교의 수행은 가정을 교회로 볼 때 가능해진다.

또한 직장은 평신도가 세상과 접촉하는 가장 중요한 창구다. 평신도들은 평균적으로 가장 많은 시간을 직장에서 보내며, 세계관과 가치관이 다른 직장 동료들과 공동의 과제를 수행해 나간다. 이는 같은 과제를 기독교인의 관점에서 처리하는 것을 보여줄 수 있는 가장 중요한 기회로서, 가장 효과적인 전도와 선교로 이어질 수 있다. 그러므로 교회는 평신도로 하여금 직장을 소명(calling)의 장소로 인식하도록 격려하는 것이 중요하다.[17] 그럴 때 평신도는 직장에서 자신의 전문분야의 일을 통해 하나님께 영광을 돌려보내고, 화해와 평화를 이룸으로써 하나님의 나라를 확장해 갈 수 있게 된다. 또한 직장에 존재하는 평신도들은 그곳을 목회와 사역의 장소로 인식하여 도움이 필요한 사람들을 섬기고, 기도회와 성경공부를 인도하며, 복음을 전하는 등 직장 안에 교회를 이뤄갈 수 있다.

또한 교회는 지역사회를 섬김으로써 하나님 나라를 확장해 가기 위해 노력해야 한다. 하나님께서는 분명한 목적이 있으셔서 교회를 구체적인 지역사회 안에 세우셨다. 그러므로 교회가 처한 지역사회를 외면한다면 어떤 선교도 그 정당성을 상실할 수밖에 없다.

마지막으로 교회는 글로벌 세계를 향한 사명을 수행하기 위해 노력해야 한다. 땅 끝까지 복음을 전파해야 하는 교회의 사명은 교회에 위임된 것 중 가장 크고 중요한 것이다. 그러므로 M-Church는 복음이 전해져야 할 세상에 대해서도 민감하다. 전 세계의 흐름을 파악하고 그들에게 총체적으로 선교하기 위해 그들의 상태를 이해하려고 노력한다. 더 나아가서 M-Church는 세계를 품고 기도하며, 세계의 교회들과 선교사들과 함께 연대하여 그 사명을 감당해 나간다.

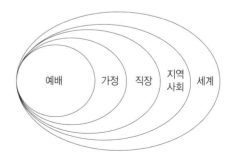

필자는 한국 교회가 사명 중심적 교회, 즉 M-Church로 전환되어야 한다고 믿는다. 그럴 때 교회가 하나님의 구속의 역사의 도구가 될 수 있고, 그러한 교회를 바라보며 하나님께 영광이 돌려질 수 있으며, 이 땅에도 하늘의 뜻이 이뤄질 것이기 때문이다. 이제 M-Church로 전환해 가기 위한 이야기를 시작해 보기로 하자.

2

건강한 교회

한국의 많은 교회들이 성장을 원하고 그것을 위해 온 힘을 다하고 있다. 그러나 교회의 성장률은 점차 둔화되고 있고, 도리어 감소 추세에 있다는 이야기도 들려오고 있다. 1990년대 이후에 개척한 수많은 교회들이 아직도 자립을 하지 못하고 있는 실정에서 작은 교회 목회자들은 성장할 수 있는 대안을 제시하는 거의 모든 세미나에 참여해 보지만, 이론과 실제의 괴리 속에 절망하고 있다. 이러한 때에 한국 사회는 후기산업사회에 접어들고 있고, 전면적인 주5일 근무제의 시행을 눈앞에 두고 있어서, 주일을 중심으로 모여야 하는 교회에게는 더욱 더 무거운 짐이 되고 있다.

이러한 때에 교회 성장에 대한 이슈는 한국 교회에게 어떤 의미로 다가올까? 풀러 중심의 교회 성장론이 한국 상황에서는 그 도를 넘어서 교회 간의 적대적 경쟁주의, 개교회 중심주의, 목회자 중심주의, 건물 중심의 교회 성장과 같은 많은 폐단을 낳았던 것이 사실이다. 그 결과 한국 교회는 사회로부터의 신뢰를 상실했고, 사회를 변혁할 수 있는 영향력을 잃어버림으로써, 결과적으로 교회의 성장에 문제를 안겨주게 되었다.

그러면 이제 한국 교회는 어떻게 다시 건전한 교회의 성장을 이룰 수 있을까? 어떻게 하면 성서적인 이상을 잃어버리지 않으면서 교회도 성장시킬 수 있을까? 이러한 상황 속에서 새로운 이슈가 등장했는데, 그것은 '교회의 건강'에 대한 새로운 관심이다. 새들백 교회의 릭 워렌 목사는 "21세기의 이슈는 교회 성장이 아니라 교회의 건강"에 집중될 것이라고 말한다.[1] 이러한 예상은 현실로 드러나 많은 교회에 대한 연구그룹들이 교회의 건강을 이슈로 들고 나오게 되었다.

이 글은 최근 일어나고 있는 '교회의 건강'에 대한 이슈들을 살펴보고 이에 대한 한국적 상황에서의 평가를 시도하려고 한다. 지면상 충분한 분석이 이루어지지 못함을 아쉬워하며, 전체적인 안목을 가지는 것으로 만족하고자 한다. 여기에서 우리가 다룰 연구대상은 자연적 교회 성장(Natural Church Development, 이하 NCD)과 '교회들을 개척하는 교회들'(Churches Planting Churches)을 강조하는 그룹들, 그리고 새들백 밸리 커뮤니티 교회(Saddleback Valley Community Church)다. 그리고 마지막 장에서 연구자는 위의 연구대상들을 한국적 상황 속에서 평가하고, 한국적 상황에 맞는 건강한 교회에 대해서 논해 보고자 한다.

1. 자연적 교회 성장

최근 들어 선풍적인 인기를 누리고 있는 교회 성장 운동이 NCD다.[2] 크리스티안 슈바르츠를 중심으로 세계적인 네트워크를 형성하고 있는 NCD는 전 세계 6대주 66개국 10,000교회 4,200만 자료를 통해 검증된 연구조사를 기초로, 여덟 가지 질적 특성들을 중심으로 교회의 건강을 진단하는 방법을 사용한다. 즉 성장하는 건강한 교회들은 공통적으로 여덟 가지의 질적 특성들을 갖고 있는 것으로 나타났기 때문에, 한 교회가 건강한가의 여부를 알아보기 위해서는 그 교회의 여덟 가지 질적 지수가 어떠한가를 살펴보면 된다는 것이다. 이러한 분석과 함께 NCD는 교회가 질적 성장을 가져올 수 있는 여러 자료 및 도구들을 제공하고, 훈련, 세미나, 컨설팅, 코칭, 지역 및 정보 네트워크를 통해 교회의 건강과 성장을 이룰 수 있도록 돕고 있다.

1) 건강하게 성장하는 교회의 여덟 가지 질적 특성

NCD가 파악한 성장하는 건강한 교회의 여덟 가지 질적 특성들은 다음과 같다.

첫째로, 성장하는 건강한 교회는 '사역자를 세우는 지도력'을 가지고 있다. 이는 궁극적으로 교회의 성도 전부를 사역자로 세워나가려는 열정을 가진 리더십을 말한다. 성장하는 교회의 지도자들은 하나님의 계획에 따라 각각의 성도들에게 부여된 리더십을 개발시킴으로써 성도들이 가지고 있는 능력을 마음껏 발휘할 수 있도록 돕는다. 즉 교회의 지도자들은 성도들 개개인이 하나님께서 원하시는 사람이 되어가도록 그들을 준비시키고, 돕고, 격려하고, 훈련시킨다.

둘째로, 성장하는 건강한 교회는 '은사 중심적 사역'을 개발한다. 이는 성령께서 각각의 그리스도인들이 교회의 지체로서 감당해야 할 사역을 위해 적절한 은사들을 주신다는 믿음에 근거한다.[3] 이러한 은사공동체로서의 교회 안에서 지도자들의 역할은 성도들이 각각의 은사를 발견하고, 그 은사와 연관된 사역을 감당할 수 있도록 돕는 것이다. 그럴 때 성도들은 주님이 주신 은사를 마음껏 발휘하는 가운데 성령께서 인도하시는 삶을 살아가게 되는 것이다. 또한 교회 안에서 성도들은 자신의 은사에 맞춰 일할 때에 더 행복감을 느낄 수 있고, 더욱 효과적으로 일할 수 있게 된다.[4]

셋째로, 성장하는 건강한 교회는 '열정적 영성'을 가지고 있다. 성장하는 교회와 그렇지 않은 교회 사이에 눈에 띄는 다른 점은 열정적으로 헌신하는 태도의 유무에 있다. 이는 교회가 어떤 특별한 사역방법이나 전략들을 사용하는가와는 다른 문제다. 교인들이 매사에 열정적이고 열심 있는 태도로 임하는 교회는 여러 가지 면에서 성공과 성장을 경험한다. 반대로 '열정적 영성' 분야에 약한 지수를 나타내는 교회는 아무리 훌륭한 목회방법을 적용해도 효과가 없는 경우가 많다. 이는 성능 좋은 신형차라고 할지라도 휘발유가 없으면 움직이지 않는 것과 같은 이치다. 열정적 영성은 차를 움직이게 하는 휘발유와 같이 교회를 활기차게 움직이도록 한다.

넷째로, 성장하는 건강한 교회는 '기능적 조직'을 활용하고 있다. 교회 내의 조직에 대해서 가장 중요한 평가기준은 조직이 본래의 목적을 위해 기능하고 있는가의 여부에 있다. 조직은 목적을 이루기 위한 수단일 뿐이다. 그러므로 본래의 기능을 하지 못하는 조직은 조정되거나 아니면 중단되어야 한다. 물론 전통주의자는 지금까지 익숙했던 조직에 머물러 있기를 원할 것이다. 그러나 이러한 조직이 본래의 목적을 성취하지 못하고 교회의 활동을 저해할 때, 그 조직의 존속 여부는 신중하게 검토되어야 한다. 이러한 관점에서 가장 바람직한 조직은 성도들의 삶과 사역을 풍성하게 만들 수 있는 것이어야 한다.

다섯째, 성장하는 건강한 교회는 '영감 있는 예배'를 드린다.[5] 물론 어느 교회나 예배가 있다. 그러나 그 예배가 세상에서 지친 사람들에게 새로운 활력과 영감을 줄 수 있는 예배인가 질문해야 한다. 영감 있는 예배는 성장하는 교회와 그렇지 않은 교회를 나누는 중요한 잣대가 된다. 영감을 상실한 예배는 교인들을 타성에 젖은 신앙인으로 만들고 사역을 침체에 빠지게 한다. 반면에 영감 있는 예배는 교인들로 하여금 새로운 비전을 발견하게 하고, 그 비전을 향해 열정을 불태우게 만든다.

여섯째, 성장하는 건강한 교회는 '전인적 소그룹'을 개발하고 있다.[6] 성장하는 교회는 교인들 간에 친밀한 교제를 나눌 수 있고, 실제적인 삶에서 도움을 받으며, 강력한 영적 교제를 나눌 수 있는 소그룹을 발전시켜 왔다. 소그룹 안에서 사람들은 성경말씀을 중심으로 토론하거나, 함께 찬양하고 기도하면서 영적 교제를 나눈다. 이러한 소그룹은 전도의 중요한 도구가 되기도 하는데, 이웃들은 이러한 모임에 참여함으로써 하나님의 사랑을 실제적으로 깨닫게 된다. 또한 소그룹은 양육과 상호책임을 통해 그리스도인으로 성장할 수 있도록 하고, 그 안에서 발휘되는 리더십을 통해 평신도 지도자로서의 역할을 감당하게 된다. 그리고 그들은 복음을 몸으로 증거하기 위해 세상으로 나간다.

일곱째, 성장하는 건강한 교회는 '필요 중심적 전도'를 통해 복음을 전하고 있다.[7] 성장하는 교회는 세상 사람들이 이해할 수 있는 구체적인 방법으로 그들의 의문에 답을 해주고, 그들의 필요를 채워주는 방법으로 복음을 전한다. 이는 복음을 전하는 측의 입장에서 일방적으로 복음을 제시하는 것이 아니라, 복음을 받는 사람의 입장에서 복음을 이해하도록 도우려는 노력의 결과다.

여덟째, 성장하는 건강한 교회는 '사랑의 관계'에 대한 지수가 높다. '사랑의 관계'란 교인들 간의 사적인 친밀도를 말한다. 공식적인 사역 외에 사람들이 얼마나 친밀하게 사랑을 느끼고, 그 사랑을 실제적인 삶에서 나누는가 하는 점이다. 공식적인 만남 외에 성도들이 함께 식사를 하거나, 차를 마시기 위해서 서로를 초대하고, 전화하며, 관계를 형성해 가는 것은 교회 성장에 중요한 영향을 미치는 요인으로 평가되고 있다. 거짓 없고 실제적인 사랑은 이 세상의 어떤 선교전략보다 더 강한 매력을 부여해 준다는 것을 의미한다.

이러한 여덟 가지의 질적 지수를 밝히면서 NCD는 '최소치 전략'을 강조한다. 즉 가장 취약한 질적 특성이 교회 성장의 장애요인이 된다는 것이다.

예를 들어 다른 부분의 질적 지수가 모두 높다고 하더라도 한 부분의 질적 지수가 낮으면 교회는 그 이상의 성장을 기대할 수 없다. 그러므로 가장 낮은 질적 특성의 지수를 높이는 데 노력을 집중시킨다면, 그만큼 그 교회는 더 성장할 수 있게 된다.

2) 교회의 여섯 가지 생명체적 원리

NCD는 지역의 교회를 여덟 가지의 질적 특성들이 서로 상호영향을 미치는 하나의 생명체로 본다. 이러한 관점에서 NCD는 교회가 가진 여섯 가지의 생명체적 원리를 강조하는데, 그 원리들은 다음과 같다.

첫 번째 생명체적 원리는 '상호 의존성의 원리' 다. 이는 한 교회 안에서 여덟 개의 질적 특성들은 상호영향을 주고받는 관계에 있다는 것을 의미한다. 그러므로 한 분야의 질적 지수가 변하면 다른 분야의 질적 지수들 역시 따라서 변한다. 예를 들어 은사 중심적 사역에 중점을 두고 일했을 때, 다른 분야들, 즉 지도력, 영성, 조직, 관계 등에도 상당한 영향을 미치는 결과를 가져오게 된다.

둘째는 '번식성의 원리' 다. 즉 유기체는 하나의 단위로 끊임없이 자라나는 것이 아니라 재생산을 통해 성장한다는 원리다. 예를 들면 소그룹의 열매는 또 다른 소그룹이고, 교회의 진정한 열매는 또 하나의 새로운 교회며, 리더의 진정한 열매는 또 하나의 리더가 된다.

셋째는 '에너지 전환성의 원리' 인데, 현존하는 힘과 에너지는 조절을 통해 원하는 방향으로 전환시킬 수 있다는 원리다. 이 원리에 의하면 파괴적인 에너지도 생산적인 방향으로 사용될 수 있다. 교회 안의 에너지는 하나님의 목적을 위해 사용될 때 협력하여 선을 이룰 수 있다는 주장이 이 원리와 부합한다.

넷째, '다목적성의 원리'는 어떤 일의 결과가 에너지로 전환된 후 그것이 끊임없이 다른 일이 지속되도록 돕는 것을 말한다. 예수가 제자들을 훈련시키는 별도의 프로그램을 개발하는 대신 제자들로 하여금 사람들을 돌보게 함으로써 훈련을 시키신 예는 다목적성의 원리를 잘 설명해 준다. 처음 에너지를 투자한 것이 여러 가지 용도로 사용되고, 그것은 결국 또 다른 새로운 리더들을 끌어들이게 만든다.

다섯째, '공생성의 원리'란 서로 다른 유기체가 상호간에 유익을 주고받으며, 밀접하게 공생하는 것을 말한다. 교회 내에서도 서로 다른 분야에서 사역하는 사람들이 서로 도우면서 함께 일을 처리해 나갈 때 더 많은 결실을 내게 된다.

여섯째, '기능성의 원리'는 세상의 모든 것들이 다 나름대로 특별한 기능을 가지고 있다는 것을 강조한다.

하나의 생명체인 교회는 NCD가 제시하는 여섯 가지 생명체의 원리대로 움직여갈 때 성장하고, 많은 열매를 맺을 수 있다는 점을 강조한다. 이러한 인식과 접근방법의 변화는 교회를 향한 총체적인 패러다임의 변화를 요구한다.

3) NCD의 평가

NCD는 여러 가지 면에서 교회 성장을 향한 새로운 접근방법을 제시하고 있다. 먼저는, 교회 성장의 주요 요인을 교회의 건강에 둠으로써 변칙적인 성장도 불사하는 교회 성장 제일주의의 유혹으로부터 벗어날 수 있다. 둘째로, 교회 성장의 요인에 대해서도 생명체적 사고를 하도록 도와줌으로써 통합적 접근을 시도할 수 있는 가능성을 열어 준다. 셋째로, 통합적 사고와 함께 여덟 가지 질적 요인을 분석할 수 있도록 함으로써 교회의 건강에 대한 보다 세부적이고 구체적인 진단이 가능하다.

그러나 NCD의 접근방법에는 아직도 해결해야 할 많은 문제들이 남아 있다.

첫째로, 이 운동의 주된 관심은 여전히 개체교회의 성장에 있다. 그러므로 지역사회의 변혁이나 교회 간의 에큐메니칼적인 협력에는 큰 대안이 없다. 지역의 교회들이 협력하여 공동의 성장을 이뤄낸다든지, 함께 지역을 섬기는 것과 같은 주제는 이 연구에서 제외되어 있다.

둘째로, 그 연구대상의 대부분이 도시에서 성장하는 교회다. 그러므로 빈민촌이나 농어촌과 같이 소외된 지역의 사람들과 함께 공존하는 교회처럼 성장이 불가능한 지역의 교회들은 그 연구대상에서 제외되는 결과를 가져온다. 그 결과 소외된 지역의 교회에 대한 타당한 대안이 약화되어 있다.

셋째로, NCD는 성장하는 교회들의 공통된 특징에 관심하다 보니, 각 교회가 처한 상황성을 무시하는 경향이 있다. 도심지의 성장하는 교회들이라고 하더라도, 그 처한 상황 속에서 교회들은 저마다의 특징을 살려 성장하고 있다. 서울의 성장하는 교회들도 저마다의 특색이 있으며, 그 특색은 그 처한 상황 속에 있는 사람들과의 관계 속에서 만들어진다. 공통된 특징과 상황 속에서의 특수성을 모두 강조하기는 쉽지 않다. 그렇다면 NCD의 주장도 그만큼 한계를 가지고 있다는 점을 스스로 인정해야 할 것이다.

넷째로, NCD는 연구대상 교회들의 사명(mission)에 초점을 두기보다는, 그들이 가진 외형상의 특징들에 관심하는 경향이 많다. 그 교회가 자신의 사명을 수행하기 위해서 특별히 어떤 노력을 기울이고 있는가? 그 사명은 성서적이면서 동시에 지역의 상황에 적절하게 응답할 수 있는가? 그리고 그 사명을 향한 전략들은 그 사명을 이루는 데 적합하고 타당한가라는 질문이 결여되어 있다.

다섯째, 이러한 사명에 대한 관심의 결여는 교회의 모든 노력을 교회 성장에 맞추게 함으로써 본래 교회의 존재 이유를 상실하게 될 수도 있다. 하나님의 나라를 세상에 선포하고 성취하는 것보다는 또 다시 개교회의 성장에만 집착하는 결과를 가져올 수도 있다는 말이다.

결론적으로, NCD의 주장은 교회의 여러 질적 요소들이 동등하게 강조되어야 한다는 것을 부각시킨 점에서 그 공헌을 찾을 수 있다. 또한 이러한 공통점을 찾아내기 위해서 전 세계의 수많은 교회들을 연구 분석했다는 점에서 그들의 노력을 인정해야 할 것이다. 그러나 모든 주장은 그것이 지나치게 강조될 때, 다른 면을 지나치게 약화시키는 결과를 가져온다는 사실을 잊지 말아야 하며, 그렇게 될 때 우리는 또 다시 건강하지 못한 교회를 양산할 수도 있다는 점을 되새겨야 할 것이다.

2. 교회를 개척하는 교회 운동

교회의 건강을 거론하는 또 하나의 운동은 '교회의 개척'을 강조하는 일군의 그룹에서 볼 수 있다.[8] 교회의 가장 큰 사명은 새로운 교회들을 개척하는 것이라고 주장하는 소위 '선교적인 교회'(missional church)들의 운동이 그것이다. 이들은 건강한 교회는 배가되며, 스스로 재생산한다는 점을 강조한다. 이들에 의하면 스스로 번식하지 못하는 교회들은 병들었거나 혹은 지극히 이기적인 교회다.[9] 이러한 맥락에서 그들은 '교회들을 개척하는 교회들'(Churches Planting Churches)이라는 표현을 사용하기를 즐겨한다(이하 CPC). 이제 그들의 주장과 견해를 살펴보기로 하자.

1) 새로운 교회를 개척해야 하는 이유

이 그룹의 교회들과 선교단체들은 교회가 또 다른 교회들을 개척해야 하는 이유를 다음과 같이 들고 있다. 첫째, 이 세상에는 추수할 영혼들이 너무도 많기 때문이다. 아직 예수 그리스도를 믿고 교회의 일원이 되지 못한 수많은 사람들을 생각한다면 교회는 계속적으로 세워져야 한다. 둘째, 이러한 추수를 수행할 교회들은 다양해야 하기 때문에 다양한 형태의 교회 개척이 필요하다. 문화적 다양성은 다양한 교회들을 요청하고 있기 때문이다. 셋째, 교회를 세우는 것은 가장 효과적인 복음전도 방법이기 때문이다. 새로이 탄생한 교회들은 스스로 자생력 있게 성장하여, 또다시 새로운 자생력 있는 교회들을 세우게 된다. 넷째, 교회를 세우는 것은 곳곳에 예수 그리스도의 몸 된 사역을 넓혀 가는 것을 의미하기 때문이다. 교회 개척을 통해 새로운 믿지 않던 사람들이 예수 그리스도의 제자로 변해가고, 예수 그리스도의 사랑을 실천해 가게 된다. 그들은 이러한 교회 운동에 예수 그리스도가 함께하고, 성령은 교회에게 능력을 부어준다고 강조한다.

그들에 의하면, 교회는 말씀으로 무장되고, 성령으로 능력을 받는, 하나님의 백성들이다. 이 교회는 예수 그리스도의 몸 된 교회들을 세워 가는 사역을 감당한다. 그러므로 추수할 영혼들을 향한 하나님의 마음을 읽을 수 있는 교회는 교회 개척의 비전을 소유하게 되고, 이에 동참하게 된다. 그러므로 교회 개척은 하나님의 영광과 하나님 나라의 확장을 위한 일이다.

2) 건강한 교회의 특징

밥 로건(Bob Logan)에 의하면 건강한 교회는 일곱 가지의 특징을 가지고 있다.[10] 첫째, 건강한 교회들은 교회에 나오지 않는 사람들을 향한 열정을 가지고 있다. 이러한 교회들은 많은 시간과 에너지, 그리고 자원들을 믿지 않는 사람들을 위해 투자한다. 둘째, 이들 건강한 교회들은 문화적으로 적합한 방법들을 개발한다. 그들의 목회스타일을 구도자(seeker)들이 매력적으로 느낄 수 있는 형태로 바꾸며, 구도자들의 실제적인 필요에 초점을 맞춘다. 셋째, 건강한 교회는 하나님의 가장 큰 위임 중심의 선교활동을 감당한다. 그들은 모든 족속으로 제자를 삼고 회중을 배가하는 일에 집중한다. 넷째, 건강한 교회는 리더를 개발하고 그들을 파송하는 일에 전념한다. 훈련받은 교회의 리더들은 새로운 개척을 위해 파송된다. 다섯째, 건강한 교회는 하나님의 능력에 대한 자신감에 넘쳐 있다. 하나님께서 주신 비전은 하나님께서 이룰 수 있도록 도와주실 것이라는 확신으로 사역에 임한다. 그 결과 이러한 교회는 미래를 향한 담대한 계획들을 세우고 추진한다. 여섯째, 건강한 교회는 하나님 나라의 관점에서 일한다. 이 땅에 수많은 교회가 세워지고 영혼들이 하나님께 돌아옴으로써 총체적 구원이 이뤄지는 것에 관심한다. 일곱째, 건강한 교회는 관대하다. 새로운 교회가 세워지기 위한 모든 인적 · 재정적 지원을 아끼지 않는다.

3) 교회를 세우는 일곱 가지 방법

모교회가 새로운 교회를 세우는 형태는 여러 가지가 있다. 밥 로건은 새로운 교회를 세우는 일곱 가지 방법을 제시했는데, 그 방법들은 아래와 같다.[11)]

첫째 방법은 개척(Pioneering)이다. 이는 모교회가 교회 개척 팀에게 권한을 위임하여 새로운 회중을 모으도록 하는 방법이다. 이 방법은 개척자가 모교회의 간섭 없이 새로운 교회의 핵심그룹이 될 사람들을 자유롭게 모집하는 것을 특징으로 한다. 이렇게 모집된 교회 개척 팀은 모교회와는 다른 새로운 형태의 교회를 창조할 수 있는 권한을 위임받는다. 이러한 방법은 모교회가 건강하지 못할 경우에 적용될 수 있으며, 이때 모교회는 재정적인 후원만을 감당한다.

둘째는 모교회가 자신의 지교회를 세우는(Branching) 방법으로서, 모교회 안에서 핵심그룹을 구성하여, 그들로 하여금 교회를 세우도록 한다. 이 경우에는 모교회의 가치들을 새로운 교회에 재생산하게 되기 때문에, 건강한 교회만이 이 방법을 사용하는 것이 좋다. 이러한 경우라도 개척자는 모교회 안에서 자유롭게 개척자들을 모집할 수 있어야 하고, 이렇게 모집된 개척멤버들은 지교회가 공식예배를 시작하기 전까지 개척을 위한 전도활동에 참여하게 된다.

셋째는 새로운 교회를 시작하기 위해 둘 또는 더 많은 회중이 서로 협력하는(Partnering) 방법이다. 여러 교회들이 함께 재정을 부담하기 때문에 작은 교회들도 교회 개척을 시도할 수 있다. 이 경우는 교회 개척 전문가들의 도움과 중재가 필요한데, 그렇지 않을 경우에 교회 간에 주도권 싸움이 일어나거나, 서로 다른 목회철학과 기대감으로 인해 문제가 생길 수도 있다. 이러한 방법을 사용할 때는 새로운 교회를 개척하는 사람들이 주도적 리더십을 갖고 새 교회의 철학과 미래를 결정할 수 있어야 한다.

넷째는 새 교회를 세우는 데 후원(Supporting)하는 형태로서, 모교회는 새로운 교회를 위해서 재정이나 자원, 그리고 기도후원 등을 제공한다. 이는 교단이나 교회 개척 선교단체가 수행하는 개척 사역을 후원하는 형태에서 볼 수 있는데, 교회가 주도적으로 교회 개척을 할 능력은 없지만 새 교회의 설립을 돕고 싶을 때 적절한 방법이다. 이때 교회 개척의 주체들은 후원하는 교회들에게 새 교회 개척의 과정을 가시적으로 제시하거나 충분한 대화를 통해 지원의 효과를 이해하게 할 필요가 있다. 또한 후원하는 교회는 후원을 이유로 교회 개척에 영향력을 행사하려고 해서는 안 된다.

다섯째는 쇠퇴하는 교회가 완전히 리더십을 바꿔서 같은 장소에서 다시 교회를 시작하는(Restarting) 방법이다. 이러한 경우 과거의 리더십과 목회 형태는 완전히 소멸하는 것을 전제로 하며, 새로운 리더십이 등장해야 하고, 그 결과 근본적인 변화가 일어나야 한다. 또한 새로운 교회의 리더들은 새로운 선교대상(target)을 향한 비전을 찾도록 노력해야 한다.

여섯째는 계획되지 않은 모자관계(Unplanned Parenthood)로서, 하나님이 모교회 안에 계획되지 않은 새 교회를 잉태하는 것을 허락하는 경우에 발생한다. 즉 전통적인 교회 안에서 그와 다른 새로운 목회비전과 전략이 일어나는 경우다. 이러한 현상이 일어나면, 교회 리더는 교회가 분열되기 전에 새로운 교회를 개척해 주고 자신들의 비전을 이룰 수 있도록 격려하는 것이 좋다. 또한 새로운 비전을 가진 그룹들도 전통적인 교인들과 갈등을 일으키고 갈라져 나오기 전에 새로운 교회를 개척하기 위해 스스로 떠나는 것이 현명하다.

일곱째는 쇠퇴하는 교회가 문을 닫고 자신의 재산을 새로운 교회를 위해 주는 것(Death with Dignity)이다. 이럴 경우 모교회는 과거의 공적이나 유산을 포기하는 능력과 결단이 필요하다. 또한 새 교회는 과거의 성도들을 인정하고 품어주는 태도를 가져야 한다. 그리고는 새로운 선교대상(target)을 향한 비전을 세워야 한다.

위의 일곱 가지 방법 중에 어떤 것이 가장 효과적일까? 하는 질문은 적절하지 못하다. 어느 한 방법이 전체를 대표할 수는 없기 때문이다. 교회 개척의 형태는 여러 가지 요인들을 고려하는 가운데 결정되어야 한다. 특히 모교회의 선호도, 크기, 건강 정도나 개척자의 필요가 중요하게 고려되어야 한다.

4) 주요 교회 개척 단체들

미국 안에만 해도 교회를 개척하는 수많은 그룹의 교회들과 연구소들,

그리고 선교단체들이 존재한다. 이 글에서는 그중에 세 단체만 소개하기로 한다.

Parent Church Network(PCN)와 같은 경우 교회를 개척하기 원하는 3~5개의 교회들을 함께 묶어서 그 교회들끼리 교회 개척을 위해 훈련하고, 기도하며, 상호협력을 유지할 수 있도록 유도하는 활동을 전개한다. 이렇게 네트워크를 형성한 교회들은 네트워크를 형성한 지 18~24개월 안에 건강하고 성장하는 자녀교회를 재생산할 것을 결단하게 되고, PNC의 도움을 받아 교회 개척을 위한 과정을 밟게 된다. 이들 교회들의 목회자나 핵심 지도자들은 PNC와 함께 교회 개척을 위해 회중이 결단할 수 있도록 유도하며, 효과적인 교회 개척 전략들을 개발할 수 있도록 노력한다.[12]

New Church Incubator(NCI)의 경우 교회 개척자와 그 부인들, 그리고 교회의 핵심리더들을 훈련시킴으로써 건강한 교회를 시작할 수 있도록 도와준다.[13] 이들의 구체적인 활동은 다음과 같다. ① 중재자들, 팀 멤버들, 후원자들을 동력화하기, ② 건강한 교회를 시작하기 위한 전략적 계획을 디자인하기, ③ 효과적인 전도전략들을 발견하기, ④ 헌신된 핵심그룹을 모집하기, ⑤ 새신자들을 유입하고 동화시키기, ⑥ 셀그룹들을 개발하고 번식하기, ⑦ 핵심적인 시스템들을 실행시키기, ⑧ 성장하는 새 교회를 이끌고 관리하기, 또한 이러한 활동을 위해 코칭, 기술훈련, 네트워크 관계형성, 중보기도, 비전을 실행하는 전략들을 개발한다.

CRM New Church Development는 네 가지 분야에서 교회 개척을 돕고 있다.[14] 그 분야는 ① 하나님이 주신 통찰력으로 교회 개척의 비전을 발견하기, ② 실제적인 전략들과 재생산 가능한 구조들을 개발하기, ③ 개인적인 코칭을 통한 교회 개척의 능력을 개발하기, ④실제적이고 검증된 자료들을 제공하기 등이다.

5) 평가

이러한 부류의 교회들과 선교단체들은 세상의 많은 교회들이 교회 개척의 사명을 부수적인 사역으로 전락시켜버렸다고 비판한다. 이들은 교회 개척이야말로 하나님의 지상명령을 수행하기 위한 가장 중요한 사역이며 최우선의 과제가 되어야 한다고 주장한다. 이 사명을 감당하기 위해 교회는 재생산을 위한 조직 갱신이 필요하며, 그 조직을 통해 끊임없이 교회를 개척해 나가야 한다.

이 주장은 교회가 자체의 몸집 불리기에만 집착하는 데서 벗어나 새로운 교회를 개척하는 사명에 관심을 갖도록 한다는 점에서 NCD에 없는 강점을 가진다. 물론 NCD에서도 '번식'에 대한 강조를 하고 있고, 교회 개척을 강조하는 여러 단체들이 NCD와 함께 활동하고 있다. 하지만 NCD의 번식에 대한 언급은 개체교회의 성장이라는 전체적인 목적을 성취하기 위한 부분에 지나지 않는 인상을 준다. 반면에 CPC는 자신들의 궁극적인 목표를 자체의 성장보다는 새로운 교회를 개척하는 것에 둠으로써 보다 흩어지는 구조를 보여주고 있다.

그러나 CPC 역시 교회 개척에만 집중하다 보니, 자칫 섬겨야 할 세상의 사람들과 변혁되어야 할 세상을 간과할 수 있다는 약점을 가지고 있다. 그렇다면 다음에 다룰 새들백 교회는 세상 사람들의 필요를 살핌과 섬김에 대한 대안을 제시할 수 있을까?

3. 새들백 밸리 커뮤니티 교회

새들백 교회의 워렌 목사는 "건강한 교회"의 이슈를 제기한 또 하나의 사람이다. 그는 "21세기의 이슈는 교회 성장이 아니라 교회의 건강"에 집중될 것이라고 주장한다. 불행하게도 많은 교회 지도자들은 성장과 건강 사이에 혼동을 일으킨다. 그러나 교회가 성장한다고 해서 모두가 건강한 교회는 아니다. 워렌에 의하면 교회가 건강하기 위해서는 균형이 중요하고, 교회의 명확한 목적이 그 균형을 가져온다. 그리고 이렇게 건강한 교회는 당연히 성장하게 된다.[15]

1) 목적이 이끄는 교회

교회는 무엇인가에 의해 움직인다. 그것은 전통이 될 수도 있고, 인물이나 재정, 프로그램, 건물, 행사 또는 구도자에 대한 관심이 될 수도 있다. 그러나 성경이 가르치는 교회는 목적에 의해 움직이는 교회다. 분명한 목적은 교회의 사기를 북돋우며, 집중력을 높여주고, 교인들 간에 협력할 수 있는 계기를 가져오며, 현재의 상태를 평가할 수 있는 기준을 제공해 준다. 그러므로 명확히 규정된 목적은 힘 있는 교회의 비결이다. 워렌 목사는 "만약 여러분이 건강하고 견고한 교회를 세우고 싶다면, 그것을 목적 위에 세우라"고 말한다.

그러면 무엇이 "목적이 이끄는 교회"인가? 워렌 목사는 신약 성서에 나오는 예수 그리스도의 가장 중요한 두 가르침을 지키는 교회가 바로 목적에 이끌리는 교회라고 대답한다. 그 두 가르침은 "위대한 계명"(마 22:37~40)과 "위대한 위임"(마 28:19~20)이다.

위의 두 가르침은 다섯 가지로 표현될 수 있는데, 그것은 다음과 같다. ① 하나님 사랑(예배, worship), ② 이웃 사랑(사역, ministry), ③ 제자를 삼으라 (전도, evangelism), ④ 세례를 주라(교제, fellowship), ⑤ 지키도록 가르치라(제자훈련, discipleship). 교회의 건강은 위의 다섯 목적들이 균형 있게 이루어질 때 가능하다. 그리고 이렇게 균형이 잡힌 교회는 성장한다.

새들백 교회에서는 목적 진술문이 명확하며, 이 진술문은 여러 가지 방법으로 교인 전체에게 교육되고 반복하여 고백된다. 많은 목회자들이 교회 성장을 이루기 위해 기술과 프로그램에 의지하지만, 이것들이 교회의 목적을 위해 사용되지 않을 때 아무 소용이 없다는 것을 새들백 교회는 강력하게 주장하고 있다.

2) 교회의 선교대상 설정하기 : 그 지역의 새신자

다음으로 새들백 교회가 한 일은 그들의 선교대상을 명확히 한 것이다. 워렌 목사는 많은 목회자들이 "모든 종류의 사람들"을 선교대상으로 삼음으로써, 실제로는 한 부류의 사람도 제대로 전도하지 못하는 결과를 가져왔다고 말한다. 최상의 전도전략은 전도자와 공통점을 가지고 있는 사람에게 복음을 전하는 것이다. 릭 워렌 목사는 자신이 사업가나 전문가들과 만날 때 가장 편안했다고 말한다. 그 결과 그의 교회에는 이러한 사람들이 주류를 차지하고 있다.[16] 목회자와 교회는 자신들의 특성과 삶의 스타일을 파악함으로써, 자신들이 복음을 전할 수 있는 대상을 좀 더 명확히 파악할 수 있다.

또한 명확한 선교대상을 파악하기 위해서 목회자는 그 지역에 대해서 전문가가 되어야 한다. 그 지역의 지리, 인구 통계, 문화와 영적인 상태 등에 대해서 구체적으로 알면 알수록 선교의 대상과 전략이 분명해진다.

특히 릭 워렌은 선교할 대상의 특성을 보다 선명하게 하기 위한 방법으로 이 목표지역의 사람들을 "개인화"(personalize)하기를 권한다. 새들백 교회는 이 전형적인 사람을 "새들백 샘"이라고 이름 붙였다.[17] 그는 교육수준이 높고, 자신의 직업과 살고 있는 곳을 사랑하며, 가족과 자신의 건강한 삶을 추구하고, 작은 모임보다는 큰 모임을 선호하는 등 교회가 파악한 Sam의 특징은 곧 새들백 교회의 선교대상이 된다.

특히 기억할 사항은 새들백 교회는 기존의 다른 교회 신자들을 받아들임으로써 성장하는 이동성장이나 교인들의 출산으로 발생하는 생물학적 성장을 단호히 거부한다는 것이다. 그들은 구도자들(Seekers, 교회에 나가지 않으면서 복음에 관심을 표명하고 있는 사람들)을 선교대상으로 삼았다. 지금까지 새들백 교회가 이루어 놓은 역동적인 교회 성장이 새신자를 향한 복음전도의 결과라는 것은 놀라운 일이다. 새들백 교회 교인의 75퍼센트 이상이 이 교회에서 세례를 받고 교인이 되었다.

이러한 명확한 선교대상의 이해와 설정, 특히 새신자에 대한 선교는 현재 이동성장과 생물학적 성장에만 의존하고 있는 듯한 한국 교회에 새로운 결단을 불러일으키기에 충분할 것으로 보인다.

3) 선교를 위한 교회 구조 : 믿지 않는 사람들에 민감한 목회
(Seeker-sensitive ministry)

그러나 명심할 것은 우리가 믿지 않는 사람들을 선교대상으로 삼았다고 할지라도, 그것이 저절로 이루어지는 것이 아니라는 사실이다. 워렌 목사는 교회의 모든 조직이 믿지 않는 사람들을 위해 민감하게 조직되고 운영되어야 한다고 주장한다.

그는 설교를 준비할 때 항상 "이것이 믿지 않는 사람들에게도 이해가 될까?"라는 질문을 한다. 많은 설교자들이 "내가 무엇에 대해서 설교할까?"라는 잘못된 질문을 가지고 설교를 준비한다. 그러나 설교자의 올바른 질문은 "무엇"이 아니라 "누구에게 설교할 것인가?"다. 그래서 그는 청중의 요구와 주된 관심, 그리고 그들에게 고통을 주고 있는 문제들을 먼저 생각한다. 설교자의 두 번째 질문은 "그들의 필요에 대해서 성경은 무엇을 말하고 있는가?"다. 그는 이렇게 준비된 설교를 주제별로 묶어서 몇 주간에 걸쳐서 시리즈로 시행하는데, 이는 교인들이 다음 주의 설교를 예측하고 그 주제에 맞는 비 기독교인들을 데리고 나올 수 있도록 배려하기 위해서다. 또한 그는 이러한 설교를 준비하는 데 있어서 가장 실용적이고, 긍정적이며, 용기를 줄 수 있고, 가장 평이하면서도, 인간 심성에 관계하는, 흥미 있는 전달방법을 추구한다.

예배 또한 새신자가 쉽게 적응할 수 있도록 매혹적인 분위기를 연출하기에 힘을 쓴다. 예배 시에는 하나님이 새신자들을 변화시킬 것이라는 기대를 고조시키며, 축제적인 예배와 새신자를 향한 복음의 확언, 결단에 대한 격려, 그리고 지친 삶의 회복 등에 많은 관심을 기울인다.

특히 예배에 있어서 음악은 매우 중요한 역할을 한다. 음악은 예배 전체의 40~50%를 차지하고 있기 때문에 예배의 성격을 좌우하게 된다. 이 음악은 새신자들로 하여금 마음을 열게 하고, 모든 담들을 헐게 함으로써 복음 앞에 결단하게 한다. 새들백 교회는 그 지역 사람들이 즐겨듣는 음악의 종류를 분석해본 결과 "현대 성인 음악"(adult contemporary music)을 즐겨듣는 이들이 많다는 것을 알게 되었고, 그와 같은 장르의 음악을 교회에 도입했다. 그 결과 그 교회는 수백 명의 기존 신자들을 잃는 대신, 수천 명의 새신자를 얻을 수 있었다. 워렌 목사는 음악은 문화지 복음 자체가 아니라고 주장한다. 그러므로 문화가 변하면 음악도 변하는 것이 당연한 것이다. 그는 2000년 동안 성령은 모든 종류의 음악을 사용해 왔고 이 시대에는 새로운 음악을 사용하신다고 믿는다.[18]

이러한 새들백 교회의 결단은 그들의 확고한 목표대상에 대한 목회의 결과다. 명확한 목적과 선교대상이 없는 한 이러한 교회의 변화는 불가능하다. 그러므로 한국 교회의 갱신도 확실한 목적과 선교대상의 설정 하에서 가능하리라고 본다.

4) 제자화의 모델 : 새들백 교회의 두 도형

새들백 교회는 새신자로 하여금 단지 교회에 출석하게 하는 것으로 만족하지 않고 그들을 성숙한 신앙인으로 양육하려는 강한 의지를 가지고 있다. 이것은 그 교회가 가장 중요하게 생각하고 있는 두 도형에서 잘 나타나고 있다.

(1) 헌신의 동심원(the Circle of Commitment)

새들백 교회는 믿음의 정도나 헌신의 단계에 따라 교인들을 5단계로 나누고 지역사회의 믿지 않는 사람에서부터 핵심멤버로서 평신도 사역자가 되는 데까지의 단계를 헌신의 동심원으로 표현하고 있다. 이것은 교인들이 온전한 헌신에 이르기까지 여러 단계가 있다는 것을 알게 해주며, 성숙을 위한 양육 단계의 필요성을

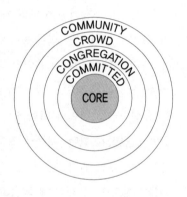

일깨워준다. 새들백 교회의 목표는 원심원의 바깥에 있는 사람들을 가능하면 원의 핵심으로 인도해 오는 데 있다. 현재 "지역사회"에 해당하는 비교인들은 1년에 네 번 이상 새들백 교회에 나온 사람들로서 30,000명이 넘고 있다. "군중"(the crowd)은 주일예배에 참석하는 사람들인데, 12,000명 이상이 되고 있다. "등록교인"(the congregation)은 세례를 받고, 새신자반(101반)을 이수한 후 교회 가족의 일원이 되기로 결단한 사람으로서 5,000명 이상이 되고 있다. "헌신된 자"(the committed)는 영적 성숙을 위한 201반 교육을 이수한 사람으로서 성숙 서약(Maturity Covenant)을 한 사람들인데 약 3,500명이 넘는다. 마지막 완성 단계인 "핵심 멤버"(the core)는 다른 사람들을 위한

사역에 헌신한 사람들로서 사역에 대한 교육(301반)을 이수하고 결단한 사람들로서 약 1,500명 이상이 되고 있다. 새들백 교회는 이들을 지역사회로 보내어 사역을 감당케 한다.

(2) 평생 개발 과정(the Life Development Process-a baseball diamond)

새들백 교회의 다이아몬드형의 도표는 초신자부터 사명에 헌신한 사람에 이르기까지 양육시키는 단계를 도식화한 것으로서 각 단계에 맞는 여러 가지 훈련과 결단, 서약의 단계들을 거쳐야 한다.[19] 이것은 위의 헌신의 동심원 도표와 함께 연결되어 이해해야 할 것이다. 새로 나온 사람들은 101반 교육을 마침으로써 그리스도를 알고 교인이 되기로 서약하게 된다 (Committed to Membership). 영적 성숙을 위한 201반 교육을 마치고 서약한 사람들은(Committed to Maturity), 301반 교육을 통해 자신의 사역을 발견하고 (Committed to Ministry), 더 나아가서 401반 교육을 통해 자신의 사명 발견과 사명 언약의 서약 단계(Committed to Missions)에까지 이르게 된다.

한국 교회에도 이러한 제자화의 철저한 단계 분석과 훈련과정이 절실하게 요청되고 있다. 새들백 교회와 똑같은 구조를 가질 필요는 없으나 저마다의 처한 상황 속에서 적절한 구조를 형성해 나가야 할 것이다.

5) 평가

새들백 교회는 한국 교회의 선교 관점에 많은 통찰력들을 제공하고 있다. 첫째로, '교회 성장'에 대한 관심을 '교회의 건강'의 이슈로 전환시킨 것이라든지, 건강한 교회는 '목적이 이끄는 교회'며 그 목적은 성서에서 도출되어야 한다는 주장은 균형 잡힌 건강한 교회를 형성할 수 있는 좋은 근거가 된다. 둘째로, 믿지 않는 사람들을 향한 열정과 그들을 전도하기 위해 끊임없이 연구하고 실천하려는 시도를 게을리 하지 않았던 노력도 본받을 점이다. 셋째로, 믿지 않는 사람에서부터 성숙한 지도자에 이르는 단계들을 구분하고, 그들을 체계적으로 양육하려는 노력은 성숙한 그리스도인이 부족하다는 한국 교회에 중요한 관점을 제시하고 있다. 넷째로, 지역 사람들에 의한 지역 사람들을 위한 '지역사회 교회'(community church)에 대한 강조는 복음을 전하는 것뿐만 아니라 지역 사람들을 섬기는 것을 강조함으로써 CPC의 한계를 넘어서고 있는 듯하다. 마지막으로, 새들백 교회는 목적이 분명하면 건물 없이도 10,000명까지 성장할 수 있다는 예를 보여줌으로써 건물 중심의 교회 성장 이론을 극복할 수 있는 가능성을 제시해 주었다.

그러나 우리는 이 교회의 한계 또한 잊어서는 안 된다. 새들백 밸리 지역은 미국에서 가장 교육 수준이 높은 지역 중의 하나다. 이들을 선교대상으로 정한 새들백 교회 또한 이 지역의 문화를 반영할 수밖에 없다. 즉 사회에서 소외된 자들이 접근하기가 용이하지 않은 교회가 된 것이다. 가난한 사람들은 그 교회가 도움을 주어야 할 대상이지, 그 교회의 일원이 되기는 힘들다. 이러한 중류층 이상만의 교회는 한국의 민중교회, 도시빈민교회, 농촌교회 등과의 연대감을 찾기가 쉽지 않다. 이러한 상황은 한국의 도시 교회에도 해당되는 문제로서, 여기에 대한 대안을 제시하지 않으면 교회는 언제나 분열된 채 그리스도의 몸을 이루지 못할 것이다. 또한 새들백 교회의 경우도 개교회 성장의 예는 될 수 있지만, 지역사회 안에서 교회들의 협력에 대한 대안은 될 수 없다는 아쉬움이 남는다. 더 나아가서 한국과 같은 부조리하고 불의한 상황 속에서 교회가 세상의 악에 대해 투쟁하고 세상을 변혁시켜야 한다는 물음에는 대답이 되지 못할 것이다.

4. 노스우드 교회

남침례교단의 노스우드(Northwood) 교회를 개척한 밥 로버츠 목사는 개 교회주의적 성장을 추구하는 목회자들과는 전혀 다른 선교관을 제시함으로 기존의 목회자들에게 도전을 주고 있다. 그는 노스우드 교회로 시작하여 미국에만 100개가 넘는 교회를 세웠고, 세계 곳곳에 교회를 개척하며 전 세계와 연결된 사역을 하고 있다.

밥 로버츠는 T-모델을 통해 개개인의 삶과 교회 사역에 변혁을 주고, 변화된 그들을 글로컬네트(GlocalNet)를 통해 연결함으로써 지역사회와 나라, 그리고 전 세계의 변혁을 꾀하고 있다.

그가 강조하는 T-라이프는 변화된 삶(Transformed Life)을 뜻하는데, 참된 크리스천들은 근본적인 삶의 변혁을 체험한다는 뜻으로 사용하고 있다. T-월드는 변화된 세계(Transformed World)를 뜻하는 말로서, 변화된 크리스천들은 세상을 변화시킨다. 또한 그가 교회의 모델로 삼고 있는 글로컬 교회(Glocal Church)는 Global과 Local을 합친 단어로서 지역적이면서 동시에 세계적으로 임팩트를 끼치는 교회를 말한다. 그는 글로컬 교회를 "성령에 의해 변화되어 그들의 변화된 삶이라는 확실한 메시지를 가지고 전 세계적으로 동시에 지역적으로 그 문화에 파고들어가는 제자들을 잉태하는 교회"라고 설명하고 있다.[20]

밥 로버츠에 의하면 교회란 사람들의 영적 성장을 도우라는 주님의 메시지를 선포하는 그리스도의 몸이다. 그러므로 교회는 영적 군사 작전을 계획하고 수행하는 본대 기지이고, 이 교회는 모든 성도들을 영적 군사로 바꿔 세상으로 내보낸다. 이렇게 교회가 본대 기지라면, 목사는 총공격을 위해 군사를 동원하고, 전황을 분석하며, 작전을 세우고, 동맹과 연합하는 군인/외교관이어야 한다.

교회가 그리스도의 몸이고 하나님의 나라를 세계적으로 확장하는 주요 도구라면, T-월드를 달성하기 위한 주요 전략이란 역동적인 교회들을 세우는 것이다.

이제 밥 로버츠의 두 저서인 「T-라이프」, 「T-월드」를 통해 그의 교회가 가진 핵심적인 구조와 선교전략에 대해 살펴보도록 하자.[21)]

1) 개교회 성장 vs 하나님 나라의 확장

노스우드 교회를 처음 개척했을 때만 하더라도 밥 로버츠는 지역에서 가장 큰 교회를 세우겠다는 목표를 가지고 있었다. 그러나 그가 하나님의 나라와 변화된 삶(T-라이프)에 대해 눈을 뜨면서 그의 모든 우선순위는 전적으로 바뀌게 되었다. 그의 교회 성장 중심적 사고는 '변화된 사람들' 과 '그들이 변화시키는 세상' 에 대한 관심으로 바뀌었다. 그리스도를 따르는 사람들은 세상에 강력한 영향을 끼친다는 것을 깨달았기 때문이다.

많은 교회 지도자들이 그들의 삶과 사역을 자신이 속한 개교회로 한정하고 모이는 데 열심을 다하고 있다. 그들이 전도하는 주요 목적도 교인수의 증가에 있다. 그들은 하나님께서 자신의 몸 된 교회가 수적으로 성장하는 것을 원하신다고 주장한다. 그 수가 구원받은 영혼의 수이기 때문이다. 그래서 교회는 사람들을 회심시켜 세례를 주고 교회의 일원이 되게 하는 데 집중한다. 성서적으로 볼 때 잃은 영혼을 구원한다는 것은 매우 중요한 교회의 사명이다. 그러나 여기에서 머문다면 교회는 세상의 빛과 소금의 역할을 감당하고 이웃을 사랑하라는 다음 차원을 잃어버린다. 그 결과 자신의 교회는 성장하는데, 우주적이고 보편적인 교회에는 도움이 되지 않는 교회를 만든다.

이에 대해 밥 로버츠는 교회의 사명을 하나님 나라의 확장과 연결하여 본다. 하나님 나라의 빛에서 볼 때 교회는 하나님의 뜻을 이 땅에 전파하고 성취하는 사명을 고백하게 된다. 그리고 그 사명 성취를 위해서 교회는 세상에 들어가 세상 사람들과의 연결고리를 찾으려는 노력을 시작한다. 이 비전이 있는 교회는 같은 비전을 가진 많은 교회들을 개척하고, 서로 협력하여 비전을 성취해 나간다. 하나님 나라와 연결된 교회는 온 세상에서 선교사로 일하는 전체 교회를 꿈꾼다.

이렇게 하나님 나라의 관점에서 열방을 향한 교회는 만인사제직에 대한 분명한 고백이 있다. 하나님께서는 목회자만 부르신 것이 아니라 모든 성도를 하나님 나라 사역을 위해 부르셨다. 그러므로 어떤 직업의 평신도들이라도 자신의 직업과 달란트로 열방에 복음을 전하는 일에 동참해야 한다.

만인사제직을 강조하는 교회는 회심자를 만드는 것에 만족하지 않고 하나님 나라 사역을 위해 사람들을 준비시킨다. 회심(conversion)을 넘어서 전적인 변화(transformation)라는 말에 더 역점을 두는 것이다. 세상을 변화시키는 제자들을 훈련하기 위해서는 정보(information) 위주의 훈련에서부터 변화(transformation) 중심의 훈련으로 바뀌어야 한다. 또한 가르침과 실천은 하나로 통합되어야 한다. 그러므로 하나님 나라와 연결된 교회는 성도의 제사장직과 연결된 교회, 문화와 연결된 교회, 전 세계와 연결된 교회, 영원과 연결된 교회다.

밥 로버츠는 하나님 나라의 도래와 확산에 대해 이와 같은 그림

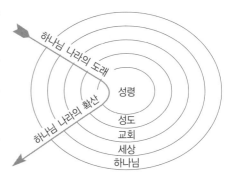

을 소개함으로써 성령의 역사가 변화된 성도들, 변화된 교회, 변화된 세상으로 확대되어야 함을 역설하고 있다.

2) T-라이프

개인적인 온전한 변화를 위한 문화를 창조하라.

오늘날 많은 크리스천들이 온전한 헌신과는 거리가 먼 생활을 한다. 그들은 자신들의 안락한 자리를 유지한 채 약간의 헌신을 행하면서 만족해한다. 그러나 하나님께 쓰임 받아 세상을 근본적으로 변혁하는 사람들이 되기 위해서는 크리스천 각자의 내적인 변화가 필수적이다.

노스우드 교회는 이러한 변화를 위해 '변화된 삶'이란 모델을 제시해 이를 약어로 "T-라이프"(T-Life)라고 부른다. T-라이프는 예수 그리스도의 가르침을 삶에서 실천할 때 일어나는 진정한 변화를 추구한다. 그러므로 T-라이프를 위한 훈련은 커리큘럼과 지식교육에 의존하지 않고 실천에 중점을 둔다. 그리고 T-라이프의 궁극적 목표는 진리의 실천을 통해 하나님을 영화롭게 하는 것이다.

T-라이프 모델은 다음과 같은 세 가지 요소를 가지고 있다.

(1) 하나님과의 상호 관계

T-라이프가 가능하기 위한 첫 단계는 하나님과의 상호관계를 올바르게 형성하는 것이다. 이를 위해서는 하나님의 말씀인 성경을 읽고 묵상하며, 그 말씀에 응답하는 훈련이 필요하다. 이 단계의 목표는 하나님과 온전히 동행하며, 하나님께서 삶 속에 역사하시도록 삶을 통째로 드리는 것이다.

(2) 투명한 연결

하나님과 상호 관계를 맺은 사람은 동시에 다른 성도들과 진정한 관계를 맺는다. 하나님을 진정으로 사랑하는 사람은 이웃을 사랑하기 마련이다. 그러므로 진정한 크리스천은 사랑의 공동체를 만든다. 이에 대해 T-라이프는 '연결'(connection)이라는 단어를 선호한다. 개인적인 소명은 공동의 소명으로 성숙해가야 한다. 우리가 이렇게 하나로 연결될 때 주님께서 주신 사명을 성취할 수 있다. 연결은 하나님의 다리를 보여준다. 우리가 연결됨으로써 장차 우리가 갈 천국의 모습을 이 땅에서 보일 수 있기 때문이다. 또한 교회가 세상과 연결되면 그 연결고리를 통해 그들을 섬길 수 있게 된다. 이와 같이 교회는 반드시 하나로 연결되어 투명성, 진실성, 그리고 신뢰성의 중심이 되어야 한다. 교회의 연결고리는 하나님과의 상호 관계에서 시작해서, 다른 사람들과의 투명한 연결을 거쳐, 지역사회와 전 세계에 영향력(impact)을 끼치는 일로 발전해야 한다.

(3) 지역적이면서 동시에 전 세계적인 영향력

글로컬 임팩트(Glocal Impact)란 지역적으로 동시에 전 세계적으로 세상에 영향을 줄 수 있는 직업과 사역 사이의 상호관계를 말한다. 만약 우리의 재능과 직업들이 세상을 변화시키고자 하는 열정으로 한데 뭉친다면 그 효과는 엄청날 것이다. 그러므로 글로컬 임팩트는 삶, 사역, 그리고 직업이 한 점에서 만나는 것을 추구한다. 교회는 직업과 사역을 연결하여 지역적으로, 동시에 전 세계적으로 지역사회를 개발하는 일을 통해서 세상에 영향을 준다.

T-라이프의 세 가지 요소는 마치 바퀴의 살과 같아서 계속 역동적으로 상호 영향을 주며 움직인다. 즉 이 세 요소는 그림과 같이 성령을 통해 그 운

동량과 에너지가 변화를 더욱 가속시키는 상호 순환 구조를 이룬다. 이러한 교회는 하나님 나라 운동의 중요한 도구이며 하나님 나라를 확장하는 매체가 된다. 그러므로 교회는 이러한 변화된 평신도들을 교육하는 새로운 방법을 개발해야 한다.

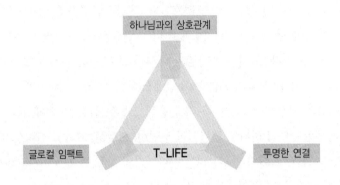

3) T-월드

트랜스포메이션을 위한 교회를 창조하라.

변화된 삶(T-라이프)은 변화된 세상(T-월드)으로 이어진다. 즉 진정한 교회의 비전은 T-월드다. T-월드의 목표는 교회, 지역사회, 그리고 궁극적으로 온 세상에 하나님의 나라를 이루는 것이다. 하나님의 나라가 어떻게 역사하는지를 이해하기 위해서는 반드시 전체 그림을 봐야 한다. 모든 영역은 하나님의 나라라는 한 점으로 수렴된다. 그리고 교회가 온전히 그 목적을 수행할 때 다음과 같은 T-월드의 세 가지 요소가 동시에 나타난다.

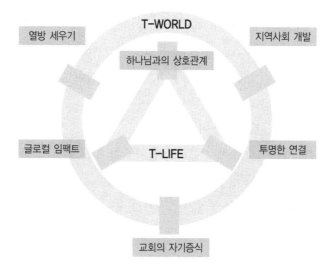

하나님과의 상호관계

T-WORLD

열방 세우기

지역사회 개발

글로컬 임팩트

T-LIFE

투명한 연결

교회의 자기증식

(1) 지역사회 개발

만일 교회가 지역사회와 전혀 동떨어져 있다면, 세상 사람들 중에 누가 교회를 필요로 하겠는가? 교회의 사명은 그리스도의 복음과 삶을 세상에 가지고 가는 것과 함께, 길 잃은 인간에게 소망을 주는 새로운 삶의 방식을 보여주는 것이다. 교회의 각 구성원이 온전히 변화되면, 지역적 그리고 전 세계적인 임팩트는 당연한 결과다. 지역사회 문화와 도덕성에 총체적인 참여를 하는 교회는 생명력이 있어서 모든 방향으로 강력하게 확산하는 실체가 된다.

(2) 교회의 자기 증식

변화된 개인은 교회를 건강하게 만들고 그 결과 교회는 성장해서 또 다른 교회들을 증식시킨다. 교회가 하나님의 나라를 세상에 확장하는 중요한 도구라면, T-월드를 달성하기 위한 주요 전략은 힘 있게 세상으로 나가는 역동적인 교회들을 계속해서 세워나가는 것이다.

그러나 교회 개척은 패키지로 된 어떤 프로그램이 아니다. 그것은 자연스럽고 유기체적인 흐름이다.[22] 즉 기본 원리는 지키되 교회 개척자는 지역사회에 맞는 교회를 디자인해야 한다. 그러면 개척되는 교회들의 형태는 점점 다양해지고 다채로워질 것이다.

살아있는 교회는 계속해서 증식한다. 중요한 것은 교회 개척 자체가 아니라 하나님 나라가 확장되는 것이다. 그러나 단지 교회를 세운다고 해서 하나님의 나라가 확장되고 세상이 변화되는 것은 아니다. T-월드라는 목적을 성취하기 위해서 교회는 반드시 세상과 연결되어야만 하고, 교회끼리 서로 협력해야 한다. 밥 로버츠는 노스우드 교회가 행했던 일을 다음과 같이 설명한다.

우리 교회에서 동쪽으로 3마일 떨어진 곳에 그 첫 번째 교회를 세웠다. 곧이어, 두 번째 교회를 서쪽으로 4마일 떨어진 곳에 세웠다. 현재 이렇게 세워진 여덟 교회가 우리 교회를 에워싸고 있다. 그런데 갑자기, 교회를 더 세운 것도 아닌데 교인수가 기하급수적으로 증가하기 시작했다. 우리 교회의 교인수 2,000명에, 앞서 말한 여덟 교회에 출석하는 5,000명이 더해진 것이다. 최근 이 여덟 교회 중 세 교회는 처음으로 교인수가 1,000명을 넘어섰다. 십 년 만의 결실이었다. 현재 우리 교회는 지금까지 80개가 넘는 교회를 세웠다. 전체 교인수로 보면 20,000명이 넘는다.

게다가, 우리는 한결같이 교회의 자기 증식을 믿고 있었는데(교회는 자기 복제 기능이 있는 DNA를 가지고 있다.) 이제 우리는 손자 교회, 증손자 교회를 넘어 고손자 교회까지 세웠다. 이들 교회에서 매주 30,000명 이상이 예배를 드린다. 작년 한 해만도 3,600명의 새신자가 일 년 전까지만 해도 존재하지 않았던 이들 교회에 등록했다. 이들 교회의 대부분은 평균 50~100명이 출석하고 있다. 지금부터 4년 동안 이들은 매년 최소한 4배로 성장해 15,000~20,000명의 새로운 사람들로 교회를 채운 각각의 지교회가 될 것이다.[23]

(3) 열방 세우기

글로컬 교회는 지역사회뿐만 아니라 전 세계에 하나님 나라를 전파하기 위해 일한다. 이때에도 역시 교회는 최대의 글로벌 임팩트를 위해 그 나라의 실제적인 기반 구조에 영향력을 행사한다. 그 방법은 빌리 그래함과 테레사 수녀를 조합한 형태다. 즉 글로컬 교회는 빌리 그래함의 말씀 선포와 테레사 수녀의 섬김이 총체적으로 융합된 선포와 섬김의 선교를 통해 열방을 세우고자 한다.

T-월드의 열방 세우기란 전 세계를 변화시키기 위해 사업, 무역, 교통 및 기타 기반 구조를 이용해 다시 써가는 사도행전의 이야기다. 그러기 위해서 교회의 모든 성도들은 자신의 직업과 변화된 삶을 통해 열방을 섬기면서 담대하게 복음을 선포한다. 교회와 성도들 안에 있는 하나님 나라가 막힘없이 세상으로 표출되는 것이다.

특히 열방을 세우는 과정에서 교회는 '정면 돌파 복음 전도'를 감행한다. 교회는 자신들의 신분을 숨기지 않고 담대히 사랑을 실천한다. 이러한 담대함과 진정한 사랑의 실천은 세상 사람들에게 신뢰를 주고, 복음을 효과 있게 전달한다. 그러므로 정면 돌파 복음 전도는 복음전파라는 실제 사역을 위해 인도주의적인 원조를 "이용"하는 것이 아니다. 사랑으로 섬기는 것, 그것이 바로 교회의 실제 사역이요 메시지가 된다.

이 과정에서 교회는 선교하는 쪽의 문화를 주입하려고 하지 말아야 한다. 오히려 교회는 완전히 다른 문화, 즉 하나님 나라의 문화를 창조하려고 노력해야 한다. 그럴 때 복음과 하나님 나라는 현지인들에게 거부감 없이 받아들여지게 된다.

더 나아가서 교회는 현지인들이 스스로 전도하고 선교하게 함으로써 열방을 선교사로 동원한다. 그러기 위해서 교회는 각 미전도 종족에 교회를 하나씩 세우는 것에 힘쓸 뿐 아니라, 미전도 종족들이 그들 자신의 교회 설립 운동을 이끌고 나가도록 돕고 섬기는 것이 중요하다. 이 과정에서 모교회는 선교 현장의 교회들이 전통적인 교회와 목회에서 벗어나 새로운 교회 모델과 사역 모델을 개발하는 것을 격려하고 도와주어야 한다.

4) 평가

노스우드 교회의 밥 로버츠 목사는 교회와 그 교회가 수행할 선교를 하나님 나라의 빛에서 봄으로써 교회 중심적 선교를 벗어나 세상을 변혁하는 통전적 선교를 수행할 수 있었다. 또한 지역사회를 섬기는 것에서 끝나지 않고 전 세계에까지 섬기는 글로컬 교회의 선교전략은 한국 교회가 세계 선교를 수행하는 데 중요한 통찰력을 제공한다. 더 나가서 노스우드 교회는 수많은 교회들을 개척하는 역동적인 교회의 사례를 보여줌으로써 개교회의 성장에만 집중하고 있는 한국 교회에 큰 도전을 주고 있다.

5. 한국 상황 속에서의 건강한 교회

지금까지 우리는 교회의 건강을 강조하는 네 그룹의 교회들을 살펴보았다. 그 각각의 그룹들은 저마다의 강조점들을 내세우며 교회 성장 일변도의 주장에 대해 대안을 제시하고 있다.

NCD는 생명체적인 통합적 관점으로 균형 있는 성장을 강조한다는 점에서 교회 성장 일변도의 불균형적인 성장도 마다하지 않았던 많은 한국 교회들에게 하나의 대안이 되고 있다. '교회들을 개척하는 교회들'의 주장은 교회가 그 본래의 사명인 하나님의 교회를 계속해서 번식해 나가야 한다는 점을 강조했다는 면에서 개교회주의적인 성장에 대한 대안을 제시하고 있다. 새들백 교회는 성서적인 목적이 이끄는 교회가 교회의 균형을 이룰 수 있고, 그 결과 교회의 건강과 성장이 따라온다고 강조함으로써 한국 교회로 하여금 성서적인 비전 앞에 서도록 각성시키고 있다. 노스우드 교회는 번식하는 교회가 가지는 건강성과 함께 하나님 나라의 빛에서 사회를 변혁하는 힘을 보여주고 있다.

그러나 우리는 이들이 제시하는 모든 장점에도 불구하고 또 다른 질문 앞에 서게 된다. 그것은 우리의 상황이 1세계의 안정된 상황과는 상당한 차이가 있다는 사실에서 기인한다. 우리의 상황은 ① 급변하는 사회, ② 빈익빈 부익부 현상, ③ 정치적·경제적·사회적으로 불의가 난무하는 세상, ④ 개인주의, 집단이기주의, 가족주의, 지역주의, 연고주의로 산산이 부서져 있는 사회, ⑤ 무너지는 가정, 농어촌, 사회적·정신적 아노미 현상, ⑥ 통일의 과제 등과 같이 전 민족이 함께 힘을 모아 해결해야 할 과제들로 가득 차 있다.

이러한 수많은 문제들 앞에서 참으로 '건강한 한국 교회'는 새로운 사명(mission)을 향해 결단하고 일어서는 교회다. 세상의 상처를 치유하고, 불의에 항거하며, 소외된 사람들과 연대하는 새로운 운동의 주역이 되는 교회야말로 성서적으로 건강한 교회다. 하나님은 죽어가는 세상을 지극히 사랑하시고 독생자를 보내셨기 때문이다. 그분은 지금도 세상 속에 임마누엘하셔서 사람들의 고난에 동참하고 계신다. 그러므로 건강하기를 원하는 한국 교회는 상황 속에서 성서의 하나님을 다시 만나야 한다. 세상 한가운데에서 지금도 일하고 계시는 하나님을 바라보아야 한다. 그리고 다시 거꾸로 교회의 건강을 강조하는 제안들을 향해 질문해야 한다.

한국이라는 상황 속에서 교회의 건강은 무엇을 의미할까? 그에 대해서 NCD는 어떻게 세상의 문제를 해결해 줄 수 있을까? CPC 운동은 세상을 변혁시키는 교회를 확산시켜 나갈 수 있을까? 새들백 교회의 목적이 이끄는 교회가 한국 상황 속에서 어떻게 올바른 목표를 찾아갈 수 있도록 도울 수 있는가? 노스우드 교회는 한국 사회의 변혁에 길을 제시할 수 있을까? 이러한 질문을 통해 외국 교회들의 제안들을 다시 바라보고 평가할 때, 한국 상황 속에서 건강하게 사명을 감당하는 한국 교회를 기대할 수 있을 것이다.

내 것으로 만들기

1. 자연적 교회 성장, 교회를 개척하는 교회 운동, 새들백 밸리 커뮤니티 교회, 노스우드 교회의 건강한 교회에 대한 정의를 정리해 보라.
2. 한국 상황을 고려하면서 건강한 교회를 정의해 보라.
3. 내가 정의한 교회의 건강성이라는 관점에서 다시 위의 네 운동들의 건강성을 평가해 보라.
4. 내가 그리는 건강한 교회를 이루기 위해 필요한 사항들을 적어보고, 그것을 이루기 위해 계획을 세워보라.

3

이머징 교회

레슬리 뉴비긴(Lesslie Newbigin)은 1936년에 인도 선교사로 가서 35년 동안 인도 사람들에게 복음을 전하기 위해 노력했다. 그 후 1974년 65세의 나이로 영국에 돌아왔을 때, 그는 너무도 달라진 영국 사회를 보고 놀라지 않을 수 없었다. 교회는 텅 비어 있었고, 사람들은 더 이상 교회를 관심하지 않을 뿐 아니라, 교회를 멸시하고 있었다. "복음을 경멸하는 것은 복음을 거부하는 것보다 더 대응하기 어렵다."[1] 너무도 짧은 기간 안에 영국은 기독교 이후 국가로 돌변해 있었다. 세계를 향해 선교사들을 보내던 영국은 인도보다도 더 어려운 선교지가 된 것이다.

이제 기독교 국가이던 제1세계는 세계 종교들이 공존하는 사회가 되었고, 포스트모던 시대는 다원주의적인 가치를 주장하는 사회가 되었다. 이러한 변화된 사회에서는 자신들만이 진리라고 외치는 기독교를 독선적이라고 느끼게 되고, 많은 젊은이들이 교회를 떠나고 있다.[2]

이러한 상황에서 선교적 마인드로 포스트모던 세계관의 사람들에게 접근하는 새로운 형태의 교회들이 나타났는데, 이들을 일컬어 이머징 교회(Emerging Church)라고 한다. 이들 교회들은 한마디로 설명할 수 없는 다양성이 있다. 또한 이들은 전통적인 교회 패러다임과 너무 많이 달라서 일각에서는 우려의 목소리가 들려오기도 한다. 그러나 기존의 교회가 변화된 사회와 커뮤니케이션할 수 있는 힘을 잃어버린 이때에 이머징 교회들은 새로운 희망으로 떠오르고 있다.

제1세계의 이러한 상황은 한국에도 곧 닥쳐올 문제다. 한국 사회도 이미 사회의 많은 부분이 다원주의 세계관으로 전환되고 있다. 이러한 사회에서 예수 그리스도만이 유일한 구원의 길이라고 외치는 교회는 설 자리를 잃고 있고, 많은 젊은이들이 교회를 떠나고 있다. 이제 교회는 이들을 향한 새로운 접근방법이 필요하다.

이머징 교회의 접근방법에 대한 많은 책들이 출판되어 있다. 한국어로도 세 권 정도가 번역되었고, 그 수는 더욱 늘어날 것이다. 또한 가까운 시일 내에 한국에도 다양한 이머징 교회들이 생겨날 것이다. 이러한 시점에서 이머징 교회를 성경적 관점에서 미리 살펴보는 것은 의미가 있다.

그러므로 이 글은 현재 서구에서 일어나고 있는 이머징 교회들의 특징을 살펴보고 이를 한국적 상황에서 평가해 봄으로써 이머징 교회의 많은 부분을 받아들일 한국 교회들에게 도움을 주고자 한다. 이를 위해 먼저, 포스트모던 세계관을 정리해 보려고 한다. 짧은 지면이기 때문에 핵심적인 단어들을 중심으로 그 특징을 살펴보는 것으로 만족해야 할 것이다. 둘째, 이머징 교회란 무엇을 말하는지 정리해 보겠다. 다양한 흐름을 자세하게 추적하기보다는 그들이 공통적으로 갖고 있는 특징들을 중심으로 살펴보겠다. 결론에서는, 이머징 교회의 한국적 적용 가능성에 대해 전망하도록 하겠다.

1. 포스트모던 세계관의 이해

1) 모던 시대에서 포스트모던 시대로

근대 서구문명의 토대는 과학, 기술, 경제로 특징지을 수 있다. 리차드 미들턴과 브라이언 왈시는 「포스트모던 시대의 기독교 세계관」이라는 책에서 이를 건물에 비유하고 있다.[3] 그들의 표현에 의하면 근대 서구문명의 1층은 과학에 의해 지탱된다. 16, 17세기 유럽의 과학 혁명과 18세기 계몽주의는 과학의 합리성을 강조하며 미신에서 벗어난 세계를 만들었다. 과학지상주의는 이들의 부산물이다. 근대 서구의 2층은 기술에 의해 형성되었는데 산업혁명을 지나면서 과학기술은 부를 창출하고 생활수준을 증진시키며 더 나은 환경을 만들어 내는 데 사용되었다. 기술지상주의 세계관은 그 결과다. 근대 서구의 3층은 경제성장이다. 이는 근대를 특징짓는 정점으로서 경제지상주의 세계관을 가져왔다.

이러한 서구문명은 자신감의 문화를 낳았다. 이성주의, 합리주의, 과학주의의 결과는 진보적 낙관주의와 인본주의적 비전으로 이어졌다. 이성주의란 이성에 의한 판단과 사고를 중시한다. 그러므로 그들은 인간 이성이 지식체계의 확고한 기반이 될 수 있으며, 옳고 그름을 판단하는 기준이 된다고 믿는다. 합리주의는 중세의 신앙적 진리 주장을 신뢰할 만한 지식의 영역에서 제외시켰고, 인간 이성으로 인지할 수 없는 것은 인정하지 않았다. 과학주의는 과학적 방법에 의해 검증된 진리만이 가장 확고한 기초 위에 정립된다고 믿었다. 이러한 신념의 토대 위에서 생겨난 낙관적 진보주의는 과학과 기술에 의해 인간이 유토피아를 건설할 수 있다고 확신하게 되었다.

이들에게 지식은 선하고 확실한 것이다. 이를 위해 논리적이고 합리적이며 체계적인 사고가 중요하다. 그러므로 이들에게는 아직도 절대적 진리, 일

신론, 합리적 종교를 위한 자리가 있었다.

그러나 20세기 후반에 이르면서 사람들은 그러한 환상이 한낱 공상이었음을 깨닫기 시작했다. 사회의 기득권자들이 근대의 이상사회가 가능하다고 믿고 있는 동안에, 세상의 많은 사람들은 가난과 궁핍, 굶주림, 불평등, 에이즈, 갈라지는 가정, 방황하는 청소년, 마약, 폭력, 노숙자들, 실업자들, 파괴되는 환경 속에서 대답을 잃고 있다.

이제 사람들의 마음은 확신에서 의심으로, 인간 이성의 자율에 대한 신념에서 불안으로, 심리적인 안정에서 두려움으로 옮겨가고 있다. 사회를 유지하던 규범적 기반이 흔들리고 아노미 현상이 나타나고 있다. 이들에게 실재는 더 이상 예전 그대로의 실재가 아니다. 철학적 상대주의나 해체주의가 등장했다. 자아는 사회제도의 구성물이요 소산물이라는 주장이 힘을 얻고 있다. 담론이나 언어가 자아를 구성하고, 사고를 지배한다. 이제 인간은 더 이상 자율적 존재가 아니다. 그 결과 인간에 대한 믿음과 행위에 대한 확신도 흔들리게 되었다. 도적적인 결정이 어려워지고, 정체성의 위기를 경험하게 되었다.[4]

짧은 기간에 모더니티는 급속하게 쇠퇴하였고 진보신화는 그 힘을 상실하게 되었다. 지금 우리가 있는 모더니티라는 건물 4층에 더 이상 진보신화는 없다.

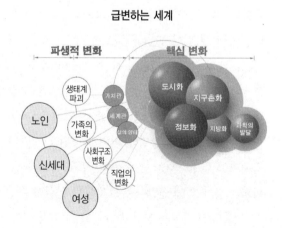

급변하는 세계

2) 포스트모던 시대의 특징

근대적 가치관과 신념이 무너진 곳에 새로운 세계관이 나타나게 되었다. 이들에게는 더 이상 단 하나의 우주적 세계관은 없다. 절대적 진리, 원리, 표준이 부정되고 개개인의 다양한 경험, 다양한 정의들(definitions)이 중요하게 되었다. 다원주의적 · 상대적 · 경험적 · 신비적 · 유동적 · 종족적 · 공동체적 · 설화적 · 세계적 가치들이 대중적 지지를 얻게 되었다.

그래함 존스톤은 포스트모던 시대의 열 가지 독특한 모습을 다음과 같이 정리하고 있다.[5]

① 근대성(modernity)과 그 모든 신조들에 반동한다.
② 객관적 진리를 거부한다.
③ 권위에 대하여 회의적이고 의심한다.
④ 자아와 정체성을 찾고 있는, 길 잃어버린 사람 같다.
⑤ 도덕성이 선명하지 않고 무엇이든 편리한 것에 관심 갖고 몰두한다.
⑥ 초월적인 것을 계속 탐구한다.
⑦ 미디어의 세계에 빠져 있다.
⑧ 아는 체하는 능글맞은 웃음을 웃으려 든다.
⑨ 공동체를 찾으려고 한다.
⑩ 상당히 물질적인 세계에 살고 있다.

크래이그 켄넷 밀러는 *Postmoderns*라는 책에서 그 특징을 다음과 같이 설명한다.[6]

① 질서에서 혼돈으로(from oder to chaos)

② 원자에서 비트로(from the atom to the bit)

③ 하나의 진리에서 많은 진리들로(from one truth to many truths)

④ 저 밖에서의 전투에서 바로 여기에서의 전투로(from the war out there to the war right here)

⑤ 전통적 가정에서 다양한 형태의 가정으로(from the traditional family to the multifamily)

⑥ 직업에서 과제로(from the job to the task)

⑦ 하나의 길에서 다양성으로(from one way to diversity)

⑧ 종교에서 영성으로(from religion to spirituality)

⑨ 현대 교회에서 포스트모던 교회로(from the modern to the postmodern church)

이러한 포스트모던적 경향은 대중매체와 인터넷의 영향으로 대중문화로 확대되고, 그 규모도 전 세계적으로 확장되었다. 이제 패션, 오락, 음악 등 모든 분야는 더 이상 한 지역에 국한되지 않는다. 포스트모던 세대는 문화적으로 전 세계를 꿰뚫고 있다. 더 이상 그들은 지역에 국한해서 사물을 지각하지 않는다. 또한 그들에게는 성과 속, 공적인 영역과 사적인 영역의 구분도 중요한 것이 못된다. 그들은 대중문화를 통해서 신학을 배운다. 포스트모던 사회에서는 다양한 영화들이 영적인 문제나 초월적인 세계를 다루고 있기 때문이다. 영화나 음악, 그리고 다양한 세상의 문화들이 영적 용어 및 신학적 용어들을 새롭게 정의해 나가고 있다.

또한 포스트모던적 세계관은 대중문화에서 일상생활 및 사고방식으로 확대된다. 상대적 진리가 강조되면서 각 개인은 자신의 삶을 해석하고 결정할 권한을 갖게 되었다.[7] 모든 사람들은 각자가 보기에 올바른 것이라고 여기는 일을 행할 수 있게 되었다. 더 이상 보편성과 객관성을 지닌 윤리체계

는 없다. 동성애까지도 개인이 결단할 문제다.[8]

이러한 경향은 영적 영역으로 확대된다. 절대적 진리가 사라진 이 세상에서 우리가 믿을 수 있는 것이라고는 우리 가슴속에 있는 것이 된다. 그러므로 사람들은 더 이상 이성적이고 절대적인 진리를 추구하지 않는다. 대신에 경험, 감성, 신비, 그리고 직관을 통한 신앙을 중시한다. 즉 포스트모던 사람들은 합리적인 신앙보다는 신비롭고 경험적인 요소에 더 끌린다. 이제 세상은 분석적인 것에서 덜 분석적인 것으로, 대결적인 것에서 관계적인 것으로, 체계에서 이야기로, 하나의 진리에서 다양성을 존중하는 다원주의로 바뀌고 있다. 그들은 다원주의의 시각으로 영적인 영역을 바라보고 있다. 그렇기 때문에 그들은 기독교를 타인을 비난하는 사람들이 믿는 부정적인 종교로 본다. 그들은 예수님은 좋아하지만, 그리스도인들은 좋아하지 않는다. 그들은 그리스도인들을 독선적이고 편협하게 본다.

이렇게 포스트모던 시대의 해체주의적, 상대주의적, 다원주의적 경향과 감각문화들, 그리고 전통적인 가치관의 붕괴는 교회에 커다란 도전이 되고 있다. 그러나 자세히 살펴보면 이러한 변화는 새로운 교회와 문화를 창조해 낼 수 있는 가능성과 기회를 말하고 있기도 하다. 오늘의 사람들은 하나님의 살아계심과 역사를 증명해 줄 상징, 비유, 신비, 경험, 초자연적 시각, 이야기, 깊은 관계, 세계적인 시각들을 기다리고 있다. 사람들의 이러한 요구들은 오히려 성경적 기독교가 가지고 있는 핵심들이다. 이는 근대사회가 비신화화를 통해 왜곡시켰던 기독교의 본질이 새롭게 기능할 수 있는 가능성이 열린 것을 의미한다. 이러한 관점으로 이머징 교회들을 살펴보기로 하자.

2. 이머징 교회의 이해

포스트모던 세계의 등장과 함께 한때 기독교 국가였던 서구가 급속히 기독교 이후 국가, 비기독교 국가, 기독교의 영향권에서 벗어난 국가가 되어가고 있다. 이제 서구사회에서는 기독교의 영향을 전혀 받지 않은 새로운 세대가 일어나고 있다. 이러한 문화적 변화와 함께 현대의 서구 종교도 퇴락하고 있다. 베이비부머들은 현대 교회들에게 만족하는 마지막 세대들이다. 이렇게 보면 현대 서구 종교의 사역은 더 이상 존재하지 않는 사회를 향하고 있다.

이에 반해 이머징 교회는 새롭게 등장하는 포스트모던 상황에 뿌리내리고, 예배, 공동체, 신앙훈련, 선교의 가능성을 실험하고 있는 교회들이다. Emerging이라는 단어가 의미하듯 이 단어는 오고 있지만, 아직 도착하지 않은, 새롭고, 진행 중이고, 나타나고 있는 일군의 교회들을 지칭한다. 그러므로 이머징 교회는 하나의 과정(process)과 목표(goal)를 표현하는 말이다. 이들을 설명하는 다른 표현들은 '새로운 형태들의 교회'(new forms of church), '새로운 교회의 존재방식들'(new ways of being church), '교회의 신선한 표현들'(fresh expressions of church) 등이다. 또한 이들과 연관된 선교적인 단어들은 상황적인(contextual), 개인의 요구에 맞춘(customized), 다양한(diverse), 유연한(flexible), 실험적인(experiment) 등과 같은 것들이다.

이머징 교회는 다양한 패턴들과 모델들을 포함하는 우산과 같다. 그 안에는 대형 교회, 소형 교회, 셀 교회, 어린이들을 위한 교회, 가정 교회, 다인종 교회, 다문화 교회, 도심 교회, 시골 교회, 시외 교회, 카페 교회, 예술 중심 교회, 포스트알파 교회 등 한 가지로 설명될 수 없는 다양성이 있다. 모더니티는 모방할 만한 뚜렷한 모델을 추구하도록 가르치지만, 포스트모던 사회는 그러한 시도를 거부한다.

마이클 모이나(Michael Moynagh)는 이머징 교회라는 단어를 사용하는 것에 대해 다음과 같이 정리한다.[9] 첫째, 이머징 교회는 기존의 교회로부터 새롭게 일어나는 교회를 말하는데 이는 기존 교회와의 연속성을 나타내면서도 그들과 구별되는 새로운 것이 있다는 점을 강조한다. 둘째, 이머징 교회는 임시적인 음악(a provisional note)과 같은 것이어서 영감이 표현되어 있지만, 아직 거기에는 무엇인가 덧붙여질 것이 있고, 완성을 향해서 계속 추구해야 할 것이 있는 교회다. 셋째, 이머징 교회는 역동적인 표현으로서 새로운 형태들의 교회가 나타나고 있음을 의미한다. 이러한 새 창조의 여행은 아직 진행 중이고, 계속되는 과정이며, 종착점에 다다르지 않았다. 그러므로 아직 실험의 여지가 많은 교회다. 넷째, 이머징 교회는 적절하지 않은 표현이다. 이제 실험의 시작일 뿐인데, 어떤 이름으로 가둬두는 것은 적절하지 못하다.

이제 아직 충분하게 정리되지 않은 형태지만, 이미 등장하고 있는 이머징 교회들을 조금이라도 이해하기 위해서 그들이 공통적으로 가지고 있는 몇 가지 특징들을 살펴보고자 한다.

이런 특징들을 다루는 데 있어서 에디 깁스(Eddie Gibbs)와 리안 볼거(Ryan Bolger)는 이머징 교회들을 다른 교회들로부터 구분하는 아홉 가지 실천을 제시하고 있는데 그것은 다음과 같다.[10]

① 예수의 삶과의 동일시(Identifying with Jesus)
② 세속 영역을 변혁하기(Transforming Secular Space)
③ 공동체적 삶을 살기(Living as Community)
④ 외부인을 환영하기(Welcoming the Stranger)
⑤ 자비를 가지고 섬기기(Serving with Generosity)
⑥ 생산자로서 참여하기(Participating as Producers)
⑦ 피조물로서 창조하기(Creating as Created Beings)
⑧ 그리스도의 몸으로서 이끌기(Leading as a Body)
⑨ 고대와 현대의 영성을 합하기(Merging Ancient and Contemporary

Spiritualities)

짐 윌슨은 이머징 교회를 일곱 가지로 설명한다.[11]

① 창조적이 되기(Get Creative)
② 영적이 되기(Get Spiritual)
③ 근본적이기(Get Radical)
④ 실재적이 되기(Get Real)
⑤ 정직하기(Get Truthful)
⑥ 다양해지기(Get Multi)
⑦ 연결되기(Get Connected)

래너드 스윗도 「영성과 감성을 하나로 묶는 미래교회」라는 책에서 미래교회는 다음과 같은 교회라고 말한다.

① 경험하고 느끼는 교회
② 참여하고 상호 작용하는 교회
③ 이미지와 은유로 사고하는 교회
④ 관계가 살아있는 공동체를 세우는 교회[12]

이 글에서는 필자는 이머징 교회를 ① 사명(mission) 중심적 교회, ② 세상 중심적 교회, ③ 창의적 커뮤니케이션, ④ 예수 중심적 교회, ⑤ 하나님나라 중심적 교회라는 개념을 통해 설명해 보고자 한다.

1) 사명 중심적 교회

이머징 교회는 포스트모던 문화 안에서 일어나고 있는 새로운 선교적 공동체들이다. 그들은 자신들의 시간과 장소 안에서 하나님의 명령에 순종하며 신실하게 예수를 따르려는 사람들이다.

그러므로 이머징 교회는 하나님의 선교를 강조한다. 본래 선교는 하나님의 마음에서 비롯되기 때문이다. 하나님은 세상을 창조하는 사명을 완성하셨고, 우주를 지탱하시면서, 그의 사명을 감당하신다. 하나님은 예수 그리스도의 죽음과 부활을 통해 세상을 구원하시며 사명을 감당하시고, 지금도 성령을 통해 그 사명을 계속하고 계신다. 그 목적은 세상을 회복하고 온전케 하는 것이다. 선교는 교회의 부가물이 아니라 교회의 중심이다. 하나님은 지금도 세상에서 일하고 계시고, 교회는 하나님의 선교에 동참하지 않으면 존재 이유를 상실한다. 교회는 선교에 동참할 때 하나님을 닮아간다. 이것이 교회를 지으신 하나님의 뜻이다. 그러므로 교회는 사명 중심적이 되어야 한다.

교회가 하나님의 선교 중심적이 되면 전통적인 성과 속의 구분은 무의미해진다. 현대적 사고는 영 vs 육, 개인 vs 공동체, 공적인 영역 vs 사적인 영역, 믿음 vs 실천 등과 같이 대상을 구분하는 데 익숙하다. 그러나 전 우주의 창조주이신 하나님 중심적인 시각은 이원론을 극복하고 총체적인 접근을 하도록 인도한다. 즉 하나님 안에서 모든 삶의 영역이 거룩해져야 한다.

교회의 선교적 사역도 총체적이어야 한다. 문화 안에 성육신한 하나님은 문화 안에서 초월과 임재를 하나로 만드셨다. 그러므로 예배는 영, 혼, 육이 구체적인 문화적 표현 안에서 총체적으로 하나님께 드려져야 하며, 선교는 말씀의 증언과 행함이 동반되어야 한다.

복음주의자들은 말씀을 선포하고 개개인이 예수 그리스도를 영접하는 것을 강조했다. 가톨릭은 성육신한 사랑의 교회공동체를 통한 신앙의 순례를 강조한다. 자유주의 전통은 이 땅에 정의를 실현하기 위해 사회 참여를 통한 사회 변혁을 꿈꾼다. 포스트모던적 관점으로 보면 이 세 전통들은 서로에게서 배울 것이 있다. 복음주의가 말하는 개인 vs 개인의 관계전도(friendship-based evangelism)에 가톨릭의 섬김과 사랑의 공동체인 교회가 덧붙여진다면 더욱 효과적일 것이다. 또한 사회 참여와 공동체를 통한 관계 형성이야말로 총체적 복음전도의 사명을 감당할 수 있도록 해준다.[13]

2) 세상 중심적 교회

하나님의 선교에 동참하는 이머징 교회는 하나님이 활동하시는 세상 한가운데서 세상 사람들과 만나기를 원한다. 기존의 교회들이 "우리 교회로 오세요"라고 말한다면, 이머징 교회들은 "우리가 그리로 갈게요"라고 말한다.

우리 교회로 오라는 말은 우리가 예배 형태, 시간, 장소, 섬김의 종류를 결정해 놓고 사람들로 하여금 우리의 것에 맞추라고 제시하는 것을 의미한다. 그들은 세상 사람들이 자신들과 같다고 생각하는 경향이 있다. 그래서 세상 사람들이 자신들이 정성껏 준비한 것들에 만족하리라고 생각한다. 그들은 이러한 노력을 이웃을 향한 사랑의 표현이라고 생각한다.

그러나 이는 1950~60년대 기업이 표준화를 통해 대량생산을 하던 시대의 사고방식이다. 고객 하나하나에 맞춤형으로 서비스를 제공하는 지금의 시대에는 낯선 태도가 되었다. 과거의 근대적 접근방법을 구사하고 있는 전통적인 교회는 교인들에게조차도 연결점을 잃어가고 있고, 교인들이 교회를 떠나고 있다. 이러한 현상은 젊은 층에서 먼저 시작된다.

"우리 교회로 오세요 모델"은 때때로 성공적인 것처럼 보일 때도 있다.

기존의 교회에서 만족하지 못하던 교인들이 그리로 이동해 가면서 교회의 성장을 보이기도 한다. 그러나 점차로 사회의 문화와 멀어지고 있는 자신을 발견한다.[14]

반대로 "우리가 갈게요 모델"이 가지고 있는 사고 구조는 교회가 위치하고 있는 사회의 사람들과 그들의 문화, 상황을 고려한다는 것을 의미한다. "그들에게 적절한 교회 형태는 무엇인가?" 이는 모델이라기보다는 하나의 관점이다. 종착점이라기보다는 방향이다. 계획보다는 원리다. 그리고 이러한 교회들은 복음을 세상 사람들과 의미 있게 커뮤니케이션하기 위해서 부단한 노력을 기울이고 있다.

3) 창의적 커뮤니케이션

1980~90년대 구도자 중심적 교회들은 교회에 나오지 않는 베이비부머들을 향해 파격적인 접근을 하였다. 구도자들이 교회에 오는 데 장애가 되는 요소들을 제거하였고, 교회가 지루하거나 의미 없는 곳이 아니라 가치 있고, 현대적이며, 인간적인 곳이라는 개념을 심어주기 위해 교회에서 가능한 한 영적인 요소들을 제거하였다. 그 결과 구도자 중심의 예배는 교회와 세상과의 접점 기능을 담당했다. 그들의 교회에는 여전히 구도자들로 가득차 있다.

그러나 청소년들에게 선풍적인 인기를 끌었던 이러한 교회들에서 이상 징후들이 나타나고 있다. 학생들이 점차 흥미를 잃고 있다는 것이다. 세상이 보여주는 것에 비하면 교회의 조명과 전자장치들은 대수로운 것이 아니었다. 즉 세상이 주는 역동성과 속도감을 경험하러 교회에 오는 것은 설득력을 잃고 있다.

많은 경우 교회에서 나타나는 공통된 반응들은 다음과 같았다. ① 이전 세대에는 매우 성공적이었던 아웃리치 방법에 반응을 보이지 않는다. ② 최신식 예배와 구도자 중심 전략에 관심을 반응하지 않는다. ③ 청년들은 기독교 외에 다른 종교를 찾는다. ④ 교회가 영향력을 잃어가고 있으며 새로운 전략이 필요하게 되었다. ⑤ 청소년, 청년, 대학생 사역은 혼란에 빠졌다.[15]

이에 대해 이머징 교회가 발견한 것은 포스트모던 세대가 진정 원하는 것은 세상의 앞선 문화가 아니라 하나님을 경험하는 것이라는 사실이었다. 몇몇 이머징 교회들이 현란한 전자음악보다는 언플러그드 방법으로, 플래시와 조명 대신 양초를 사용하며, 낮은 무대를 통해 그들에게 접근하고, 성경 읽기 및 묵상의 방법을 사용했더니, 점차 학생들의 찬양소리가 높아지기 시작했다. 영적인 요소가 먹히기 시작하는 것이다.

많은 세상 종교들과 그 신들을 바라보는 다양한 시각에 노출된 세대들에게는 또 하나의 하나님에 대한 지식을 전달하는 것보다는 성경의 하나님을 체험하도록 돕는 것이 중요하다. 사람들이 예수님과 그의 메시지를 경험하도록 해야 한다. 진정으로 영적이고 초월적인 예배를 경험하는 것, 이것이야말로 포스트모던 세대가 진정으로 원하는 것일지도 모른다.

또한 이머징 교회는 교회의 시각적 · 상징적 · 예전적 유산을 찾아내어 다시금 그 의미를 되살리는 동시에 그것을 오늘 우리가 처해 있는 21세기의 상황 속에서 재해석하여 적용하기 위해 노력한다.[16] 복음이 처음으로 경험되었던 초대교회로의 회귀는 중요한 주제가 되고 있다. 많은 이머징 교회의 예배 중심에는 성만찬이 있다. 어떤 교회는 실제 식사로서 성만찬을 거행하기도 한다. 이는 모든 사람을 포용하는 사랑의 하나님을 체험하는 귀중한 기회며, 이 식탁에서는 모든 사람이 동등하다. 이 식탁을 통해 하나님의 나라가 확대되며 복음이 선포된다. 고대 동방 정교회의 예전, 관상기도와 같은 다양한 영적인 훈련들, 교회력과 유대전통의 회복 또한 중요한 관심의 대상이다. 그들은 영적인 요소를 부각시키기 위해 장시간의 예배, 십자가와 여러 가지 종교적인 상징물, 장시간의 기도, 장시간의 성경 읽기, 예술물의 활용, 경건한 예배 분위기를 위한 어두운 조명, 하나님의 신비를 경험하기 위한 조용하고 신비스러운 분위기 등을 시도한다.

현대의 교회에서 청중은 방관자 혹은 부분적 참여자였다. 그러나 이머징 교회에서 모든 사람들은 소비자에서 생산자로 바뀐다. 모든 사람들이 예배에 참여하고 기여할 수 있는 예배 안에서는 상호작용과 대화가 격려된다. 서로의 은사를 활용하도록 함께 예배를 기획하고, 그 안에서 사람들은 자신들의 신앙 경험을 나누도록 초대된다. 이러한 열려 있는 공간에 초월자이신 하나님께서 임재하심을 체험할 때 예배자들은 그들의 삶 속에 임재하시는 하나님을 고백할 수 있게 된다.

4) 예수 중심적 교회

댄 킴볼은 이머징 교회들을 다음과 같이 설명한다. "이머징 교회는 우리가 어떤 방법론을 사용하든 성령이 천국 지향적이며 선교적인 예수님의 제자들을 만들어내는 교회다. 이머징 교회는 기독교 이후 사회에서의 사랑과 믿음에 관한 교회다. 이머징 교회는 예수님에 관한 교회다."[17]

많은 이머징 교회들이 바울서신에서부터 복음서로의 이동을 경험하고 있다. 개신교가 복음서를 잃어버린 결과 복음은 개인주의화, 사사화되었다. 이제 이머징 교회는 다시 예수의 가르침과 삶을 우리의 삶 속에서 실천하는 데 집중하고 있다.

이머징 교회는 포스트모던 세계의 사람들이 다양한 종교에 노출되어 있다는 것을 인식하고 있다. 사람들은 영적 뷔페에서 음식을 선택하듯 세계 종교와 다양한 신념이 뒤섞인 영적 존재를 믿는다. 그들은 이 과정에서 모순적인 신념을 갖는 것조차 개의치 않는다. "모든 길은 하나님께로 통한다"는 말은 전형적인 포스트모던적 표현이다.

이들에게 접근하기 위해 이머징 교회들은 자신들이 맹목적인 믿음을 소유한 것이 아니며, 독선적이지도 않고, 두려워서 다른 사람의 신앙을 공격하는 사람들이 아님을 보여주는 데 집중함으로써 그들이 대화의 마음을 열도록 인도한다. 이 관계에서 이머징 교회들은 성실하게 그들이 믿는 예수님을 설명하고, 왜 성경이 성령의 감동으로 된 것인지 자신들의 신앙을 나눈다.[18]

이머징 교회의 사역을 기획할 때, 사역자들은 파생문화가 아닌 예수님을 소개하도록 노력한다. 그리고 그들의 삶을 통해 예수 그리스도를 보여주려고 노력한다. 포스트모던 사회에서 예수의 삶과 동일시하기, 세상을 변혁하기, 대안적 공동체의 삶을 살기와 같은 주제들은 이머징 교회가 가장 중요하게 여기는 것들이다. 이머징 교회는 포스트모던 문화 안에서 예수의 길을 실천하는 공동체들이다.

5) 하나님 나라 중심적 교회

예수의 가르침과 삶에 관심하는 교회는 그가 선포했던 하나님 나라를 추구하는 삶을 산다. 희랍어의 '나라'(basileia)는 통치와 연관된 말이다. 그러므로 하나님의 나라는 하나님의 다스리심이 온전히 고백되고 이뤄진 곳을 말한다. 예수는 그리스도인들이 다른 어떤 것보다도 하나님의 나라와 그 의를 추구해야 한다고 가르쳤다. 그 나라는 개개인 그리스도인의 삶 속에서 이뤄지고, 교회공동체 안에서 성취되며, 세상으로 확대되어 간다.

그러므로 이 하나님의 나라에 대한 비전은 교회를 근본적으로 재구성한다. 교회는 인간적인 제도(institution)가 아니라 하나님의 백성들(the people of God)이며, 모임(meeting)이 아니라 공동체(community)고, 그리스도 안에서 형제인 확대된 가족(extended family)이다. 그러므로 그들은 사역이나 전도에 있어서 훨씬 관계 중심적으로 접근한다. 그로 말미암아 이머징 교회는 잃었던 신뢰를 회복하고 예수님이 언제나 신뢰할 수 있는 분이라는 것을 삶으로 증거하고자 한다.

이러한 교회는 서로 사랑으로 섬기는 공동체를 통해 하나님의 나라를 증거한다. 복음은 패키지 상품이 아니다. 사랑의 공동체야말로 세속 사회 안에 존재하는 가장 강력한 복음의 메시지다. 복음전도는 프로그램이 아니라 일상생활에서 공동체의 삶을 통해 나타나는 것이다.

또한 하나님 나라 공동체로서의 교회는 세상을 섬김으로써 하나님 나라를 확장해 나간다. 교회의 섬김은 사회사업 프로그램 중심이 아니라 삶으로 구현된다. 이러한 섬기는 삶이야말로 복음을 커뮤니케이션할 수 있는 가장 큰 방법이다. 그러므로 교회는 복음 메시지를 선포하기에 앞서서 복음의 사람, 그리고 복음의 공동체가 되는 것이 중요하다.

영적인 복음은 삶으로 구현된 복음이어야 한다. 영적인 복음은 총체적 복음으로 연결되어야 한다. 교회 안에서의 섬김은 세상을 섬기는 것으로 확장되어야 한다.

3. 한국적 적용 가능성

이머징 교회는 포스트모던 시대의 제1세계 상황 속에서 나타났다. 대부분의 1세계 교회들은 기독교 세계관이 지배하던 문화가 다양한 가치관들과 신앙들을 고백하는 문화로 바뀐 것에 충격 받고 당황하고 있다. 이렇게 새로운 상황에 새로운 형태의 목회를 시도하는 교회들이 생겨났는데, 이들을 이머징 교회라고 부른다.

그러나 이것은 제3세계의 상황과는 많이 다르다. 제3세계에서 기독교는 오히려 후발 종교고 외국의 종교다. 그러므로 제3세계 안에서의 기독교는 힌두교, 이슬람, 불교, 유교, 샤머니즘 등과 공존하면서 복음을 증거하는 방법에 대해 고민해 왔다. 제1세계 그리스도인들이 '제1세계가 선교지가 되었다'든지 '교회는 이제 선교사처럼 생각해야 한다'고 말하지만, 제3세계 사람들에게 이러한 주제는 이미 익숙한 것들이다.

또한 제1세계 기독교가 세속화 과정을 통해 영향력을 상실해가는 것과 달리, 제3세계의 기독교는 아직 뜨겁고, 열정적이다. 그들은 개종을 위해 목숨을 건 사람들이고, 핍박을 불사하는 믿음의 사람들이다. 제3세계 그리스도인들은 성경을 있는 그대로 믿고 있으며, 성령의 역사를 통해 부흥을 경험하고 있다.

문제는 한국 교회다. 한국 교회는 제3세계 교회들이 가진 강점들을 상실해가고 있는 반면에, 제1세계 교회들이 가진 부정적인 면들을 보이고 있기 때문이다. 제3세계 기독교와의 공통점이라면 한국 사회가 다종교상황이고, 기독교는 20%가 채 안 되는 선교지라는 점이다. 그 외에 한국 교회의 강점이었던 뜨거운 신앙과 기도, 전도와 선교의 열정은 이전 같지 않은 실정이다.

반면에 한국 교회에는 전통적인 제1세계 교회들에서 나타나고 있는 부정적인 모습이 보이기 시작하고 있는데, 그것들은 다음과 같다. 첫째, 한국 교회는 자신들이 기독교 국가 안에 있다고 착각하고 있다. 그래서 다른 종교의 사람들이나 믿지 않는 사람들을 존중하면서 복음을 나누기보다는 일방적으로 복음을 강요하는 전도에 익숙해져 버렸다. 이는 교회의 세계관과 문화에 세상 사람들을 집어넣으려는 "우리 교회로 오세요 모델"의 전형적인 특징이다. 둘째, 한국 교회는 서구의 근대 세계관의 영향을 받아서 영과 육, 성과 속, 의인과 죄인을 확연히 구분하는 이원론적 태도에 익숙해졌다. 셋째, 한국 교회는 선교 초기의 부흥의 역동성을 잃어버리고 제도화되어가고 있다. 넷째, 한국 교회는 하나님 나라를 향한 긴장감을 상실했다. 다섯째, 한국 교회는 참된 제자들의 공동체로서의 교회의 모습을 잃어가고 있다. 여섯째, 한국 교회는 더 이상 전도하고, 세상을 섬기려고 하지 않는다. 일곱째, 한국 사회에도 포스트모던 세대가 나타나고 있다.

이러한 변화에 대한 한국 교회의 대응은 크게 두 가지로 나타나고 있다. 첫째, 전통적인 한국 교회는 변화되는 상황에 효과적으로 대응하지 못한 채 교회의 갱신을 이루지 못하고 있다. 그 결과 한국 교회는 시대에도 뒤떨어지고, 사람들의 요구에도 대응할 수 있는 능력을 잃어가고 있다. 둘째, 몇몇 변화를 시도하는 교회들은 1980~90년대 미국 교회에 새로운 대안이 되었던 새들백 교회나 윌로우크릭 교회 등의 미국 모델을 추구한다. 이들은 변화를 주도하지 못하는 한국 교회에 실망한 그리스도인들을 흡수함으로써 이동성장을 통해 급성장하고 있다. 그러나 그 교회들에도 회심을 통한 새신자는 많지 않다.

또한 제1세계의 이머징 교회들은 새들백 교회, 윌로우크릭 교회 이후의 대안들을 모색하고 있는 데 반해, 한국 교회는 새들백 교회, 윌로우크릭 교회의 패러다임에도 미치지 못하고 있다는 점에서 갈 길이 먼 것처럼 보인다.

그러나 꼭 실망할 문제만은 아니다. 한국 교회는 제1세계의 교회와 다른 강점을 가지고 있기 때문이다. 서구가 새들백 교회, 윌로우크릭 교회와 같은 구도자들을 향한 모델을 경유해서 다시 초대교회의 신앙으로 돌아가고 있다면, 한국 교회에는 이미 이런 성경적 신앙이 익숙하지 않을까? 비록 그 신앙이 많이 식었고 퇴색했지만, 우리에게 익숙한 성경적 영성, 기도의 영성으로 돌아갈 수만 있다면, 그래서 대부흥 운동이 다시 우리 안에 일어난다면 한국 교회는 회생의 가능성이 있다고 본다.

그러나 동시에, 우리는 변화된 사회에서 우리의 문제점을 되짚어보아야 한다. 이머징 교회가 우리에게 주는 교훈은 포스트모던 사회에서 배타성은 금물이라는 것이다. 그렇다면 어떻게 겸손하게, 사랑과 섬김으로 우리의 진실한 믿음을 세상 사람들에게 보여줄 수 있을까? 어떻게 하면 세상 사람들에게 복음의 메시지를 감동으로 전해줄 수 있을까? 이러한 점에서 포스트모던 세대들에게 복음을 전하기 위해 부단히 실험을 계속하고 있는 이머징 교회는 우리가 눈여겨보아야 할 운동이다.

내 것으로 만들기

1. 이머징 교회의 중요한 특징들을 정리해 보자.
2. 이머징 교회가 나에게 주는 의미는 무엇인가?
3. 한국 상황에서 나는 어떤 형태의 이머징 교회를 디자인하겠는가?
4. 디자인한 교회를 이루기 위한 계획을 세워보라.

4

M-Church 패러다임

정보화 사회에 들어서면서 사회 변화의 속도가 급속도로 빨라지고 있다. 불과 몇 년 만에 지구정보가 두 배가 되고 있고, 그 주기는 더욱 더 짧아질 것이다. 이러한 사회에 사는 기업들과 사람들은 이 변화의 속도를 따라잡기 위해 동분서주하고 있고, 그 속도를 따라가는 기업만이 생존하고 있다. 그렇다면 교회는 변화하는 세상에 효과적으로 대응하기 위해 무엇을 준비하고 있는가?

맥라랜은 "새로운 세계에는 새로운 교회가 필요하다. 그때야 비로소 새로운 세계는 우리의 것이 될 수 있다"고 주장한다.[1] 기존의 지식은 과거의 것이고, 이것에 의존하는 사람들은 과거에 사는 사람들이기 때문이다. 새로운 세계에 대해 관심하고, 새로운 지식에 집중하는 사람들이야말로 현재에 사는 사람들이다. 그렇다면 지나간 세계의 정보에 의존하는 교회는 이미 과거의 교회라는 말이 된다. 새로운 세계에는 새로운 패러다임의 교회가 필요하다.

이러한 패러다임의 변화란 무엇을 의미할까? 조직이나 사회가 변화하는 데는 몇 가지 단계를 생각할 수 있다. 첫째는 지적인 변화의 단계인데, 이는 교육을 통해 이루어질 수 있다. 그러나 지적인 변화만 가지고는 사회가 변할 수 없다. 그 다음 단계인 정서적인 요소의 변화가 따라와야 하고, 그 다음에 태도와 습관의 변화가 이어져야 한다. 그때에야 조직은 변화를 향해 움직이게 된다. 패러다임의 변화란 이 모든 것이 함께 변하는 것을 의미한다. 전혀 새로운 지식과 가치관, 태도와 습관, 그리고 조직 안에 살게 되는 것이다.[2)]

그렇다면 오늘날의 교회가 내일의 문제에 관심하고 대비해야 하는 이유는 무엇인가? 가장 큰 이유는 우리의 선교대상이 바뀌었다는 데에 있다. 새로운 세상에 사는 사람들의 삶의 가치관과 양태는 지금까지의 교인들과는 전혀 다르다. 그러므로 그들을 향한 리더십과 교회 조직도 새로운 형태를 요구하고 있다. 그 결과 지금까지 성공적이었던 목회방식과 선교전략은 제 기능을 하지 못하게 되었다. 전통적인 사람들만이 존재하는 교회에는 더 이상 새 사람들이 매력을 느끼지 못한다. 그렇기 때문에 이러한 교회에는 다음 세대들이 거의 없다.

이러한 교회를 버트리는 '생존의식에 빠진 교회' 라고 부르는데, 그 특징은 아래와 같다.

첫째로, 생존의식에 빠진 교회는 과거의 추억에 사로잡혀 있는 교회다. 과거의 영광, 가족의 역사, 그것을 기억나게 하는 교회 안팎의 많은 기념물들이 이 교회의 중요한 이야깃거리다. 이러한 것들이 남아 있는 한 현재는 유지된다. 그러나 그들에게 미래에 대해 이야기하는 것은 금기시된다.

둘째로, 이러한 교회는 변화에 대한 두려움에 빠지게 된다. 변화를 가져올 만한 혁신적인 인적 자원이 없어지면서, 변화를 일으키는 사역들에 소극적이 되어 간다. 연로한 교인들은 안락하고 익숙한 것을 선호하며, 새로운 사역들과 변화에 저항하는 세력이 된다. 그 결과 교회는 변화하는 세상을 향한 사명에 대해 무관심하게 된다. 이들은 급변하는 사회에서 현상유지는 곧 후퇴라는 사실을 깨닫지 못한다.

셋째로 변화에 대한 두려움의 결과 리더들은 교회의 유지를 위해 사람들을 더욱 강력하게 통제하려고 한다. 교회 안에 파워게임이 발생하고, 선교를 위해 집중되어야 할 힘이 낭비된다. 이러한 교회 안에서는 새로운 교인들이 활동할 기회가 없기 때문에, 그들의 재능은 쉽게 사장되어 버린다.

넷째로 이러한 교회는 돈에 대해 지나치게 관심을 보인다. 교회의 모든 사역은 재정 중심적으로 평가되며, 사람들은 재정이 없어서 교회의 사역이 중지되는 것을 당연하게 받아들인다. 비전을 세우고 함께 사역을 감당해 나가는 것보다 재정 확보를 위한 호소와 강요가 앞서게 되며, 새로 방문한 사람들은 이런 모습을 보면서 교회를 떠나가게 된다.3)

버트리의 이러한 설명은 이미 성장이 둔화되고 있고, 많은 교회들이 마이너스 성장을 하고 있는 한국 개신교회에 심각한 경고의 메시지로 다가오고 있다. 아니 일부의 교회들은 이미 이러한 생존의식에 빠져 있다고 해도 과언이 아닐 것이다.

이제 한국 개신교회는 변화에 적응할 수 있는 선교적 교회 구조의 새로운 패러다임이 필요하다. 교회는 변화를 삶의 한 형태로 받아들이고, 끊임없이 배우며, 세상 사람들과 함께 탐구여행을 하는 순례자가 되어야 한다. 이러한 교회는 세상 사람들의 삶의 한가운데서 복음을 재해석하고 그것을 공동체적 삶으로 보여주려고 노력한다. 미래에는 인터넷 중독자, 대중문화에 빠져 있는 사람, 깨어진 가정, 사회의 낙오자, 마약 중독자, 노인, 세상에 대한 회의론자 들을 사랑으로 용납하고 함께 삶을 나누며 그들을 변화시켜 갈 수 있는 더 진실한 교인들, 세상 사람들이 생명을 얻고 더욱 풍성하게 되기를 원하는 진정한 선교공동체가 절실히 요청되고 있다.

새 패러다임의 교회공동체는 유동적이고, 적응력 있고, 계속적으로 변화 발전해 가는 융통성 있는 형태를 띠어야 한다. 이 말은 교회가 변화하기 위해서는 더 이상 기능을 하지 않는 교리와 신학, 전통, 도덕적 항목들, 문화를 포기하는 용기가 필요하다는 것을 의미한다.

이 새로운 패러다임의 교회와 그에 합당한 목회철학의 수립은 어떻게 형성될 수 있을까? 이제 교회는 안락한 장소에서 일어나 또 한번 긴 여행을 준비해야 한다. 하나님이 허락하신 약속의 땅을 향해 과감히 일어서야 한다. 생존에 빠진 교회의 근본적인 질병은 비전의 결여다. 하나님의 백성들에게 하나님 나라의 비전이 없다는 것은 그 존재의 의미를 상실한 것이나 다름없다. 이러한 교회는 박물관으로만 존재하게 될 것이다. 그러므로 교회는 하나님과 교회, 그리고 세상을 향한 생생한 비전을 회복해야 한다. 이를 위해 버트리는 세 가지 여행을 제안한다. 첫째는 위를 향한 여행(upward journey)이다. 이는 하나님을 향한 여행으로서 예배를 통해 가능하다. 둘째는 내부를 향한 여행(inward journey)이다. 이는 교회공동체 안에서 서로를 향한 탐구여행으로서, 공동의 삶의 추구와 제자도의 훈련을 통해 이루어진다. 셋째는 외부를 향한 여행(outward journey)으로서, 세상을 향한 선교를 위해 이웃을 찾아나서는 순례의 여행을 통해 가능하다.[4]

그러므로 이 장은 교회가 후기 산업사회 속에서 영향력 있는 선교를 감당하기 위해 이루어야 할 교회 구조의 패러다임 변화에 대해 연구하려고 한다. 우리는 이것을 열 가지 항목으로 나누어 살펴보고자 하는데, 그 열 가지 주제들은 이미 각각의 영역에서 깊이 있는 연구가 진행되어 왔다. 이 장은 지금까지의 이러한 연구들을 급변하는 후기산업사회의 상황 속에서 사명을 감당하는 개체교회의 입장에서 통합적으로 바라보려고 한다. 이러한 접근을 위해서는 시스템적 사고가 도움이 될 것이다. 이제 M-Church 패러다임을 위한 열 가지 요청들을 살펴보기로 하자.

1. 교회 중심적 선교에서 하나님 중심의 선교로

우리가 선교라고 사용하는 'mission'은 사명이라고 번역하는 것이 더 적절하다. 그리고 이 사명(mission)은 상황(context)과의 밀접한 관계 속에서 깨달아지고 고백된다. 그러므로 이 단어는 하나님께서 교회를 이 상황에 보내신 뜻이 무엇인가 하는 질문을 할 때, 비로소 제 기능을 하게 된다. 선교는 보낸 주체인 하나님과 사명을 감당해야 하는 현장과의 상관관계 속에서 이야기되어야 하기 때문이다.[5]

그러나 많은 경우 교회 현장에서 이루어졌던 선교는 하나님 중심적이지도 않고 상황 중심적이지도 않은, 개체교회 중심적인 형태를 띠어왔던 것이 사실이다. 개체교회가 편리한 대로 선교계획을 수정하기도 하고, 포기하기도 했다. 이러한 선교는 개교회들과 교단의 이익에 따라 수행됨으로써 결과적으로 하나님 나라를 선포하고 확장하는 데 방해가 되기도 했다. 수많은 선교자원들이 분산됨으로써 집중력을 상실하였고, 선교 사역들이 경쟁적으로 중복 투자되어 낭비되기도 했다. 이러한 교회 이익을 위한 선교는 복음의 진리인 사랑을 성취하지 못함으로써 복음 자체에 대한 확신을 상실케 만들었다. 그 결과 사역을 감당하는 사람들도 참된 기쁨을 느끼지 못하고 세상 사람들에게도 복음이 부정적인 모습으로 전달되었다.

이제 교회는 선교의 주체가 하나님이라는 당연한 진리를 진지하게 재고해야 한다. 성서의 하나님은 보내는 하나님(sending God)이며, 그 하나님은 교회를 세상의 역사 속으로 파송하신다. 그러므로 교회는 역사 속에 감당해야 할 사명을 깨닫기 위해 노력해야 하며, 그 사명 앞에 순종해야 한다.[6] 이렇게 선교적 교회(missional church)는 하나님의 부르심을 받고 파송받은 교회의 핵심적 본질과 소명을 드러낸다.[7] 이러한 선교적 교회야말로 성서적이고, 역사적이며, 상황적이고, 종말론적이고, 실천적 교회가 될 수 있다.

이러한 하나님 중심적 선교의 회복은 개교회 또는 개교단 중심의 부분적 선교 시각을 극복하고 총체적 시각을 갖도록 돕는다. 교회는 자체 교회의 성장 중심에서 벗어나 이 땅에 하나님 나라가 확장

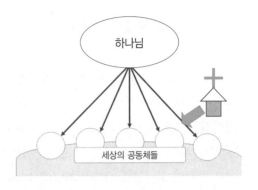

되는 일에 관심하게 된다. 교회가 영광을 받으려는 욕심을 버리고 하나님께서 영광을 받는 일에 관심한다. 이렇게 하나님-교회-세상의 도식이 하나님-세상-교회의 도식으로 바뀌게 되면 섬겨야 할 세상을 새로운 각도에서 볼 수 있게 된다. 하나님은 세상과 직접적으로 관여하시고 교회는 세상 안에 존재한다는 사실을 인식한다. 그 결과 교회는 세상 속에서 일하시는 하나님의 활동을 경청하고 깨달으며, 세상 속에 현존하여 하나님 나라의 증거가 되는 삶을 살게 된다.[8] 하나님이 사랑하시는 세상을 사랑으로 섬기는, 남을 위한 교회가 된다.[9]

이러한 선교적 교회는 세상의 일들을 하나님의 구원사 관점에서 바라보게 된다. 교회나 세상이 하나님의 독특한 계획에 의해 빚어지고 있다는 시각의 회복이다. 이러한 영적인 발견은 교회가 새롭게 갱신되는 계기를 만들어 준다. 교회는 자신들의 과거를 탐구하면서 하나님의 독특한 인도하심을 발견할 수 있고(Where have we been?), 새로운 희망과 비전을 발견한다(Where are we going?). 이러한 교회는 그 비전을 향해 변화를 시도할 수 있게 된다(How are we going to get there?). 교회가 지금도 일하고 계시는 하나님으로부터 듣는 아주 특별한 기회를 가질 때, 그의 사역에 동참하도록 초청하고 계시는 하나님의 음성을 들을 수 있게 된다. 그리고 교회가 하나님의 계획에 순종할 때, 하나님은 그 교회를 갱신하시고 그의 계획을 이루어 가신다. 교회

의 소명은 자신의 미래를 창조하는 것이 아니라, 하나님께서 교회를 통해서 무엇을 하시는가를 발견하고, 그의 하시는 일에 우리 자신을 맞추는 것이다.

2. 모이는 구조에서 흩어지는 구조로

지금까지 한국 개신교회의 개체교회 선교는 크게 두 그룹, 전도를 통해 개인 영혼을 구원하는 일에 집중하는 교회들과 세상에 하나님의 나라를 건설하려는 교회들로 구분될 수 있다. 전자는 많은 경우 교회 성장을 강조함으로써 수적인 증가를 가져온 반면에 개교회주의적인 선교라는 부정적인 결과를 낳았다.[10] 또한 후자는 세상에 빛과 소금의 역할을 감당하려는 초기의 의지와는 달리 강력한 신앙적 열정을 상실한 유명무실한 기독교인들을 양산하기도 했다. 이러한 두 입장을 선교가 지향하는 방향에 따라 모이는 구조(coming structure)와 흩어지는 구조(going structure)로 구분할 수 있다.

1) 모이는 구조의 선교

모이는 구조의 기본적인 교회의 이미지는 '구원의 방주'로 표현될 수 있다. 이 이미지가 보여주는 교회의 사명은 악한 세상에서 죽어가는 사람들을 교회 안으로 피신케 하여 생명을 구하는 것이다. 이러한 교회관은 교회는 선하고 세상은 악하다는 이분법적인 세계관을 반영하고 있다. 그

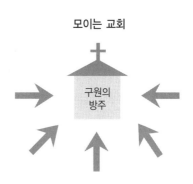

모이는 교회

결과 모이는 교회는 교회 중심적인 선교, 목회자 중심적인 사역, 교인수 중심의 선교관을 낳게 된다.

더 나아가 모이는 구조의 선교는 사회의 변화에 무관심하게 되고, 사람들의 필요에 효과적으로 응답하지 못하는 결과를 가져오게 된다. 이렇게 세상과 단절된 교인들은 전도의 연결고리들을 상실함으로써 복음을 전할 수 있는 기회까지 상실하게 된다. 또한 개교회 중심적인 선교는 교회 간의 연합을 막음으로써 위에서 언급한 선교의 많은 문제들을 양산하게 된다.

모이는 구조 하에서 교회가 세상을 대한 접근방법은 마치 인간이 자신들의 주거단지를 아름답게 만들기 위해서 자연을 조작하는 과정에서 생태계를 파괴하는 결과를 가져온 것과 같다. 교회는 교인수를 늘리기 위해 사람들을 가정과 이웃으로부터 빼앗아오는 것을 대수롭지 않게 생각한다. 보다 많은 사역자들을 얻기 위해 그들의 세속적 직업을 평가절하하고, 교회의 문화를 화려하게 가꾸기 위해서 세상을 풍요롭게 만들어야 할 에너지를 회수하는 것을 당연하게 생각한다. 그러나 우리는 교회의 사명에 대해 다시 한번 진지하게 생각해 보아야 한다. 교회는 자신의 유익을 위해 세상의 값진 것들을 빼내 와야 할 것인가, 아니면 세상의 유익을 위한 복의 근원으로서 세상에 생명을 공급하는 하나님의 도구가 될 것인가?[11)

2) 흩어지는 구조의 선교

흩어지는 구조의 대표적인 교회관은 '증인공동체'다.[12) 그들에게 세상은 하나님이 사랑하시고 구원하기 원하시는 대상이 된다. 그러므로 이들의 선교관에서 세상은 도피해 나와야 하는 곳이 아니라, 뛰어 들어가서 변화시켜야 하는 대상이다. 이러한 관점의 선교는 세상 중심적인 선교, 평신도 중심적인 사역, 세상 속의 하나님 나라 중심, 세상 사람들의 필요 중심의 선교를 강조하게 된다.

이러한 선교관의 가장 큰 장점은
급변하는 사회에 효과적으로 대응할
수 있다는 점이다. 교회가 세상 사람
들에게 관심하기 때문에 그 사람들의
필요에 응답할 수 있고, 전도의 대상
인 세상 사람들과의 연결고리들을 유

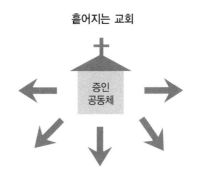

흩어지는 교회

증인
공동체

지하고 개발할 수 있는 가능성을 더 많이 갖게 되기 때문이다. 또한 세상 중
심적인 사역은 교회끼리의 연합 가능성을 높여주며, 그 결과 기독교의 사랑
의 진리를 삶으로 구현할 수 있는 기회를 더 많이 만들 수 있게 된다.

3) 모이는 선교 구조에서 흩어지는 선교 구조로의 전환

모이는 구조의 선교가 한국 교회의 성장에 많은 공헌을 했음에도 불구하
고 흩어지는 구조의 선교로 전환되어야 한다고 주장하는 가장 큰 이유는 선
교의 현장이 급격하게 변하고 있다는 사실에 있다. 서두에서도 밝혔듯이 급
변하는 사회에서 영향력 있는 선교를 수행하기 위해서는 그 변화의 물결을
타는 것이 더 효과적이기 때문이다. 그리고 이러한 변화 과정 속에서 우리
는 새롭게 성서에 드러난 성육신의 진리를 깨닫게 된다.

흩어지는 구조를 강조하는 것은 세상 속에서 종의 형태를 띠고 메시아적
생활방식을 선택하는 것을 뜻한다.[13] 성육신한 그리스도는 안전한 하늘나
라에 머물지 않고 세상 한가운데 내려와서 사람들의 필요에 응답하고 그들
을 섬기는 사역을 감당했다. 그러므로 예수 그리스도의 몸 된 교회는 그의
성사(sacrament)가 되어 이 세상 한가운데서 그분의 사역을 이어가야 한다.
이러한 삶은 그리스도인들로 하여금 안전하고 안락한 교회 건물로부터 세

상으로 나오도록 요청한다. 그때 비로소 교회는 이 땅 한가운데서 하나님 나라의 증인으로 살기 위해 순례의 여행을 시작하게 된다.

흩어지는 구조의 선교에서는 세상이 선교항목을 제시한다. 다양화, 전문화되어 가는 세상 속에서 교회의 선교 사역도 다양화되고 전문화되어야 한다. 다양성 있는 그룹들을 양성해야 하고, 그 안에서 사람들이 서로 만나고 자신들의 삶을 영위할 수 있도록 도움으로써 소외와 고독의 문제를 극복할 수 있게 한다. 또한 지역사회가 당면한 많은 문제들에 보다 많은 그리스도인들을 동참시켜야 한다.[14]

흩어지는 선교 구조가 제 기능을 감당하기 위해서는 세상 사람들의 필요에 대해 연구할 수 있는 학습공동체의 활용도 중요하다.[15] 지역사회의 조사연구는 여러 가지 면에서 유용함을 준다.[16] 지역사회에 대한 지식을 증가시켜줌으로써 그들의 필요와 선교 접근방법을 개발할 수 있게 된다. 한 지역 사람들로 구성된 회중에 대한 지식을 증가시켜 줌으로써 효과적으로 목회하고 훈련할 수 있는 바탕을 제공해 준다. 더 나아가서 사역을 감당하는 과정에서 회중의 효율성에 대한 평가를 위해서도 필요하다. 모든 선교전략과 프로그램은 재평가 및 조정, 그리고 재적용의 과정이 필요하기 때문이다. 지역을 향해 선교하는 교회는 지역을 탐구할 수 있는 다양한 방법을 개발해야 하고, 이 정보를 선교에 유용하게 사용할 수 있도록 기도하면서 전략을 개발해야 한다.

3. 교구 구조(parish structure)에서 선교단체 구조로

오순절의 체험 후 초대교회와 박해시대의 교회는 강력한 증인공동체를 형성했다. 그 공동체 안의 그리스도인들은 모두 증인의 사명을 감당해야 한다고 믿었다. 반면에 교구 구조는 기독교가 공인되고 더 이상 증인으로 순교하지 않아도 되는 상황 속에서, 기독교를 유지하기 위한 목적으로 나타나게 되었다. 그 특징적인 차이들을 살펴보자.

초대교회와 교부시대의 교회는 적대적인 세상을 향해 기독교를 변증하고 복음을 증거하는 삶을 살았다. 교회공동체는 핍박을 받는 상황 속에서 죽음을 무릅쓰고 복음을 전해야 했기 때문에, 선교적으로 최전방에 있는 심정으로 살았다.[17] 성령의 임재를 통해 하나님의 나라의 현존을 생생하게 체험하고 있던 그리스도인들은 그들 안에 사랑의 공동체를 형성했고, 세상에 사랑의 삶을 통해 복음을 전했다. 그들이 전하는 사랑의 하나님은 무감각한 그리스 신 개념에 신선한 충격을 주었다. 이 시대의 그리스도인들에게 교회는 하나의 제도나 집합체가 아니었다. 교회는 그리스도와 교제하고 있는 신자들 속에 성령의 능력으로 체험되는 그리스도의 생명의 연속이었다. 교회는 이러한 부활의 생명을 세상에 전하는 중재자로서 그 사명을 감당해야 한다고 믿었다. 그들에게는 신학적이고 윤리적인 진리나 원리들을 전하는 것이 중요하지 않았다. 오히려 교회의 삶 그 자체가 그들이 선포하고 있는 메시지를 대변하고 있었다. 초대교인들에게 그리스도는 교회생활을 통해서 전파되어야 한다고 믿어졌다. 그의 몸인 교회가 없으면 그리스도도 없고, 복음도 없기 때문이다. 그들에게 성만찬과 세례는 생생한 부활과 영생의 삶을 이루는 성사였다. 그러므로 교회의 예전(liturgy)은 하나님의 임재를 선포하는 강력한 도구가 되었다. 초대교인들은 세상 속에서 작은 예배들로 살아감으로써 영지주의에 대항하는 강력한 증거의 삶을 살았다. 지역의 과부와 고아, 배고픈 자와 병든 자 들을 돌보는 것은 그리스도인의 몫이었다. 또한 교회는 하나의 연합된 형태를 유지하고 있었다. 교회는 하나님의 백성이요 그리스도의 몸이었기 때문에 어디에 있든지 그들은 한 형제요 자매로 받아들여졌다. 이렇게 화합하는 삶은 분열된 사회에 답이 되었다.[18]

그러나 기독교가 공인되자 모든 상황이 변했다. 소수의 핍박받던 자들이 크고 영향력 있는 공식적 종교기관이 되었고, 이제는 오히려 교회가 다른 종파들을 핍박하는 입장에 서게 되었다. 유대교와의 관계는 멀어진 반면에 왕권과 밀접하게 되었다. 변화된 상황에서 중요하게 여겨지는 것은 순교적 신앙고백이 아니라 세례를 통해 교인의 지위를 얻는 것이 되었다. 교리가 완성됨으로써 신앙을 판단하는 기준이 생겼고, 교회의 통치시대가 지속되면서 종말론적인 신앙이 약화되었다. 초대교인들이 가졌던 묵시적인 열정은 로마 영토의 확장 열정으로 바뀌었다. 선교라는 이름으로 십자군 전쟁을 비롯한 각종 전쟁들이 정당화됨으로써, 제국주의적인 선교의 형태를 낳았다. 즉 국가적으로는 영혼을 주님께 데려오는 것과 나라들을 제국에 합병시키는 것이 한 행동의 다른 표현이었다. 로마 영토 안에서는 더 이상 적대적인 세상과 교회라는 구분이 필요치 않았다.[19] 교회를 나서면 선교지역이었던 초대교회와는 달리, 로마 영토 저 밖이 선교지역이 되었기 때문이다. 그 결과 영토 안의 사람들에게 복음을 전하는 것은 중요한 관심주제가 되지 못했다. 로마의 시민이 되려면 오히려 교인이 되어야 하는 상황 속에서, 지역 교회 내 교인들의 역할은 순종적인 시민이 되면 족했다. 이러한 교인들을 조직적으로 관리하기 위해 획일화된 교구제도가 개발되었다. 대신 국경 밖의 선교는 선교적 수도회와 선교적 영웅들의 몫이 되었다. 교구 안의 교인들은 그들을 재정적으로 잘 후원하기만 하면 되었다.[20]

현대 사회는 분명 로마시대와 같은 기독교 국가가 아니다. 오히려 예수 그리스도의 복음을 인정하지 않는 많은 사람들과 공존해야 하는 초대교회와 같은 상황이다. 그럼에도 불구하고 개체교회들은 저 멀리 선교사들을 파송하고, 후원하는 것으로 자신들의 증인의 사명을 다했다고 스스로 위로하며 살아가고 있다. 이제 교회는 교구제도에 안주하기보다는 선교공동체 구조로 전환하는 결단이 필요하다. 다시 한 번 교회는 증인공동체로서의 삶에 대해 진지하게 물어야 한다.

선교공동체로 전환한다는 것은 제도적인 교회에서 선교단체와 같은 삶으로의 전환을 의미한다. 그 특징적 차이를 분별하기 위해서 찰스 벤 엔겐이 교회와 선교단체를 비교한 도표를 참조하는 것이 도움이 될 것이다.[21]

교회	선교단체
제도화된 조직	인격적인 친교
영구적 건물에 기초함	움직이는 : 영구적 건물이 적다
유급 성직자에 의해 인도됨	자기희생적인 선교사들의 지도
기관조직 유지 지향적	위험이 따라도 새 사업을 지향
세상에서 구별된 교회 중심적 생활	세상 안에서 선교함
질서 잡힌 정책	기동타격대적, 느슨한 정책
구조화된 책임, 소유권	봉사자 중심, 비구조화된 조직
자급자족	계속적인 외부 도움에 의존
자치적인 치리와 전도	외부로부터 기안되고 조정됨

위의 표에서도 볼 수 있듯이 교회가 교구 중심의 체제유지적인 교회 구조를 버리지 않는 한 급변하는 미래사회에서 생존하기는 힘들다. 보다 선교 지향적이고 도전적인 삶의 양태를 개발하지 않으면 교회는 먼 옛날의 이야기에 만족하면서 역사 속에서 사라지게 될 것이다. 이제 한국 교회는 2000년 전의 예수 그리스도에 대한 기억만을 간직하고 있는 박물관과 같은 삶에 만족할 것이 아니라, 이 시대에 살아있는 증거로서의 삶의 모습을 개발해 나가야 한다. 예수 그리스도의 교회는 이 땅에서 그의 생생한 삶을 살아낼 수 있어야 한다.

4. 편파적 선교에서 총체적 선교로

20세기를 거쳐 오면서 교회의 선교는 크게 두 흐름으로 나뉘어서 진행되어 왔다. 하나는 에큐메니칼 신학을 표방하는 세계교회협의회로 대표되는 흐름이고, 다른 하나는 복음주의로 대표되는 흐름이다. 그 특징은 아래와 같이 정리될 수 있다.

1) 에큐메니칼 입장의 선교관

에큐메니칼 신학의 대두는 19세기 세계 선교의 분열 상황에서 시작된다. 위대한 선교의 시대로 평가되던 19세기였지만 선교 현장에서는 교단별로 선교단체별로 뿔뿔이 갈라진 모습을 첨예하게 드러냈던 시기이기도 하다. 이러한 선교를 평가하면서 1910년 영국의 에딘버러(Edinburgh)에서 모였던 세계 선교대회는 선교에 있어서 교회 간의 협력을 강조하게 된다.

교회 간의 협력을 위한 여러 가지 신학적 반성들이 있었는데, 그중에 두드러진 것이 하나님의 선교(*Missio Dei*) 신학이다. 이 신학은 하나님의 이해에 현격한 변화를 가져왔다. 하나님은 더 이상 하늘 위에 군림하시는 분이 아니시다. 그분은 이 땅의 역사 속에 깊숙하게 관여하시며 이끄시는 분이시다. 세상의 고난에 동참하시고 하나님 나라의 확장을 위해 일하고 계신다. 이러한 하나님 이해의 변화는 교회와 세상을 구분하던 이원론적인 구분을 뛰어넘어 세상을 곧 하나님의 활동 영역으로 바라보게 만들었다.

이러한 관점에서 교회의 선교 이해도 바뀌게 되었다. 선교의 주체는 교회가 아니라 하나님이며, 교회는 하나님의 선교에 동참해야 하는 하나님의 도구가 된 것이다. 선교 주체의 변화는 서로 분열되어 선교하던 교회들로 하여금 한 분 하나님의 선교에 동참하도록 도전한다. 개교회의 선교가 아니라 하나님의 선교가 되어야 하기 때문이다.

또한 선교의 목표는 하나님의 나라 곧 온전한 샬롬이 이뤄진 이 세상이 된다.[22] 하나님의 나라는 통전적 의미에서 하나님의 통치가 이뤄지는 나라이며, 예수 그리스도 안에서 하나님과 인간, 인간과 인간 사이의 막힌 담이 허물어지는 온전한 화해가 성취된 세상을 의미한다.[23] 하나님의 선교는 이렇게 하나님의 사랑과 정의의 역사가 현실적인 구체성을 띠고 이 땅 위에 이루어지는 선교의 사회적 차원을 강조했다.

에큐메니칼 운동은 하나님의 선교 신학에 따라 이 땅에서의 교회의 사명(mission)을 강조함으로써 선교의 사회적 차원을 회복했다는 점에서 그 공헌을 찾을 수 있다. 구원에 대한 이해도 영혼 구원에 치우치지 않고, 사회적·역사적 차원을 포함한 총체적 구원을 지향했다는 점에서 통전적 선교에 기여했다.[24] 그럼에도 불구하고 그들의 주장 속에는 자칫 개인 영혼의 소중함과 신앙의 수직적 차원이 약화될 소지가 있어 보인다.[25]

2) 복음주의의 선교관

복음주의는 예수 그리스도의 복음이 전파되어야 하는 것과 그로 말미암은 죄인들의 회심과 그리스도의 영접에 집중된다. 피터 바이엘하우스에 의하면 "선교의 관심은 바로 한 주님이시요 구세주인 예수 그리스도의 복음을 다른 나라 백성들에게 전파하는 일이다. 비 기독교인들을 회심시키고, 새 교회를 세우고, 특히 삼위일체 하나님의 이름과 구원 계획을 존귀히 여겨 영광을 돌리는 일"이다.[26]

복음주의 신학을 한마디로 정의하기는 쉽지 않다. 이는 복음주의 운동들이 매우 다양한 상황 속에서 자라 나왔기 때문이기도 하고, 공의회를 통한 공식적인 고백이나 문서화된 입장 표명이 없기 때문이다.

아서 글래서는 현재 복음주의 내의 다양한 노선들을 아래와 같이 분류한다.[27] 첫째는 '분파주의적 근본주의자들'(the separatist fundamentalists)로서 1920년에서 30년 사이의 근본주의 논쟁의 후예들이다. 이들은 WCC의 진보적인 활동을 부정할 뿐만 아니라 카리스마 운동이나 온건한 복음주의자들과도 협력하기를 거부한다. 둘째 그룹은 '시대구분론적 복음주의자들'(the dispensational evangelicals)인데 이들은 예수 그리스도의 재림의 시대를 구분하며, 그리스도의 재림에 대한 급박한 정신을 가지고 복음 전하기를 원하는 사람들이다. 셋째는 '은사주의적 복음주의자들'(the charismatic evangelicals)로서 오순절 운동과 은자주의 운동을 포괄하는 그룹들이다. 넷째는 '에큐메니칼적 복음주의자들'(the ecumenical evangelicals)이라고 불릴 수 있는 사람들로서 사회적 관심에서나 교회는 연합되어야 한다는 점에서 진보적 입장을 받아들이고 있는 복음주의자들이다. 로잔 이후의 운동들이 보여주듯이 이들의 수는 점차적으로 증가하고 있는 것으로 보인다. 다섯째는 '개별적인 정통적 복음주의자들'(nonconciliar, traditionally orthodox communions)이라고 불릴 수 있는, 전통을 고수하려는 일군의 그룹들을 지칭한다. 이러한 구분은 신학자들마다 조금씩 다르지만 우리가 짐작할 수 있는 것은 복음주의라고 불리는 입장이 내부적으로는 매우 다양한 형태들로 나뉘어 있다는 것이다.

그러나 기독교 역사 속에서 이 복음주의 운동은 교파적 · 고백적 차원을 뛰어넘어 하나의 기독교 운동으로 그 맥을 이어왔으며, 현대에 들어와 로잔 운동을 통해 그 총체적 협력체계를 굳혀가고 있다.

그들은 다양성을 넘어 다음과 같은 공동의 고백을 이어왔는데, 그것은 하나님의 초월성과 절대 주권, 성경의 권위와 성경에 나타난 인간의 타락, 예수 그리스도의 구속 역사, 그리스도인들의 개인적 회심 체험, 인격적 하나님, 성령의 역사, 재림의 임박성과 그에 따른 선교와 전도의 강조, 재림과 최후의 심판, 하나님 나라의 종말론적 완성과 같은 것이다.[28]

3) 새로운 시대의 통전적 선교관

에큐메니칼 진영의 선교가 삶의 현장에서부터 성서로 올라가는 접근방법을 사용하였다면, 복음주의 진영은 성서에서 삶으로 내려오는 접근방법을 사용하고 있다. 그러나 어느 한쪽만을 강조하는 것은 다른 강점을 포기하는 결과를 가져올 것이다. 우리는 양자가 변증법적으로 통합되는 총체적인 선교관을 회복해야 한다. 인간의 필요에 응답하되 세상을 향한 하나님의 관점을 비판적으로 수용하는 태도가 필요하다. 그럴 때 교회는 복음전도와 사회 변혁 일변도를 뛰어넘는 사랑의 공동체 형성이라는 과제를 성취할 수 있다.

이러한 입장에서 교회는 교회의 선교정책과 접근방법에 대해 아래와 같은 질문을 해야 한다. 첫째, 세상 사람들이 하나님을 알고, 생명을 얻는 데 도움이 되는가? 둘째, 그들의 삶의 모든 부분이 풍족해지는 데 도움이 되는가? 셋째, 그들이 예수 그리스도의 제자가 되는 데 도움이 되는가? 넷째, 진정한 그리스도교 공동체를 형성해 가는 데 도움이 되는가? 다섯째, 사명을 감당할 능력과 효과적인 기능을 위한 조직을 갖추고, 그 조직을 확장하는 데 도움이 되는가? 여섯째, 그 결과 세상 안에 하나님의 나라가 체험되고 확장되는가? 이러한 질문들은 지역의 교회를 뛰어넘을 수 있는 통합적인 선교를 수행하는 데 도움을 줄 것이다.

5. 정형화된 교회 구조에서 개방적 구조로

급변하는 현장의 변화에 민감하게 대처할 수 있는 교회는 보다 작은 선교 지향적 단위들의 네트워크형 조직을 갖는 것이 필요하다. 현장 적응력이 높은 조직 형태가 효율성을 발휘하게 될 것이기 때문이다. 대형 교회들도 그 큰 조직을 함께 움직이는 것보다는 작은 단위들로 나누어 활동하도록 하는 것이 효율적이다. 산업사회의 조직 구조는 클수록 경쟁력을 발휘했다. 그러나 이제는 작거나 중간 혹은 크더라도 작은 조직들의 네트워크 형태로 조직을 갱신하지 않으면 생존할 수 없는 시대가 되었다.[29]

특히 교회는 세상 안에서 활동하시는 하나님께 응답하기 위해 항상 준비된 태도를 유지하고 있어야 한다.[30] 즉 교회는 현장 속에서 하나님과 함께 일하는 과정 속에서 형성되어가는 도상의 존재라는 사실을 깨달아야 한다.[31] 세상은 그리스도가 자신의 구속사업을 이루어 가시는 현장이다. 그리고 교회는 하나님이 열어주시는 미래를 향해서 이웃들과 함께 하나님 나라의 이야기를 만들어가는 순례하는 백성들이다. 그러므로 각자의 교회에 적절한 구조는 그 교회가 처한 상황에 의해 형성된다. 예를 들어 호켄다이크 (J.C. Hoekendijk)는 그의 책, *The Church Inside Out*에서 급변하는 세상에 대처하는 교회의 모델로서 다원적 교회, 영구적 변화, 동료 탐구자가 되는 것 (연속적인 반성), 진정한 교제, 달력문제(사회 구조에 맞는 예배 시간의 변화)를 제시하고 있다.[32] 핫존(Hodgson)도 앞으로의 교회 형태는 영적인 측면에서 뿐만 아니라 교회의 역사성에 초점이 맞추어져야 한다고 말하면서, 그러한 교회는 계급제도를 탈피해야 하고(nonhierarchical), 교구제도를 뛰어넘은 (nonprovincial), 공동적(nonprivatistic)이고도 독특한 자치제의 형태를 가진 (distinctive communal form), 해방적인 실천을 주제로 하는(thematizes its liberative praxis) 에큐메니칼적인 선교하는 교회가 되어야 한다고 주장한다.[33]

그러나 이러한 다양한 제안들은 하나의 공통점을 지향하고 있는 듯하다. 그것은 하나님 나라를 지향하는 교회는 또한 이웃들과 함께하는 교회(the Church with Others)의 형태를 띠어야 한다는 점이다. 이웃과 함께하는 교회 구조는 다음과 같이 부연 설명할 수 있을 것이다.

첫째, 이웃의 필요에 응답하기 위해서는 유동적이어야 한다. 교회가 위치하고 있는 지역사회는 그 안에 다양한 그룹들의 활동과 관계들이 복잡하게 얽혀 있는 가운데 대부분의 사람들이 살고 있는 지역이 된다. 지역사회의 이웃들은 계속해서 변화의 물결을 타게 될 것이다. 지역의 정치, 경제, 문화 등 모든 것이 변할 것이고, 지역 사람들의 삶의 방식도 달라질 것이다. 특히 젊은이들은 이러한 변화에 극히 민감하게 반응할 것이고, 이들에게 접근하기 위해서 교회도 유연한 구조를 갖추고 있어야 한다. 이러한 유연한 조직을 위해서 합리적이고 단순하며 정력과 시간을 덜 소모하는 교회론과 교회 구조의 개발이 필요하다.

둘째, 지역을 하나님 나라의 빛에서 변혁하기 위해서는 운동성을 강조할 수 있어야 한다. 보다 효과적인 운동을 가능하도록 하기 위해서는 활발한 자기비판과 정기적인 평가, 회원들 사이의 소속감과 상호 용납, 사고와 행동에 있어서의 유연성, 세상 사람들과 세상의 문제를 향한 개방성, 적절한 때에 변화하고 해체할 수 있는 신속성, 교회 및 세상과의 동료의식, 실제적 참여와 신학적 사고 사이의 계속적인 대화가 효과적으로 일어날 수 있는 교회 환경과 구조를 만드는 것이 중요하다.

셋째, 세상의 조직들과도 쉽게 연합할 수 있는 열린 구조를 형성해야 한다. 세상의 많은 문제들에 효과적으로 대응하기 위해서는 지역사회 안에 같은 관심을 가지고 있는 그룹들과 쉽게 연대할 수 있는 구조를 형성해야 한다. 즉 과제해결을 위한 그룹(task force)이나 특수기동대 그룹(ad hoc groups)이 쉽게 조직되고 일에 투입될 수 있는 구조가 필요하다.[34]

넷째, 세상 안에서 증인의 사명을 감당하기 위해서 교회 안이나 밖에서 다양한 공동체의 형태들을 인정하고 격려할 수 있어야 한다. 그리스도인들의 일상생활 속에서 비 기독교인들과의 대화를 손쉽게 이룰 수 있는 방법을 모색하는 것이 중요하다. 그러기 위해서 교회는 세상 안에 존재하는 작은 그리스도인 공동체 단위들을 개발하는 것이 필요하다. 가정 교회, 직장 안의 그리스도인 공동체, 지역의 그리스도인 동호회, 정당단체, 기독교 실업인회, 문화단체, 사회봉사단체 등 이루 헤아릴 수 없이 다양한 모임들이 교회의 확대된 모습으로 세상에 존재해야 한다. 이들은 세상 안에 그리스도의 임재를 드러내는 사랑의 공동체, 즉 성육신적 구조를 이룰 수 있어야 한다.

다섯째, 사회의 낙오자들과 도움이 필요한 사람들과의 관계를 형성할 수 있는 구조를 건설해야 한다. 세상이 빠르게 변화할수록 낙오자의 수가 더 늘어날 것이다. 특히 장애자, 노인, 가난한 사람, 실직자, 고아, 외국인 근로자, 농어촌의 사람들 등은 사회가 함께 품고가야 할 사람들임에도 불구하고 자칫 간과되기 쉽다. 그럴 때일수록 교회는 이들을 교회공동체 안으로 연결시킬 수 있는 구조를 개발해야 한다.

여섯째, 세상의 문제를 효과적으로 파악하기 위해서 학습조직이 필요하다. 기존의 선교방식이나 결과에 대해 의문을 제기하고, 개선점을 도출하여, 새로운 실천전략을 개발하기 위해서 연구하는 모임이 필요하다. 이러한 모임은 환경변화에 대응하여 새로운 지식을 신속히 습득하고 공유하여 지혜를 창출하는 환경적응력과, 기존의 가치관을 뒤엎는 창조적인 지식과 지혜의 창출로 환경을 주도적으로 변화시키는 환경주도력을 가질 수 있도록 돕는다.

이웃과 함께하는 교회는 획일화된 형태로 제시될 수 없기 때문에 역사 속에서의 연속성에 문제를 제기하는 사람들도 있다. 그러나 교회의 연속성은 구조의 연속성이 아니라 하나님의 선교의 연속성에 기반을 두어야 한다. 인간을 구원하고자 하는 하나님의 선교의 연속선상에 있다면, 교회는 실험적인 구조를 두려워하지 말아야 한다. 그러므로 교회 구조는 항구적으로 파괴와 재건의 과정 속에 있게 된다.

6. 건물 중심에서 사람 중심으로

교회 중심적 선교에 있어서 중요한 것은 교회의 성장과 기관의 유지였다. 그러나 새로운 패러다임에서는 섬김을 받아야 할 대상, 즉 사람에 초점이 맞춰져야 한다.

그러나 많은 교회가 사람보다는 건물 중심적인 패러다임에 머물러 있는 것을 본다. 스나이더는 교회 건물이 다음과 같은 것을 증거하고 있다고 말한다. 첫째, 교회 건물은 교회가 변화에 저항함(immobility)을 증거한다. 둘째, 교회 건물은 융통성 없음(inflexibility)을 증거한다. 셋째, 교회 건물은 우리가 친교가 부족함(lack of fellowship)을 증거한다. 넷째, 교회 건물은 우리의 교만(pride)을 증거한다. 다섯째, 교회 건물은 우리의 분열(divisions)을 증언한다.[35] 이러한 교회는 선교보다는 건물의 유지에 더 많은 비용을 사용한다. 또한 모든 모임을 교회 건물 안에서만 갖는다. 교회는 자신들에게 필요한 용도 이외에 교회 건물을 사용하지 않는다. 건물 안에 모이는 사람의 수로 교회의 수준을 평가한다. 사람의 풍요로움보다 건물 유지를 더 중요하게 여긴다. 이러한 건물을 유지하는 것은 사람이 아니라 교회의 프로그램이다. 교회는 프로그램을 개설하고 사람들이 와서 그 프로그램에 참여할 것을 요구한다.

신약성서에 의하면 교회는 성전 건물이 아니다. 예수가 사마리아 여인에게 이야기한 것처럼 그리심산이나 예루살렘 성전이 중요한 것이 아니라 신령과 진정으로 예배하는 사람들이 중요하다. 성서에서 강조하고 있는 교회는 건물이 아니라 하나님을 믿는 사람들이다. 그러므로 교회는 거룩한 장소에 집착하지 않고 거룩한 사람들에 관심한다. 그들은 예수 그리스도의 이름으로 어디에나 모여서 예배와 친교를 나눈다. 그들 안에는 성령의 임재를 통한 은사들이 확인되고 격려되며 활용된다. 증언하는 작은 공동체들은 세

포가 분열하듯이 그 수가 증가한다. 그들은 이 세상에서 증인으로 순례자의 삶을 산다.[36]

그러므로 사람 중심의 교회는 두 가지 차원을 만족시키려고 노력한다. 첫째로 사람 중심의 교회는 교회 건물이 아닌 사람의 풍요를 먼저 생각한다. 둘째로 사람 중심의 교회는 사람들을 그리스도의 제자로 양육하고 세운다. 이 두 사항에 대해 좀 더 구체적으로 논해 보자.

사람들의 풍요에 대해 생각하기 위해서는 그리스도인들의 관점을 세상 사람들의 관점으로 바꿔보는 것이 중요하다. 그럴 때 우리는 세상 사람들의 가장 큰 관심이 가정과 직장에 집중되어 있는 것을 볼 수 있다. 사람들이 살아가는 데 가장 기본이 되는 단위는 가정이다. 사람들은 사랑하고 가정을 이루며 자손들을 양육하고자 하는 본능적인 욕구를 가지고 있다. 또한 가정의 성원들은 직장을 통해 자신들의 평안과 꿈을 이루어 간다. 문제는 급변하는 사회에서 이 두 단위가 원만하게 유지되기가 결코 쉽지 않다는 데에 있다. 직장의 격무 때문에 가정이 병들고, 가정이 파괴되며, 그 결과 건전한 직장생활을 저해하는 결과를 낳게 된다. 그리고 이러한 두 삶의 기본 단위의 파괴는 사회병리현상을 유발하게 됨으로써 또 다시 악순환되는 결과를 낳게 된다.

삶에 지친 사람들에게 교회는 어떤 구체적인 대안을 줄 수 있을까? 그들의 직장문제를 어떻게 해결해 주며, 찢어진 가정의 상처를 어떻게 치유해 줄 수 있을까? 더 나아가서 가정을 중심으로 한 다양한 공동체들과 흩어지는 사역을 개발하는 길은 무엇인가? 이를 위한 단계로서 가정을 향한 하나님의 뜻 발견하기, 가족으로서의 교회 이해하기, 확대가정의 다양한 유형 개발하기, 가족으로 전도와 선교의 방법 연구하기 등의 과제들을 고려해야 할 것이다. 또한 직장에서 영성을 심화시키며, 주님을 섬기듯이 세상 사람들을 섬기고, 부활의 증인으로 살아가는 방법의 모색도 중요한 과제다. 이를 위해서 그리스도인들이 하나님이 세상을 바라보는 눈으로 세상을 바라보며, 증인으로서의 직업관을 갖고, 인생의 비전을 설계하며, 청지기적 삶을 살고, 새로운 기업문화 풍토를 만들어 갈 수 있도록 도와야 한다.

또한 교회는 사람들을 나약한 존재에서부터 강건한 그리스도의 제자로 양육하는 문제에 대해서도 관심을 기울여야 한다. 평범한 사람들의 잠재력을 깨워 영향력 있는 교회의 사역자들로 세우는 것은 교회가 감당해야 할 또 하나의 사명이다. 그러기 위해서 교회는 사람들이 자신들의 능력을 마음껏 발휘할 수 있도록 하는 교회문화를 구축해야 한다.

우리는 때로 교인들이 능력이 있음에도 불구하고 실력을 마음껏 발휘할 수 없어서 활동력이 상실된 교회를 본다. 반면 특별히 유능한 교인들이 있는 것도 아닌데 탁월한 사역들을 개발하는 교회들도 있다. 유능한 교인들을 확보하는 것도 중요하지만 기존 교인들의 잠재력을 개발하고, 그 능력을 십분 발휘할 수 있는 교회 조직을 구축하는 것이 더 중요하다. 사람들은 누구나 자신의 능력을 최대한 발휘할 수 있고, 그에 따른 정당한 기쁨을 얻을 수 있는 곳에서 일하기를 원한다는 사실을 기억하는 것이 중요하다.

7. 위계질서적 구조에서 공동체형 구조로

후기산업사회의 패턴은 산업사회의 조직을 근본에서부터 바꿔가고 있다. 엘빈 토플러(Elvin Toffler)는 산업사회에서 강력한 경쟁력을 가졌던 표준화, 집중화, 집권화, 대형화의 사회 구조가, 정보사회에서는 비표준화, 분산화, 분권화, 소규모화로 바뀔 것이라고 예측했는데, 이러한 변화는 사회 전반에 걸쳐 급속도로 현실화되고 있다.[37] 이러한 사회의 변화는 산업사회에서의 위계적인 피라미드형 사회 구조로부터 수평적인 사회 구조로의 전환을 이뤄내고 있다.

산업사회의 기업조직과 같이 교회도 표준화, 집중화, 집권화, 대형화의 길을 걸어왔고, 이러한 교회는 권위적이고 계급적인 피라미드형의 교회 구조를 양산했다. 그러나 사회의 변화 추세가 그렇듯이 미래사회에서는 대형 교회보다는 다양하고도 작은 공동체형 교회들의 활약이 기대된다.[38] 다양한 선교 현장에서 저마다의 특성을 가지고, 피라미드형의 수직적 형태보다는 공동체형의 교회를 더 선호하는 경향이 늘어나고 있다. 단순한 시설과 특징 있는 활동들을 추구하고, 친교와 제자화, 그리고 다양한 선교에 집중하는 공동체들의 형성이야말로 교회가 효과적으로 선교할 수 있는 가장 중요한 방법이 되고 있다. 앞으로 한국 교회는 이러한 경향에 대한 신학적 조명과 선교적 평가에 관심할 필요가 있다.

이러한 관점에서 보면 본래 교회는 하나님의 백성들이요 선교하는 공동체다.[39] 그러므로 선교를 위해 부름 받은 사람들이 함께 협력해서 그리스도의 몸을 이루어 가는 것이 중요하다. "제자가 되려는 결단이 신앙의 개인적인 단계라면, 제자들이 들어서야 할 새로운 삶은 공동체적이었다."[40] 교회는 일주일에 한 번, 정해진 건물에 모이는 개인적인 신자들의 집합체 이상의 의미가 있다. 교회는 예수 그리스도와 그 지체들 간에 소속의식과 일체감을 갖는 신자들의 공동체기 때문이다. 이러한 공동체 교회는 위계질서 대신에 평등한 관계를 통해 살아있는 교회를 형성해 간다. 공동체 교회의 특징은 사랑의 관계를 통해 소외 구조를 없애고, 서로 돕는 가운데 서로의 이익과 깊은 친교에 관심함으로써 그들이 복음적 이상으로 생각하고 있는 공동체성과 구성원들 간의 평등성을 이루어가는 데 있다.

이러한 신앙공동체는 '훈련', '성화', 그리고 '성령의 은사'라는 세 가지 기능을 갖는다. 교회는 참된 공동체를 통해 그리스도인들을 훈련할 수 있다. 그러나 반대로 오직 훈련받은 그리스도인들만이 참된 공동체를 형성할 수 있고 그것을 유지할 수 있다. 그러므로 훈련에 임하는 사람들은 이 두 측면을 함께 볼 수 있어야 한다. 파러에 의하면 참된 삶의 변화는 믿는 사람들의 공동체 안에서 이루어진다.[41] 이렇게 공동체의 실천은 제자도를 향한 훈련과 연결되어 있다. 사람들은 공동체를 통해 사랑의 질서를 배운다. 이 과정에서 공동체는 그리스도인들이 함께 성화되어 가는 장을 형성한다. 교회는 '성인들의 공동체'(a community of saints)를 추구하기 때문이다. 이러한 가시적 사랑의 공동체는 장차 임할 하나님 나라의 예시가 된다.

특히 이 과정에서 함께하시는 성령을 인식하는 것이 중요한데, 이는 성령이 예수 그리스도의 말씀을 교회공동체 안에서 현실화시킬 수 있도록 돕기 때문이다. 공동체는 다양한 기능들을 필요로 한다. 그리스도의 몸으로서의 그리스도인의 공동체가 제 기능을 발휘하기 위해서는 다양한 은사들이 필요하다.[42] 이런 다양한 은사들은 성령으로부터 나오며, 그것들은 서로를 섬기며 나누어진다. 개인주의와 경쟁의 정도가 심해질수록 깊이 있는 친교를 갈급해하는 이 시대에 성령 안에서 진정한 사랑의 공동체를 창조해 가는 것이야말로 이 시대의 선교에 있어서 가장 중요한 과제다.[43] '공동체를 통한 선교'와 '선교를 통한 공동체의 건설'은 한국 교회에 새로운 요청이 되고 있다.

8. 성직자 중심에서 만인제사장 중심으로

개신교회 전통 속에 중요한 이상 중의 하나는 만인사제직의 개념 속에 나타난다. 루터에 의하면 모든 개혁은 믿는 자들이 하나님의 자녀가 되는 것에서 가능하다고 믿었다. 그리고 믿는 자들과 그리스도를 결합시키는 것은 믿음뿐이었다. 믿음을 통해 성경에 나타난 하나님의 사랑을 의지하여 의

롭다 여김을 얻게 되고 하나님의 자녀가 되는 것이다. 하나님과 한 인간의 삶 사이에 다른 인간이 개입할 수 없고, 이러한 영적인 지위에 있어서 성직자와 평신도는 대등했다. 그들 모두 오직 믿음으로 은혜를 통해 하나님 앞에 나아갈 수 있는 존재기 때문이다. "모든 평신도는 하나님 앞에 나아갈 자격이 있으며, 서로 기도할 수 있고, 하나님에 관한 것을 서로 가르칠 수 있다."

하나님의 선교 중심, 세상 중심의 선교 패러다임에서는 목회자 중심의 선교보다는 평신도 중심의 선교 형태가 더 적절하다.[44] 세상 속에서 사람들을 섬기고 사회를 변화시켜 나가는 것은 평신도의 몫이기 때문이다. 역할을 구분해 본다면, 목회자는 교회의 사제고, 평신도는 세상의 사제라고 보면 어떨까? 목회자는 평신도가 자신의 실존적인 문제들을 해결하고 성서의 진리를 깨달으며 세상에서 사명을 감당할 수 있도록 무장시켜주는 역할을 감당한다면, 평신도들은 자신이 속한 현장에서 이웃들의 문제를 해결해 주고, 그들이 하나님을 알며, 상황을 변화시켜 나갈 수 있도록 하는, 세상 사람들을 향한 사제의 직분을 감당해야 하는 것이다.

이렇게 볼 때, 지금까지 목회자가 일방적으로 평신도들을 지휘 감독하던 태도에서 벗어나서, 평신도와 대화하고 선교전략을 의논하는 공동목회의 패러다임으로 전환하는 것이 필요하다. 목회자는 세상의 많은 문제들을 놓고 평신도와 함께 성경말씀 앞에 서야 한다. 이러한 평신도를 세우는 교회 구조는 평신도가 가진 다양한 은사들을 신중하게 고려하고, 그 은사들을 구체적인 과제와 연결시킬 때 가능하다.

현대 교회에서 팀 목회에 대한 논의가 계속 진행 중이다.[45] 전도대상자들의 욕구와 가치관, 삶의 스타일, 언어, 이해의 폭, 응답의 방식, 세계관 등 모든 것이 빠르게 변하고 있는 상황에서 그들의 필요에 응답하지 못하고는 효과적으로 복음을 나눌 수 없다. 사회변화의 추세를 파악하고, 전문화된 팀으로 대처하지 않으면 세상 사람들의 요청에 응답할 수 없다. 이러한 팀 목회는 체제 유지적인 태도에서 융통성을 강조하는 형태로, 동질성보다는 다양성을 이해하는 관점의 전환으로, 경쟁보다는 협력으로 나가야 하는 시대적인 요청이다. 이러한 패러다임의 전환은 한국 교회의 성숙을 이룰 수 있는 중요한 기회를 제공할 것이다.

웨인 코디로는 뉴호프 교회의 체험을 바탕으로 팀을 세우는 데 있어서 중요한 경험을 나눠주고 있다.[46] 먼저 교회를 향한 하나님의 계획을 알아야 하고, 그 교회 안에 주신 은사들을 발견하며, 각자에게 적합한 역할들을 찾고, 팀을 세워주며, 육성하는 과정 속에서 건강하고 영향력 있는 교회가 설 수 있을 것이라는 것이다.

이러한 새 패러다임의 교회에서는 멘토링과 코칭을 통해 서로를 세워주는 노력이 필요하다. 멘토링과 코칭의 접근방법은 일방적인 지시보다는 하나님께서 주신 자원들을 나눔으로써 영향을 끼치는 마음이 나눠지는 관계적 경험을 가능하게 만든다. 보호와 뒷받침, 격려와 보증이 있는 관계의 형성은 서로의 인생에 있어서 성숙을 이루도록 돕고, 하나님이 주신 가능성을 발견하도록 인도할 것이다.[47]

9. 개교회 중심에서 에큐메니칼 차원으로

분화된 사회 안에는 다양한 그룹들이 존재하고, 그러한 조직들 사이의 상호협력이 필요하다. 이제 세계적 사업은 지역 사업들의 연합이라는 형태를 띠기 시작했고, 세계무대에서 경쟁과 협동은 모두 중요하게 되었다. 균형과 변화를 추구하면서 상호 네트워크를 형성하는 것이야말로 미래에 조직들이 살아남을 수 있는 중요한 방법이 되고 있다. 이러한 사회 구조 속에서

일하는 사람들은 문제를 풀어 가는 과정에서 참여와 평등한 협동의 태도에 익숙해져 갈 것이다.[48]

이러한 사회의 변화 추세에서 보면 개교회 중심주의는 사회의 흐름을 역행하는 구시대적인 패러다임이다. 상대편을 인정하지 않고, 힘으로 상대를 합병하려는 자본주의 시대의 패러다임은 새 시대에 적합하지 않다. 특히 다원화되어 가는 사회 속에서 개교회가 감당할 수 있는 사역은 극히 제한될 수밖에 없고, 이러한 단편적인 접근을 가지고는 세상 사람들의 필요에 응답할 수 없게 될 것이다.

특히 개교회주의는 기독교의 보편적 교회에 대한 이상에도 맞지 않는다. 교회가 하나님의 백성들이요 그리스도의 몸이라고 말하면서도 교회끼리 협력하지 못한다면, 그들은 교회론의 혼동, 즉 정체성의 혼동에 빠지게 될 것이다. 세상 사람들에게도 기독교가 사랑의 종교요 하나님 안에서 한 형제라는 외침이 힘을 상실하게 될 것이다.

새 패러다임의 교회와 선교는 에큐메니칼 차원을 새롭게 조명하고 실험하는 데 주저하지 말아야 할 것이다. 그러기 위해서도 한 지역 안의 교회들은 서로 다른 자신만의 독특한 사역들을 발전시키는 것이 좋다. 저마다 특징 있는 선교 영역을 개발하고 노하우를 쌓을 때, 그 교회들의 연합은 다차원적인 기능을 감당할 수 있게 된다. 교회들이 똑같은 형태의 사역을 수행할 때는 큰 교회가 더 영향력이 있다고 말할 수 있지만, 구체적인 대상을 향해서 독특한 사역들을 개발한 작은 선교적 교회들은 어느 큰 교회도 해낼 수 없는 그들만의 독특한 영역들이 있다. 그렇게 될 때 큰 교회들과 작은교회들 사이에도 역할의 분담이 가능하게 될 것이고, 보다 큰 사역을 위한 협력이 가능하게 될 것이다. 또한 아직 자립적 사역을 감당하지 못하는 작은 교회들도 협력체제 안에서 작지만 자신들의 일들을 담당함으로써, 그 특별한 분야에서 영향력 있는 교회로 성장하게 될 것이다.

이러한 네트워크 안에 있는 다양한 교회들은 함께 지역을 위해 기도하고, 지역을 분석하며, 하나님 나라의 빛에 비추어서 지역을 변혁시켜 나가는 데 힘을 합하게 될 것이다.[49] 더 나아가서 지역의 교회들은 다른 시민단체들과 종교단체들과도 공동전선을 펴가면서 지역의 문제를 풀어나갈 수 있을 것이다.[50]

10. 지역 중심에서 글로벌 중심으로

후기산업사회는 개별국가의 경계를 축소시키고, 전 세계의 조직들과 사람들로 하여금 세계적인 수준에서의 경쟁과 협력의 장으로 나서도록 요청하고 있다. 세계적인 정보통신망, 국가 간의 상호작용 심화, 전 세계적인 상호 의존성의 증대는 세계를 하나의 작은 지구촌으로 변화시켜 갈 것이다.[51]

그러나 이 과정에서 세계는 새로운 문제들에 직면하게 될 것이다. 다국적 기업의 전 지구적 확산에 따른 경제적 · 문화적 종속 심화, 국가적 빈부격차 심화, 지구 오염, 생태계 파괴, 자원고갈, 가공할 무기들, 민족갈등 등은 전 세계 공동체들이 함께 대처해 나가야 하는 과제들이다.[52] 이 과정에 "범지구적-지역적 상호작용"(global-local interaction)이라는 발상의 전환이 필요하다. 우리가 지역적인 문제에 성실하게 대처하는 것이 곧 세계의 문제에 대처하는 것이 된다는 의식의 변화다.[53]

이렇게 범지구적으로 사고하고 지역에서 실천하는(to think globally and act locally) 태도는 예수 그리스도의 사역 속에 구체적으로 드러나 있다. 그는 전 우주적인 구원을 위해서 구체적인 나사렛 지역에 성육신했다. 청년 예수는 갈릴리 지역의 가난한 사람들의 문제에 성실하게 대처하는 방법으로, 전 우주의 구원의 문제를 다루었던 것이다. 그는 하나님 나라의 회복을 꿈꾸면서, 구체적인 현장에서 제자들 안에 하나님 나라를 이루어갔다.

새 패러다임의 교회는 지역 안에 머물고 있던 교회들에게 전 지구적인 차원을 고려하도록 격려한다. 하나님의 나라와 선교는 한 지역에만 머물지 않기 때문이다. 또한 한 지역의 문제는 전 지구적인 문제와 연결되어 있기 때문에 지역의 문제를 해결하기 위해서도 전 지구적인 관점이 필요하다는 사실을 인식하는 것이 중요하다. 이러한 인식의 전환을 경험한 교회는 하나님께서 교회로 하여금 예측하기 힘든 전 지구적 이슈들에 적합한 전 지구적인 그리스도인 공동체(a global Christian community)를 향해 부르고 계심을 깨닫게 된다.

이 공동체 안에서 그리스도인들은 각자 부여받은 직업과 달란트로 지역과 전 세계를 향해 봉사할 수 있다. 전문인 선교, 단기 선교 등은 이러한 기회를 더 많이 부여해 줄 것이다. 또한 가는 선교 못지않게 보내는 선교도 중요하다. 세계 선교에 대한 같은 열정과 안목을 가지고 세계 선교 현장에 있는 사역자들을 후원하는 것이야말로 세계를 변혁시키는 일에 동참하는 것이다. 그리고 이 과정에서 우리가 잊지 말아야 할 것은 그리스도인들 간의 협력이다. 전 지구적인 하나님 나라의 확장을 위해 총체적인 선교를 수행하려는 교회들은 하나님께서 수행하시는 선교 안에서 서로 협력해야 한다.

11. 되짚어보기

급변하는 세계 속에서 교회가 그 사명(mission)을 감당하기 위해서는 교회 구조의 패러다임 변화가 시급하다. 그러므로 이 장은 M-Church 패러다임을 이루기 위해 열 가지의 패러다임 변화를 제안했다. 이제 한국 교회는

M-Church가 되기 위해 보다 더 하나님의 선교 중심으로, 흩어지는 교회 중심으로, 선교단체 구조 중심으로, 개방적 구조 중심으로, 사람 중심으로, 공동체 중심으로, 평신도 중심으로, 에큐메니칼 중심으로, 글로벌 중심으로 전환되어야 한다.

물론 이러한 변화는 쉽게 일어나지 않을 것이다. 사람들이 지금껏 익숙했던 패러다임에서 새로운 패러다임으로 이동한다는 것이 결코 쉬운 일이 아니기 때문이다. 그러나 현재의 패러다임에 머물러 있는 한, 교회는 점점 더 세상에서 밀려나 영향력을 상실하게 될 것이다.

리처드 포스터와 사라 캐플런은 그들의 저서, 「창조적 파괴」에서 기업은 시장의 변화속도보다 빨리 발전해 나가기 위해 창조적 파괴를 단행하지 않으면 안 된다고 강조했다. 신(新)경제는 불연속성의 경제이고, 여기에 대응하지 못하는 기업은 파멸할 수밖에 없다. 하나의 유기체인 기업이 생존하기 위해서는 끊임없는 창조와 변화에 대처하는 운영 및 선택을 통해 기업의 생존을 이루어내고, 유연하고 다양한 사고를 통해 문화적 폐쇄성을 극복해 나가야 한다.[54]

이러한 조언은 비단 기업에게만 유용한 것이 아닐 것이다. 미래를 살아가는 교회는 생존과 성장, 그리고 사명 수행을 위해서 기존의 익숙한 패러다임을 창조적으로 파괴하는 모험을 감행해야 한다. 그럴 때 비로소 교회는 더욱 풍성한 결과를 기대할 수 있을 것이다.

1. M-Church 패러다임의 열 가지 특징을 자신의 말로 정리해 보라.

2. M-Church 패러다임과 내 교회의 패러다임을 비교해 보라.

3. 변화하는 상황과 M-Church 패러다임을 고려하면서, 내 목회에서 바꾸어야 할 가장 중요한 다섯 가지를 써 보라.

4. 그것을 언제, 어떻게 성취할 것인지 계획서를 작성해 보라.

5

작지만 영향력 있는 M-Church

1. 작은 교회

한국 개신교회의 성장이 둔화되면서 교단적인 문제로 떠오르는 것들 중에 미자립교회의 문제가 있다. 1980년대까지는 개척을 하고 어느 정도의 기간이 지나면 자립을 할 수 있었던 것과 달리, 1990년대 이후 개척한 많은 교회들이 장기적인 미자립 상태를 면치 못하고 있다. 반면에 몇몇 대형 교회들은 마치 대형 할인마트가 그렇듯이 주위에 있는 작은 교회 교인들을 엄청난 흡인력으로 끌어 모으고 있다. 수많은 사람들이 대형 교회의 문 앞을 메우며 들어가고 있는 모습을 보는 작은 교회 목회자들의 허탈한 마음을 상상해 본다.

대형 교회에 대한 선호도는 이 사회의 대세와 크게 다르지 않다. 자본주의 사회는 큰 것이 아름답고 선한 것이라는 환상 속에, 성장에 대한 과도한 집착에 사로잡혀 있다. 실제적으로도 우리는 원스톱 대형 할인마트나 백화점이 주는 매력에 길들여진 것이 사실이다. 작은 교회 목회자들마저 큰 것을 동경하고 추구하는 마당에, 작은 교회는 미완성의 교회, 실패한 교회로 보이는 것이 당연한 일인지도 모른다. 많은 작은 교회 목회자들이 자신이 목회하는 작은 교회를 안수 받는 도구로 생각하면서, 그곳을 탈출하려고 애쓴다. 외부에서 그들을 볼 때도, 작은 교회 목회자들은 뭔가 헌신이 결여된 사람들처럼, 능력이 부족한 사람들처럼, 방법론을 모르는 사람들처럼 보이기도 한다.

실제적으로도 작은 교회는 많은 한계를 가지고 있다. 작은 건물과 부적절한 시설, 한정된 예산과 빈약한 프로그램, 목회자의 단기재직 결과 나타나는 장기적 계획 결여, 지도력 있는 평신도의 부족 등이 그러한 예가 될 것이다. 교단적으로도 작은 교회들의 대부분은 미자립 형태로 남아 있기 때문에 교단의 예산을 책정하는 데 있어서 많은 부담이 되고 있다. 사회적으로 볼때도, 충분히 활용되지 않아서 생산활동에 투입되지 못하는 건물과 인적 자원들은 부정적인 평가를 면치 못한다. 또한 지역사회 사람들에게 작은 교회는 항상 힘이 없고, 폐쇄적이고, 지역사회와 협력을 잘 못하는 기관으로 보일 때가 많다. 그러한 결과 사회를 변화시켜 나가려는 운동에도 적극적으로 참여하지 못하고, 지역사회 안의 도움이 필요한 사람들을 제대로 섬기지도 못하면서 지역사회 안에서 영향력을 잃어 가게 된다.

그러나 과연 작은 교회들에게는 부정적인 모습만 있는 것인가? 대형 교회 모델만이 교회를 설명하는 기준이 되어야 하는가? 이러한 질문에 대답을 얻기 위해서 우리는 근본적인 질문으로 되돌아가야 한다. 교회의 존재 목적은 무엇인가? 교회의 사명은 무엇인가? 교회는 그 사명을 어떻게 완수할 수 있는가? 교회가 살아있고 성장한다는 것을 평가할 수 있는 기준은 무엇인가?[1]

이러한 본질적인 질문에 대답을 시도하면서 새로운 관점으로 작은 교회들을 보면 그들만의 특별한 강점들이 보이기 시작한다. 작은 교회 목회자는 대형 교회 목회자들보다 교인들의 삶을 깊이 알고 있다. 작은 교회 안에는 대형 교회에서 볼 수 없는 성도 간의 깊은 교제와 사랑이 있다. 이러한 사귐은 일상생활 속에서도 서로 도움을 주고받는 긴밀한 관계로 발전하게 된다. 작은 교회 사역은 모든 사람들이 참여하는 경우가 많기 때문에, 평신도들 속에 숨겨진 은사와 잠재력, 지도력들이 발휘되고 개발될 수 있다. 작은 교회의 덜 조직화된 구조는 급변하는 세상에 유연하게 적응할 수 있다. 또한 그들은 정신을 빼앗길 정도로 많은 사역을 감당하는 대신, 겸손, 청빈, 이웃에 대한 관심과 사랑 등 기독교의 소중한 영성을 개발할 수 있는 더 많은 기회를 가지고 있다.[2]

또한 작은 교회들은 그들만이 감당할 영적인 몫을 가지고 있다. 한 예를 들어보자. 나이아가라 폭포가 엄청난 크기와 장관으로 많은 관광객들의 발길을 끌고 있지만, 미국과 캐나다의 모든 사람들이 자신의 물 수요를 이 폭포 하나에만 의지한다면, 그들은 엄청난 곤경에 처하게 될 것이다. "모든 지역에 생명을 부여하는 물을 공급하는 것은 부드럽고, 조용하게, 그리고 알려지지 않은 채 그 지역을 흘러가는 수천 개의 작은 시내들"이기 때문이다.[3] 이렇듯 작은 교회들은 작은 지역사회 안에서 영적인 물을 공급하는 사역을 감당하고 있고, 이러한 사역을 더욱 개발해 나가야 할 것이다.

작은 교회들이 가진 힘은 여기에서 머물지 않는다. 작은 물방울들이 함께 모이면 시내를 이루게 되고, 강을 형성하며, 엄청난 무게의 배를 띄울 수 있게 되듯이, 작은 교회들이 연합할 수만 있다면 한 교회가 할 수 없는 보다 큰 사역들을 감당할 수 있을 것이다. 지역사회를 향해 새로운 대안적인 삶을 보여줄 수도 있고, 지역문화를 변화시켜 나갈 수도 있을 것이다.

특히 정보화 사회는 중소형의 작은 조직들이 각자 독특한 기능을 감당하면서, 네트워크를 통해 빠른 사회의 변화에 대처하고 시너지 효과를 창출하는 구조로 선회하고 있다. 작은 교회들은 이러한 사회적 흐름에 효과적으로 기능할 수 있는 단위를 가지고 있다는 점에서 그 기대가 크다.

이러한 교회의 사명과 역할을 감당하기 위해서는, 작은 교회들이 먼저 패배의식을 버리고 새로운 목적을 발견해야 한다. 작은 교회들만이 감당할 수 있는 사역들을 찾아보고, 이에 합당한 전략들을 개발하는 것도 중요하다. 그리고 숫자의 노예가 되지 말고, 자신들의 능력 범위 안에서 열심히 사역함으로써 스스로의 자존감을 회복해야 한다. 그럴 때, 작은 교회들은 자신들도 몰랐던 새로운 잠재력을 발견하게 될 것이다.[4]

2. 작은 교회를 위한 교회론

작은 교회를 위한 교회론의 모색은 그들의 정체성을 찾으려는 시도다. 작은 교회도 분명한 존재 이유가 있고, 그 자체로 가치가 있다는 사실을 인정하지 못한다면 그 교회는 자신 있게 세상으로 나가서 자신의 사역을 개발할 용기를 갖지 못할 것이다. 이러한 교회론적 요청에 대해, 교회 성장론적인 설명은 작은 교회들에게 도움이 되지 못한다. 교회 성장론은 모든 것을 대형 교회의 입장에서 평가하기 때문에 작은 교회들을 미완성의 약한 교회들로 볼 뿐이다. 그러나 우리는 역사적으로 작은 공동체형 교회들에 대한 가치를 강조하는 흐름이 있어왔던 것을 간과해서는 안 된다. 그 예로는 초대교회의 공동체, 중세의 수도원 공동체, 재세례파, 경건주의, 모라비안, 청교도, 웨슬리 운동 초기의 공동체, 현대의 바닥공동체, 중국의 가정 교회, 아시아와 아프리카의 작은 공동체 운동들, 미국의 가정 교회, 자유교회, 유럽의 공동체 운동 등을 들 수 있다.

그러나 우리의 논점상 이 예들을 모두 다룰 수는 없기 때문에, 작은 교회가 정체성을 확립하고 자신의 선교 지향적인 목회를 개발할 수 있는 기본적인 틀만 제시하는 것으로 만족할 수밖에 없다. 그러면 작은 교회가 제시할 수 있는 교회론적 이미지는 무엇이며, 그 교회가 가지는 형태는 어떠해야 하는지 살펴보자.

작은 교회를 위한 교회론은 20세기 교회론의 논의에서 중요시되었던 세 가지 이미지들을 포괄해야 할 것으로 보인다. 그것은 하나님의 백성들로서의 교회, 그리스도의 몸으로서의 교회, 그리고 친교로서의 교회다.

1) 하나님의 백성들로서의 교회

하나님의 백성으로서의 교회는 교회를 건물로 보지 않고 사람들로 볼 수 있게 해준다. 하나님께 부름 받아서 사명을 감당하는 사람들, 그들이 바로 교회다. 그러므로 하나님의 백성으로서의 교회 이미지는 그리스도인들을 더 이상 건물에 묶어두지 않고 사회 속으로 들어가 하나님의 나라를 이뤄가도록 한다. 스스로를 교회로서 인식하는 그리스도인들은 세상 안에 있지만 세상과 구별된 존재로 살아감으로써 현실에 안주하지 않는다. 그러므로 이들 하나님의 백성들로서의 교회는 역사 속에서 새 하늘과 새 땅을 바라보며 전진해 나가는 순례하는 공동체가 된다.

2) 그리스도의 몸으로서의 교회

그리스도의 몸으로서의 교회는 은사공동체의 이미지를 강조할 수 있다. 몸 안에 다양한 지체들이 있듯이 은사공동체 안에는 성령이 뜻한 바대로 부여한 다양한 은사들이 존재한다. 이는 교회를 죽은 조직이 아니라 살아있는 유기체로 이해할 수 있도록 도와준다. 또한 이 이미지는 머리 되시는 그리스도를 중심으로 다양한 지체들이 긴밀하게 연합되어 있음을 보여준다. 그러므로 그리스도의 몸으로서의 교회공동체는 이 세상 속에서 그리스도를 삶으로 증거하는 그리스도의 성례전이 된다.

3) 성령의 친교로서의 교회

성령의 친교를 상징하는 코이노니아로서의 교회는 그리스도 사역에서 나타난 화해와 연합의 신비를 강조할 수 있다. 그리스도께서 십자가에 달리심으로 하나님과 사람, 사람과 사람 사이의 화해를 이루셨다. 막혔던 휘장이 찢어진 것은 하나님으로부터의 소외가 극복된 구원 사건이 완성되었음을 의미한다. 그러므로 교회는 하나님께 구원받고, 세상을 구원하는 사역에 동참하는 공동체가 된다. 그리고 이 교회는 세상의 한가운데서 화해를 이루는 사역을 감당한다.

위의 세 교회론적 이미지들은 작은 교회를 설명하는 데 적절하다. 하나님의 백성으로서의 교회 이미지는 작은 교회로 하여금 건물과 크기의 콤플렉스에서 탈피할 수 있게 하고, 그리스도의 몸으로서의 교회 이미지는 교회 공동체 안에서의 은사를 인정하고 다양한 사역을 격려하며, 친교로서의 교회 이미지는 성도들 간의, 세상과의 깊이 있는 친교를 강조할 수 있기 때문이다. 이러한 교회론적 이미지들을 인식하는 작은 교회는 좀 더 열려 있는 다양한 교회 구조를 형성할 수 있다.

3. M-Church를 위한 교회 구조의 새 모델

작은 교회들이 자신의 강점을 살리면서 영향력 있는 M-Church가 되기 위해서는 교회 구조 자체의 새 모델이 필요하다. 필자가 제안하고 있는 M-

Church의 기본 구조는 다음과 같다.[5]

1) 교회 갱신 : 개체교회의 기초적 모습

우리가 교회 갱신의 문제를 다룰 때 언급해야 할 세 가지 점이 있다. 하나는 과연 그 구조가 교회의 사명을 감당하는 데 효과적인가 하는 점이고, 둘째는 그 구조가 현대인의 삶을 윤택하게 해 주는가 하는 점이며, 마지막은 그것이 성서적인가 하는 점이다. 이러한 관점은 교회 갱신을 위한 새 패러다임을 모색하는 과정 속에서도 매우 중요한 잣대가 될 것이다.

(1) 공동체 지향 : 원형 구조(circle structure)

교회론적 논의에서도 밝혔던 것처럼 교회는 '사람들'로부터 시작한다. 이 사람들은 주의 이름 아래서 공동체를 형성했는데, 이것이 가시적인 교회가 된 것이다. 그러므로 교회를 하나님의 백성들, 또는 제자들의 공동체로 정의하는 것은 마땅하다. 그러면 이 공동체는 그들이 믿는 것을 '어떤 형태로' 이루어 낼 수 있을까? 이러한 문제를 심각하게 질문한 많은 그리스도인들은 제도적 교회를 거부하고 공동체적 삶을 추구했다. 공동체야말로 그 안에 한 사람 한 사람을 중요하게 여기며 삶을 공유하는, 참된 친교가 가능한 구조기 때문이다.

이러한 공동체에 대한 비전은 초대교회의 모습에 그 뿌리를 두고 있다. 그러므로 공동체 교회를 구상하는 스나이더(Snyder)는 다음과 같이 말한다, "근본적인 갱신은 기초로 돌아간다, 곧 뿌리로 돌아간다는 것을 의미한다."[6] 초대교회의 관점에서 교회의 핵심은 예배와 증거, 그리고 성령 안에서의 교제를 이루는 공동체에 있었다.

초대교회 구조를 형성하는 데는 몇 가지 중요한 요소들이 있다. 첫째, 초대교회에는 '그리스도 같은 삶'(Christ-like-life)을 살고자 하는 제자도에 대한 강조가 있었다. 초대교회의 제자들에게는 예수가 살아생전에 보여주셨던 삶과 가르침이 생생히 기억되고 있었다. 둘째, 성령에 대한 강한 의존적 분위기가 은사공동체라는 형태를 이루게 되었다. 그들은 자신들의 공동체 안에서 성령의 역사하심을 확실히 체험하고 있었다. 셋째, 이 공동체는 형식을 따르지 않는 분위기 속에서 영적인 자유와 공동의 사랑, 그리고 나눔을 가능케 했다.

초대교회는 하나님의 나라를 미리 경험하는 곳이었다. 그들은 건물에 제한받지 않고 모였으며, 나가서 증거했다. 그리고 초대교회는 세포가 분열하듯이 퍼져나갔다. 이 공동체들은 살아있는 유기체로서 그리스도의 몸 개념을 발전시켰다. 그 안에서는 하나님의 백성들 모두가 소중하게 여겨지는 사람 중심의 구조를 갖고 있었다. 그리고 하나님의 백성들이 만든 공동체는 어디나 한 지체라는 에큐메니즘에 대한 강한 확신이 있었다. 바울이 어디를 가든지 그 지역 교회로부터 영접을 받았던 것이나, 예루살렘 교회가 흉년을 만났을 때 주위의 교회들이 힘을 모아 도왔던 것은 이러한 확신을 보여준다.

이러한 정신은 중세의 수도원 전통에서 찾을 수 있으며,[7] 개신교에서는 재세례파, 경건주의, 모라비안, 그리고 감리교 초기 운동 등에서 그 맥을 찾을 수 있다.[8] 이 시대에도 그리스도인들의 작은 공동체들 운동은 중국의 가정 교회에서, 아프리카의 작은 공동체들에서, 미국과 유럽의 의미있는 기독교 공동체들에서,[9] 그리고 라틴 아메리카의 기초공동체들에서 나타나고 있다.[10]

우리가 앞에서도 보았듯이, 미래 사회는 거대한 피라미드식 조직이 아니라, 작고 다양한 공동체들로 구성된 사회를 추구하게 될 것이다. 또한 획일화된 중앙 집중적 구조보다는, 작은 단위를 선호하게 될 것이다. 그리고 정보사회의 심화가 만들어내는 개인주의적 삶은 사람들로 하여금 작고 의미 있는 사람들의 만남을 갈구하게 만들 것이다. 이러한 경향은 미래의 교회들이 어떠한 모습이 되어야 할지를 간접적으로 시사해 준다.

우리가 공동체를 도형으로 표현할 때 원형 구조를 생각하게 된다. 피라미드형의 위계질서를 강조하는 교회가 제도와 조직을 강조한다면, 원형 구조는 두세 사람이 모인 곳에서 시작되는, 하나님의 백성으로서의 교회를 일차적으로 드러낼 수 있다. 이러한 구조에서 하나님이 허락하신 사명수행의 권한은 하나님의 백성 전체

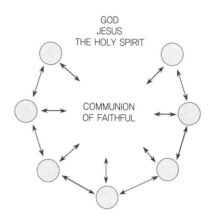

GOD
JESUS
THE HOLY SPIRIT

COMMUNION
OF FAITHFUL

에게 임하는 것으로 해석된다. 부활하신 그리스도의 영, 곧 성령은 공동체 안에 임하기 때문이다. 은사공동체로서의 교회는 성령께서 그 뜻대로 주시는 다양한 은사들을 서로 섬기는 데 사용한다. 또한 누가 위에 있고 누가 아래에 있지 않은 평등한 구조는 만인사제설을 인정할 수 있는 구조를 형성한다. 그러므로 이러한 공동체는 평등성과 다양성을 함께 강조하는 구조를 형성한다.[11]

문제는 이러한 공동체 구조가 자위적인 상태에 머물지 않고 사회 변혁적인 태도를 형성할 수 있겠는가 하는 것이다. 이러한 질문에 대해 웨슬리의 초기 감리교 운동은 하나의 대답을 준다. 웨슬리는 그의 성화사상을 감리교의 속회, 반, 신도회, 특별 신도회 등과 같은 다양한 공동체들을 형성함으로써 실현하고자 했다. 이것이 그의 감리교 운동과 모라비안 공동체와의 중요한 차이점이다. 그의 사회적 성화에 대한 이상은 그가 조직한 공동체들 안에서 감리교도들을 훈련하게 했고, 이들은 영국 사회 안에 가장 강력한 영향력을 미치는 그룹 중의 하나가 되었다.[12]

마가렛 히벨스와이트(Margaret Hebblethwaite)는 남미의 기초공동체를 연구하는 그의 책에서 공동체가 운동력을 가질 수 있다는 또 하나의 가능성을 보여주고 있다. 이 책에서 기초공동체들이 이루어내는 운동은 나무에 비유된다. 나무는 기초공동체들이 밑에서부터 일어나는(from the roots up), 끊임없이 자라는 예수 운동을 상징할 수 있다. 그들은 체험 속에서 변혁이 밑에서부터 일어난다는 것을 깨달았다. 비록 작은 것에서 출발하지만 생명을 가진 나무는 위로 뻗어가 큰 가지를 드리우며 열매를 맺게 된다. 또 다른 곳에서 기초공동체는 물방울들로 비유되기도 한다. 물방울들이 개체로 있을 때에는 한나절 해에도 증발하여 사라져 버린다. 그러나 물방울들이 서로 연합해 시내를 이루고 다른 물줄기들을 만나면 큰 강을 형성하게 되고, 배를 띄우며, 끝내는 바다에 이를 수 있게 된다. 이렇듯 공동체 교회들은 그 자체로는 작지만 그들이 서로 연합해 나갈 때 세상을 변혁시킬 힘을 갖게 된다.[13]

(2) 개체교회 모델의 패러다임 전환

위의 관점 하에서 교회 갱신의 기본적인 형태로, 다양한 작은 공동체들의 유기체적 연합으로서의 개체교회를 제안한다. 이는 역사상 교회 갱신의 중요한 명제였던 "한 교회 안의 작은 교회들의 구조"에 기초공동체의 운동성을 가미한 구조다. 흩어져 있던 각각의 그리스도 공동체들이 더 큰 크기로 한 지역 안에서 모일 수 있을 때, 그것을 지역 교회라고 할 수 있다는 것이다. 그들은 이러한 더 큰 크기의 만남을 통해 보다 큰 그리스도인의 공동체를 확인하고, 이러한 크기는 보편적인 교회에까지 이를 수 있을 것이라는 사실을 깨닫게 해 준다. 또한 몸 된 교회 안에 서로 다른 비전을 추구해 가는 다양한 그리스도인의 공동체들이 있음을 확인하는 가운데, 하나님의 선교에 대한 보다 통전적인 관점을 가질 수 있게 될 것이다.

지금까지의 속회나 여선교회가 나름대로의 장점은 있었으나, 획일적이고 일방적으로 공동체가 형성되었다는 점에서 그 한계를 가진다. 앞으로의 교회 안에 개발될 공동체들은 선교 지향적이며, 은사와 열정에 따라 나누어진 자발적인 공동체들이 되어야 할 것이다. 우리는

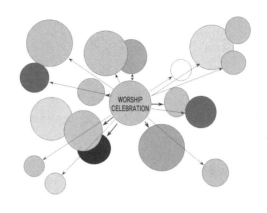

이러한 다양성 안에서의 일치에 대한 가능성을 가톨릭교회 안에 다양한 흐름들이 공존하며, 몸 된 교회를 이루고 있는 것에서 볼 수 있다. 가톨릭 안에는, 교황을 위시한 지극히 군주적이고 계급적인 뼈대가 있는가 하면, 수도원 전통의 흐름도 있다. 세속과 접하고 있는 본당이 존재하는가 하면, 피정의 집이라는 보완적 구조도 존재한다. 또한 남미의 바닥공동체처럼 혁명적인 흐름이 있는가 하면, 복음주의적 사제들의 운동이 또 다른 흐름을 이끌고 있다. 이러한 다양한 사역의 모습들이 한 지역 교회 안에 존재할 수 있을까? 서로 다양한 목적을 실현하기 위해 노력하는 삶들이 몸 된 교회를 보다 풍성하고 아름답게 만들 수는 없을까? 그러므로 새로운 교회 구조의 패러다임은 한 교회 안에 다양한 사역의 그룹들을 개발해 주기를 제안한다. 우리는 서로 다르다는 것을 인정해야 하며, 그 다른 사역들이 하나가 될 수 있다는 신비를 교회공동체들 안에서 체험해야 한다. 그렇게 될 때 우리는 세상의 분열과 갈등을 치유하고 화해케 하는 사명을 감당할 수 있을 것이다.

(3) 새 모델의 장점

개체교회 구조의 새 모델은 다음의 몇 가지 장점들을 가진다.

첫째, 교회 안에서 다양한 선교를 격려할 수 있다. 다양한 은사와 비전을

가진 공동체들이 형성된다는 것은 다원화된 사회 안에서 더욱 다양한 선교적 접근의 계기를 만들 수 있다.

둘째, 평신도들의 역량을 살릴 수 있다. 앞으로의 사회는 보다 전문화된 형태로 분화할 것이기 때문에, 목사 한 사람의 능력으로는 이 모든 영역을 책임질 수 없게 될 것이다. 이제는 지역의 문제들에 구체적으로 관계를 맺고 있는 평신도들이 스스로 그 문제들을 풀어나가도록 할 수밖에 없다. 이렇게 평신도들의 전문분야들을 개발하도록 격려해 주는 것은 그들이 지역 속에서 지역 사람들을 섬기는 사역을 감당하는 평신도 사제가 되도록 하는 좋은 기회가 된다. 이러한 변화는 목사 중심 교회(pastor-centered church)에서 평신도 중심 교회(lay person-centered church)로의 변화를 예고하게 된다.

셋째, 교회 안의 소외 구조를 없앨 수 있다. 은사공동체로서의 교회는 성령께서 누구에게나 몸 된 교회를 섬길 수 있을 만큼의 은사를 주셨다는 확신에서 시작한다. 그러므로 교회 안의 모든 성원들은 나름대로의 사역이 있다. 이러한 확신은 사람들로 하여금 저마다의 은사를 발견하고, 개발하도록 도와주며, 하나의 교회 안에 너무도 다양한 은사들이 존재한다는 것을 감사할 수 있게 한다.

넷째, 이러한 구조는 사회의 다양한 사람들을 교회로 이끌 수 있다. 사람들이 처음 교회에 나올 때의 관심은 교리의 성향에 있는 것이 아니라 문화적 욕구에 있다는 것을 인식하는 것이 중요하다. 즉 초신자는 자신과 같은 부류의 사람이 있는가를 질문한다는 것이다. 그때 교회 안에 다양한 목표를 추구하는 공동체들이 있다는 것은 믿지 않는 사람들이 교회에 친숙하게 접근할 수 있는 계기를 줄 수 있다. 또한 사회 안에서 사역을 하는 다양한 교회 공동체들은 지역의 사람들과 만날 수 있는 기회가 좀 더 많이 있기 때문에, 그들에게 그리스도의 사랑을 삶을 통해 전할 수 있는 가능성을 더 많이 가지고 있다.

다섯째, 작은 공동체 단위의 구조는 급변하는 사회에 신속하게 대응할 수 있다. 세계의 대형 기업들도 작은 단위의 네트워크형 구조로 구조 갱신을 한다는 것은 작은 단위가 급변하는 사회 속에 더욱 강한 적응력을 발휘할 수 있다는 것을 단적으로 보여준다. 지역 교회 전체가 나가야 할 비전을 공유하면서도 저마다의 독특한 사역을 개발하는 것은, 큰 몸집의 방향을 바꾸는 것보다 더욱 효과적이다.

여섯째, 교회가 사회의 다양한 요구에 응답할 수 있다. 교회의 구성원들이 지역의 다양한 사람들로 구성되고, 그들의 비전들을 실천하는 사역공동체들을 개발해내는 과정에서, 교회는 그 지역이 필요로 하는 다양한 일들을 감당할 수 있게 된다.

일곱째, 관심이 같은 다른 교회공동체들과의 에큐메니즘이 쉽게 이루어질 수 있다. 이것은 에큐메니칼 가능성 1에서 다루기로 한다.

(4) 다양한 사역공동체들을 묶어줄 수 있는 매체 : 예배를 통한 비전

이러한 다양한 공동체들을 하나의 교회로 묶어 줄 수 있는 것은 공동의 예배다. 우리는 이러한 형태의 전거를 초대교회에서 찾아볼 수 있다. 빈센트 브레닉(Vincent Branick)은 *House Church in the Writings of Paul*에서 초대 교회의 기본 구조인 가정 교회와 소위 *ekklesia*라고 부르는 지역 교회와의 관계를 설명하고 있다.[14] 초대교회 사람들에게는 가정과 그 가족 단위(household)가 교회로 불렸는데 그 한 예는 "우리와 함께 군사된 아킵보와 네 집에 있는 교회에게 편지하노니"라는 표현 속에서 볼 수 있다.[15] 이러한 가정 교회들은 한 도시 안에서 예배를 위해 더 큰 단위로 모이기도 했는데 이것이 "시 단위"의 교회, 즉 지역 교회(local church)였다. 다시 말하면 가정 교회들의 네트워크가 시 단위의 연합으로 이루어진 것이 지역 교회가 되었다는 것이다.

이렇게 그리스도인들의 작은 공동체들은 그 자체에게 주어진 선교를 감당하는 작은 교회들로 이해해야 할 것이고, 이들 공동체들은 더욱 큰 단위로 지역 차원의 교회를 형성할 수 있다. 이들 공동체들은 예배를 통해서 자신들의 이야기를 교회 안으로 가지고 들어올 것이고, 그리스도의 몸 안에서 다양한 지체들을 의식하게 될 것이다. 이들이 모이게 되는 이유는 주님의 부활의 확인과 지체 안에서의 친교에 있을 것이다. 비록 세상은 갈수록 어두워가고 많은 문제들을 야기하고 있지만, 그러한 가운데에서도 부활의 생명이 있기에 희망을 말할 수 있는 사람들, 꿈을 꾸는 공동체가 교회다. 이러한 공동체들은 자신들이 가진 체험과 하나님 나라의 확신을 세상에 전하기 위해 사람들을 파송한다. 선교는 영웅적인 소수에게만 맡겨진 일이 아니라 우리 모두가 삶으로 전해야 할 사명에 대한 이야기이기 때문이다. 이렇게 예배와 친교를 통해서 체험되었던 하나님 나라의 비전은 그들 공동체들의 삶 속에서 이루어져 간다. 이러한 그리스도 공동체들의 삶의 순환은 동방교회가 교부시대에 발전시켰던 "큰 예배 후의 작은 예배"(liturgy after Liturgy) 개념을 상기시킨다.16) 그들은 세상 속에서 증인된 삶을 사는 것이 곧 작은 예배들이라는 것으로 이해하기를 원했다. 이러한 고백은 이 시대를 사는 그리스도인들에게도 절실하게 요청되는 신앙고백이라고 믿는다.

(5) 지역사회 교회(Community Church)

미국 교회들의 중요한 변화 중의 하나는 교회의 이름에 'community'라는 단어를 삽입한 교회들이 대거 등장했다는 점이다. 그 예로는 Willow Creek Community Church, Saddleback Valley Community Church, Vineyard Community Church 등 헤아릴 수 없을 만큼 많다. 근래에 들어 미국의 수많은 교회들은 특별한 교단을 내세우기보다는 그들이 지역사회 속에 있으며, 지역 사람들로 이루어진, 공동체를 추구하고 있다는 것을 강조하기 시작했다. 구체적인 하나의 지역을 위한 교회(the church for others), 그 지역과 함께 하는 교회(the church with others)를 상징하는 이러한 변화는 다양한 지역의 요구에 관심하게 되고, 거기에 맞는 다양한 공동체들을 개발하게 된다.

이러한 교회가 가능하기 위해서는 지역의 요청에 귀를 기울여야 하고, 그들의 필요에 따라 교회를 구성하는, 교회 구조 형성 과정에서 발상의 전환이 필요하다. 여선교회, 남선교회, 속회 등 목사의 의도에 따라 획일적으로 구성되던 교회의 소그룹들이, 이제는 유연하고 단순한 구조 하에서 다양한 공동체들을 무제한으로 형성해 나가는 형태를 가져야 한다는 말이다. 다양하면서도 형식에 얽매이지 않는 구조로의 변환은 21세기에 한국 교회들이 고려해야 할 중요한 교회 구조의 형태다. 지역의 선교 현장에서 그 지역 사람들의 요구에 맞게 이루어지는 다양한 공동체들을 개발하도록 격려하고 돕는 것은 살아있는 교회를 형성할 수 있는 중요한 길이다.

(6) 개체교회보다 더 작은 교회의 가능성

우리는 위에서 언급한 기존 교회의 구조 갱신과 함께, 더 작은 단위의 교회공동체 구조도 생각할 수 있다. 그것은 교단의 구속을 싫어하는 "자유교회"(Free Church) 형태나 비형식적인 그리스도의 공동체를 형성하려는 "가정교회"(House Church) 형태로 나타날 것이다. 자유교회 연합의 주장에 따르면, 청중으로서의 교인이 되기를 거부하고, 위계적이고도 제도적인 교회를 피하려는 추세가 교파에 소속되지 않은 교회를 추구하게 만들었다고 한다. 이들은 인간성이 매몰되는 기존의 문화를 극복하기 위해서는 작은 공동체를 형성해야 함을 주장한다. 그들의 관점에 따르면, 참된 교제를 이루기 위해서는 40명 내외가 적당하며, 그 이상이 되면 소외 구조가 생겨나게 된다. 이런 자유교회들은 뜻을 공유하는 다른 자유교회들과 네크워크 형성하기를 시도하게 된다. 인터넷을 통해 조사해 본 결과, 캐나다 복음주의 자유교회

(The Evangelical Free Church of Canada)에는 130개 이상의 자유교회가 공동 협력체제를 구축하고 있고, 공동의 목적과 원리들, 그리고 협력된 실천들을 추구해 나간다. 미국에는 1,200개 이상의 자유교회 연합이 있고, 복음주의 자유교회 국제연맹(The International Federation of Free Evangelical Churches)에는 28개국이 연합되어 있다.

미래 사회에 대한 논의에서, 삶과 직결된 또 하나의 특징은 여러 형태의 가정들이 생겨날 것이라는 사실이다. 핵가족뿐만 아니라 이혼 가정, 동거 및 계약결혼 형태의 가정, 노인들만의 다양한 가정들, 소년가장이 이끄는 가정 등 헤아릴 수 없이 많은 가정의 형태들은 더욱 더 다양하게 분류될 수 있을 것이다.[17] 이러한 시대적 분위기와 함께 자신들을 이해해주는 사람들만의 특별한 공동체에 대한 사회의 욕구는 기존의 교회 형태에도 영향을 미칠 것이다. 미국 가정 교회의 예를 보면, 이들은 금요일 저녁부터 한 집에 모여 찬양하며, 기도하고, 성경공부와 친교를 나눈다. 주일 저녁까지 함께 야외로 여행을 하기도 하고, 주위의 어려운 사람들을 돕기도 하며 그리스도의 공동체를 형성해 나간다. 그리고는 다시 사회 안에 있는 자신들의 직장으로 돌아간다.

이 운동들이 확산된다면, 이러한 형태의 교회들 안에서는 평신도 사역에 대한 새로운 이해가 자연스럽게 등장할 것이고, 목회자라 할지라도 직장을 가지며 목회를 하는(bi-vocational ministry) 사역 형태가 새로운 이슈로 다가올 것이다. 폴 스티븐스(Paul Stevens)는 그의 두 책에서 평신도가 사역자가 되는 교회의 가능성을 보여주고 있다.[18] 스스로가 목회자였던 그는 새로운 깨달음을 얻고 목사직을 포기한 사람이다. 그는 다른 사람들과 같이 직장생활을 하며, 주말이면 교회를 돌본다. 그의 주장은 목사-평신도의 구조를 폐지하여 소명과 사역을 일원화하고, 그리스도 공동체 안에서 공동생활의 일치를 이루어야 한다는 데 있다. 또한 그는 전통적인 신학교의 약점이 강의

실 중심, 지식 전달 중심에 있음을 비판하며, 지역 교회야말로 가장 훌륭한 신학교가 될 수 있음을 강조한다. 지역 교회는 "걸어 다니는 신학교"(walking seminary), "시장 한가운데에서의 열린 학교"(open school in the marketplace) 라고 부를 수 있는데, 그 안에서는 다음과 같은 다양한 교육이 가능하다. 지역 교회는 상황화 신학을 형성하며, 그리스도인들을 훈련시키고, 인간관계를 배우며, 모임과 흩어짐의 리듬을 삶 속에 체득할 수 있고, 그 공동체 안에서 성령의 은사들에 대해서 배울 수 있으며, 다세대로 이루어진 가족공동체를 이룸으로써 새로운 언약공동체를 형성할 수 있다.

더 나아가서 이러한 목회자-평신도 구조가 사라진 교회는 직장 사역자들을 개발하고, 평신도 직장 설교자들을 격려하며, 직장에 있는 성도들을 위한 중보기도와, 직장에서 선교적 연결망을 형성하는 일 등을 개발할 수 있게 한다.

2) 에큐메니즘 : 세상에서의 교회들의 만남과 협력

위에 제시한 개체교회 구조 갱신의 모델이 어떻게 다른 교회들과 협력관계를 형성하는 데 있어서도 기존의 교회 모델보다 유리할 수 있을까? 미래사회의 교회 갱신 모델은 교회 연합적인 선교에서도 적합해야 할 것이다. 따라서 이 장에서는 위의 교회 구조 모델이 에큐메니칼 운동에도 강점을 가진다는 것을 확인하고자 한다.

에큐메니칼 운동은 시대적 요청이다. 그 이유는 다각적인 방면에서 찾을수 있다. 첫째로, 세계화, 정보화, 지방화의 시대는 더 이상 개교회주의적 선교방법으로는 열매를 거둘 수 없는 시대가 될 것이다. 사회의 다양한 문제들은 총체적으로 얽혀 있어서 교회들이 연합된 노력을 기울이지 않으면 해결할 수 없기 때문이다. 둘째로, 지역갈등을 해소하고 사회 속에 일치를 가

겨오는 일을 수행할 때도, 교회가 먼저 연합된 모습을 보이는 것이 중요하다. 셋째로, 남북한이 대치하고 있는 상황 속에서, 우리는 민족의 화합과 통일을 이루어내야 할 지상 과제를 안고 있다. 이러한 가운데 교회는 솔선수범하여 서로 협력하고 일치하는 모습을 보여야 한다. 넷째로, 교회 내적으로도 에큐메니칼 운동은 우리의 신앙 고백적 차원에서 볼 때 당연히 이루어야 할 과제다. 교회의 목적은 교회 자체에 있는 것이 아니라 하나님의 선교에 동참하는 것이라는 고백과, 우리는 교단이 달라도 하나님의 백성이라는 자기 정체성, 또한 하나님의 나라를 이 땅에 선포하는 일을 맡았다는 사명의 고백은 우리가 어떤 상황에 있든지 교회 간의 연합을 이룰 것을 요청하고 있다. 이제 교회 연합을 위한 확장된 모델을 제시하고 평가해 보고자 한다.

(1) 지역권 구조(Zonal Structure) : 지방화 과정 속에서의 선교[19]

지금까지의 선교는 교회 중심적이었다. 선교는 영혼들을 사회로부터 교회 안으로 불러들이는 문제에 집중해 왔다. 그러나 이러한 교회 중심적 선교는 개교회주의적, 분파주의적, 탈세상적 교회 구조를 형성해 왔다. 이제 새로운 시대의 선교대상은 하나님이 사랑하시는 세상, 즉 개체교회가 위치해 있는 지역공동체가 되어야 할 것이다. 우리가 지역을 선교의 대상으로 삼을 때, 하나님의 선교 개념과 성육신, 이 땅에 하나님 나라의 건설과 그 사명을 받은 하나님의 백성들이라는 신학적 개념들이 비로소 그 빛을 발하게 된다. 또한 선교의 대상을 지역적 구조 안에서 이해할 때, 인간 영혼뿐만 아니라 그들의 구체적인 삶과 정치, 경제, 사회적인 구조, 더 나아가서 그 안에 살고 있는 다른 피조물들이 통전적으로 고려될 수 있다. 그리고 선교를 수행하는 다양한 교회들의 협력을 통한 네트워킹이 가능하게 될 것이다.

그러기 위해서도 전에 언급한 바와 같이 한 지역 안의 교회들은 서로 다른 사역들을 발전시키는 것이 좋다. 저마다 특징 있는 선교의 영역이 개발되어 있고, 노하우가 있을 때, 교회들의 연합은 다차원적인 기능을 감당할 수 있게 된다.

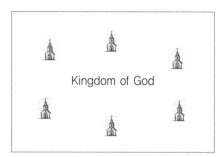

Zonal Structure

Kingdom of God

이러한 네트워크 안에 있는 다양한 교회들은 함께 지역을 분석하고, 하나님 나라의 빛에 비추어서 지역을 변혁시켜 나가는 데 힘을 합하게 될 것이다. 더 나아가서, 지역의 교회들은 다른 시민단체들과 종교단체들과도 공동전선을 펴가면서 지역의 문제를 풀어나갈 수 있을 것이다.

(2) 에큐메니칼 가능성 1 : 한 개체교회 안의 작은 공동체 교회들이 다른 개체교회들의 공동체 교회들과 현장에서 만날 수 있다.

교회의 관심이 교회 안에만 있는 것이 아니라 세상에서 빛과 소금이 되는 일들을 감당하는 사역에 있다면, 이러한 사역 공동체들은 사회 안에서 같은 사역을 수행하는 다른 교회의 사역공동체들과 쉽게 만나게 되고 함께 일을 수행해 나갈 수 있게 된다. 사회가 더욱 복잡해지

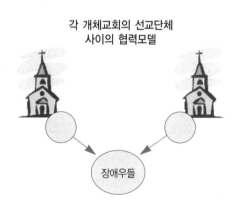

각 개체교회의 선교단체
사이의 협력모델

장애우들

면서, 교회의 대응도 더욱 전문화되고 연합된 힘이 필요하게 될 것이다. 특히 특별한 관심을 가진 사역공동체들은 개교회의 담을 뛰어넘어서 과감하게 다른 교회의 같은 이슈를 가진 공동체들과 네트워크를 형성해야 한다.

이러한 연결고리들은 더욱 큰 단위로 확대될 수 있을 것인데, 교회와 교회 사이에, 교회와 시민단체 사이에, 교회와 다른 종교단체들 사이에, 사회문제 해결을 위한 협력이 가능하다.

이러한 과정에서 하나님의 백성으로서의 교회에 대한 인식은, 사역자들을 공유하는 데까지 이르게 되어야 한다. 즉 한 공동체에서 일하던 그리스도인이 자신을 더 필요로 하는 사역을 발견하게 되면, 다른 교회의 사역공동체로 옮길 수 있어야 한다는 말이다. 이런 경우에, 전에 사역하던 교회공동체는 떠나고자 하는 그리스도인을 기쁨으로 파송하는 문화가 정착되어야 할 것이다. 이러한 문화가 가능하기 위해서는 세상 안에 있는 모든 교회들이 그리스도의 몸의 일부라는 의식이 필요하다.

(3) 에큐메니칼 가능성 2 : 개체교회 차원에서 다른 개체교회와 협력할 수 있다.

개체교회들 간의 협력 문제는 많은 대안들이 있을 수 있다. 그러나 여기서는 미국의 종합병원(hospital)과 개인병원(clinic)의 공생관계를 고찰해 보며, 지역의 작은 교회들이 서로 협력할 수 있는 하나의 모델을 제시해 보는 것으로 만족하고자 한다. 이 모델이 제시하는 방법은 작은 교회들이 교회 건물을 건축하는 데 받는 엄청난 압력을 줄이고, 에큐메니칼한 선교도 감당할 수 있는 하나의 탈출구를 보여줄 수 있을 것이다.

미국에는 종합병원과 개인병원이 확실히 구분된다. 종합병원이 모든 시설을 갖추고 종합적인 업무를 하는 반면에, 개인병원은 사무실 중심으로 개인 의사들이 간단한 치료를 하며 종합병원의 시설을 공유한다. 개인병원은 비싼 시설을 준비하지 않아도 되고, 종합병원은 개인병원의 환자들로부터 수입을 얻게 되는, 공생관계를 형성한다. 또한 그 중간 형태인 그룹 단위의 의료기관(group practice)들의 수도 점차 증가하고 있는 추세다. 이들 그룹 단위의 병원들은 몇 명의 의사들이 조합을 만들어 수입, 비용, 건물, 도구, 환자 기록 등을 함께 관리하고 돌아가면서 당직을 맡는다. 이들의 장점은 여러 명의 전문가들로 구성되었기 때문에 환자들에게 보다 효과적인 의료를 제공할 수 있다. 또한 혼자 의료행위를 할 때의 약점을 보완할 수 있고 위험 부담도 줄일 수 있다. 미국에만도 이러한 그룹들이 15,000개가 넘으며, 대략 140,000명의 의사들이 이곳에서 일을 하고 있다.[20]

이에 비해서 한국에는 clinic이라는 개념이 없다. 종합병원이나 개인병원 모두 각자의 시설을 보유하느라고 엄청난 경쟁 속에 물자를 낭비하고 있다. 종합병원과 개인병원이 역할을 분담하고 시설을 공유한다면, 서로 간에도 과다한 출혈을 하지 않아도 될 것이다. 그런데 이러한 경향은 한국의 교

개체교회와 개체교회 사이의 협력모델

공동의 시설

회도 마찬가지다. 교회마다 각자의 시설을 갖추고, 복사판 같은 교회 구조를 가짐으로써, 전체로 볼 때 많은 낭비 현상을 낳고 있다. 모두가 자기의 본 성전과 교육관, 선교관, 운동장, 주차장, 기도원, 신학교 등 모든 시설들을 갖추기를 원한다. 그래서 모든 교회의 평생의 사명은 이러한 시설들을 하나씩 늘려 나가는 데 있다고 해도 과언이 아니다. 작은 교회도 큰 교회와 같은 시설을 마련하기 위해 사력을 다하는 가운데 심한 경쟁을 벌이고 있는데, 이것은 하나님의 선교적 관점에서 볼 때 엄청난 힘의 소진이 아닐 수 없다.

앞으로의 한국 교회는 미국의 병원 구조를 고려해 보아야 한다. 작은 교회는 clinic과 같이 '간단한 시설'과 '특징 있는 활동'들을 추구하고, 친교와 제자화, 그리고 선교에 집중하는 구조를 갖는 것이 중요하다. 다원화 사회에

서는 다양한 특별상황에 따라 응답할 수 있는 작은 공동체형 교회들의 활동이 기대된다는 것을 고찰했다. 이런 작은 구조는 빠른 변화에 쉽게 적응할 수 있는 구조이기도 하다.

이들 작은 clinic 교회들은 보다 큰 활동을 위해 '공동의 건물'을 설립할 수 있다. 모두가 함께 모일 수 있는 장소로서, 공연 홀, 훈련센터, 세미나, 기도원, 피정 센터 같은 기능을 가진 건물이면 좋을 것이다. 이러한 건물은 작은 공동체 교회들이 함께 세울 수 있다. 지역 사람들의 다양한 필요에도 응할 수 있도록 설계된 건물은 이웃과 함께하는 교회를 상징적으로 드러낼 수 있을 것이다.

이러한 시도는 여러 가지 장점을 가진다. 첫째, 비싼 건축비를 줄일 수 있고, 둘째, 함께 관리할 수 있으며, 셋째, 자원의 낭비를 줄일 수 있고, 넷째, 지역을 위한 건물이 될 수 있다. 그리고 이것은 지역을 섬기는 교회 선교의 상징물 역할을 할 수도 있다.

그 외에도 이러한 시도는, 목사와 평신도의 질을 높일 수 있는 이점이 있다. 열린 상태에서의 협동 목회는 서로에게 유익을 줌으로써 성장의 기회가 될 수 있기 때문이다. 또한 서로 간의 다양한 달란트를 공유함으로써, 작은 교회들이 서로 돕는 기회를 가질 수도 있다.

(4) 에큐메니칼 가능성 3 : 개체교회와 준교회(para-church) 간의 협력 모델

성경은 제자가 되는 다양한 양식을 설명해 주고 있다. 때로는 세상에서 복음을 위해 살도록 보냄 받기도 하고, 세상으로부터 떨어져 나와 사명을 감당하기도 한다. 이러한 사역의 차이는 중세시대의 두 수준의 윤리와 사역에 대한 논의가 아니라, 여러 가지 양식의 제자의 길에 관해 말하는 것이다.[21]

교회의 기본적인 사역 외에 다른 사역들을 감당하기 위해서 생겨난 많은 기독교단체들을 준교회(para-church)라고 부를 수 있다. 그것은 제도적인 교회와 나란히 존재하고 있으며, 우리는 유기적인 관점에서 그들과의 관계를 이야기해야 한다. 이는 보편적인 교회 안의 또 다른 형태의 교회들, 곧 또 다른 표현의 하나님의 백성들이기 때문이다. 군이 비교한다면, 교회는 보다 포괄적이고 보편적인 데 반해, 준교회는 집중적이고 특수한 선교적 목표를 지향한다는 특징이 있을 것이다.

다양한 이슈의 소그룹 교회들의 가능성은 기존의 관념으로는 교회로 인식될 수 없는 다양한 형태의 선교단체들을 양산하게 될 것이다. 가정과 직장의 다양화는 수많은 공동체들을 서로 다른 형태로 존속하게 할 것이다. 이러한 다양한 의미 집단들

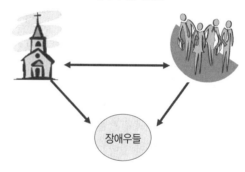

개체교회와 준교회(para-church) 사이의 협력모델

을 교회와 밀접하게 관계 맺도록 도와주고, 자신들만의 독특한 활동을 하며, 이를 운동화할 수 있도록 도와주는 것이 중요하다. 이러한 사역집단들은 교파적 조직 안에서 개발된 것일 수도 있고(감리교 총여선교회, 감리교 청년회 등), 초교파적인 단체들을 형성하기도 하며(CCC, IVF, YM 등), 사회적 기관들(출판사, 병원, 방송국 등)의 형태를 띠기도 한다.

지금까지 개체교회들은 준교회에 대해 무관심하거나 불신의 눈으로 보아 왔던 것이 사실이다. 새로운 천년대에는 우리가 감당해야 할 선교의 총체성과 그것을 위해 협력해야 하는 사실을 재확인해야 한다. 만약 그렇지 않다면, 우리는 또 다시 선교적 힘의 낭비를 경험하게 될 것이고, 위에서 고찰한 신학적 작업에도 위배되는 신앙적 모순을 안게 될 것이다. 이것은 또

한 사회로부터의 불신이라는 압력으로까지 이어질 것이고, 사명을 감당하지 못한 악하고 게으른 종이 되는 결과를 낳게 될 것이다.

(5) 에큐메니칼 가능성 : 확장되는 협력 가능한 영역들

① 개체교회와 지역 시민단체

지금 한국의 시민단체들은 보다 의미 있는 삶을 위해 다양한 모임들을 구성하기 시작하고 있다. NGO로 대표되는 시민단체들은 정치, 경제, 사회, 문화, 환경, 통일 등 헤아릴 수 없는 많은 영역들 속에서 자본주의 체제와 정부의 일방적인

개체교회와 시민단체들 사이의 협력모델

독주에 대해 시민들의 목소리를 대변하기 위해 땀 흘리고 있다. 시민들의 권리는 스스로의 노력과 투쟁을 통해서만 얻어질 수 있기 때문이다.

또한 시민들은 날로 개인주의화되어 가는 사회 속에서 스스로 공동체적 삶을 시도해보고 있다. 한 자녀만을 둔 가정들이 모여 서로 이모, 삼촌이 되어줌으로써, 혼자 자라난 아이들은 전에 누리지 못했던 대안적 대가족 형태를 맛보게 되기도 한다. 뜻이 맞는 두세 가정이 한 집을 구하고 공동체를 형성함으로써, 가족 이기주의를 극복해 보고자 하는 노력들도 있다. 사회가 빠르게 변할수록 상실할 수밖에 없는 삶의 문제들이 대안적 노력들을 통해서 극복되어가고 있는 것이다.

이러한 움직임에 대해 교회는 어떤 대안적 삶을 제시할 수 있을까? 신학적으로 볼 때, 세상에서 가장 혁명적인 대안공동체는 교회다. 부자나 가난한

자, 배운 자나 그렇지 못한 자, 노인이나 젊은이 등 어떤 부류의 사람들이라 할지라도 성령의 하나 되게 하는 역사 안에서 참 사랑을 나누는, 세상에 살지만 하나님의 나라를 성례전적으로 보여주는 부활공동체가 교회가 아닌가? 교회는 세상 사람들이 사는 곳으로 내려와야 한다. 그리고 그들의 신음소리와 그것을 극복하고자 하는 다양한 목소리들을 들어야 한다. 그럴 때, 교회는 그들이 감당해야 할 몫이 무엇인지 깨닫게 됨으로써 시민들의 움직임에 동참할 수 있고, 그들이 미처 생각하지 못했던 대안들을 신앙적 관점에서 제시할 수 있을 것이다.

② 타종교와의 협력 모델

이러한 이야기는 다른 종교들과의 협력에서도 나타나야 한다. 종교 간의 대화는 신학적 개념을 통해서가 아니라, 삶을 나누는 것을 통해서 이루어져야 한다. 서로가 서로의 깊은 종교적 영성을 보여줄 수 있는 삶을 접할 기회를 보다

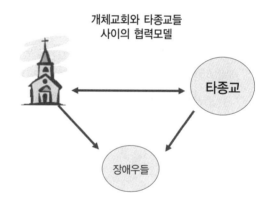

개체교회와 타종교들
사이의 협력모델

타종교

장애우들

많이 가질 때, 종교 간의 상호 풍성함이 이루어질 것이다. 그리고 이러한 가운데 진정한 대화가 가능하게 되고 복음이 전해지는 결과를 가져오게 될 것이다. 복음의 전파는 우리의 깊은 영성으로부터 우러나오는 사랑을 실천할 때 가능한 것이기 때문이다.

우선, 작게는 지역이 당면한 문제들을 해결하는 데 함께 머리를 맞대는 곳에서부터 종교 간의 말없는 대화가 시작될 수 있을 것이다. 인간 사랑에

대한 공감대와, 세상에 대한 문제의식의 공통된 기반은 우리가 새롭게 접근해 들어가야 할 종교 간의 대화 방법이 될 수 있을 것이다. 이러한 삶을 통한 대화 속에서 하나님은 세상을 사랑하신다는 것과 그분은 지금도 살아서 역사하고 계신다는 사실을 더 잘 이해할 수 있을 것이다.

③ 지역을 벗어난 선교를 위한 협력 모델

지금까지 에큐메니칼 모델들이 지방 안에서의 협력에 대한 문제였다면, 우리의 세상을 향한 선교는 지역의 문제를 뛰어넘는 차원으로 연결될 필요가 있다. 지역의 교회들은 도움이 필요한 세계의 다른 곳에 해외 선교사를 함께 파견할 수 있고, 한 지역의 선교적 체험을 세계 다른 지역의 교회들과 함께 나눌 수도 있다. 이제는 교단을 초월해서 한국의 지방과 다른 나라의 지방 교회 대표들이 함께 선교 프로젝트를 계획할 수도 있다.

특히 도시 교회들과 농촌 교회들이 협력할 수 있는 모델은 앞으로 더욱 계발되어야 할 것이다. 지금까지 시도된 다양한 협력방법들 - 생협 운동, 유기농업 시에 도농협동, 직거래, 종합직판장과 협동조합의 운영, 환경문제에 대한 공동전전 확립, 협동농장 등 - 은 더욱 발전되어야 할 것이다.

④ 가상교회(Cyber Church)

정보기술문명은 교회로 하여금 새로운 선교의 장에서 새로운 협력을 요구하고 있다. 라디오를 통한 선교는 20세기 전반에서부터 나타나기 시작했으며, 지금은 텔레비전 복음전도자들이 활동하고 있다. 한국의 케이블 TV를 통한 선교는 아직도 미약한 상태지만, 앞으로 이 분야에 대한 집중적인 연구와 투자가 필요하다. 매스미디어야말로 보다 효과적으로 복음을 전파할 수 있는 매체기 때문이다. 이러한 영역들은 교회의 새로운 협력을 요청하고 있다. 더 나아가서 가상공간 안에서 이루어지는 새로운 삶의 형태는 교회로 하여금 새로운 선교의 현장을 위한 교회 연합의 필요성을 일깨워준다. 이제는 "전 지구적 가상교회"(global CyberChurch)라는 새로운 개념이 요청되며, 교회 간의 협력이 강조되고 있다.

가상교회의 장점은, 첫째, 교회 연합적 활동이 전통적인 교회 구조보다는 한결 쉬워졌다. 둘째, 평신도 중심의 교회라는 특징을 살리기 쉽다. 셋째, 목회자-평신도의 협력적 선교 모델을 살릴 수 있다. 넷째, 새로운 선교 형태들의 개발이 가능하다. 다섯째, 다양한 기독교 교육의 형태가 가능하게 되었다.

4. 되짚어보기

이 장에서는 작지만 영향력 있는 M-Church를 형성해 가는 데 필요한 개체교회 구조를 제시해 보고자 했다. 그 중요한 출발점은 교회가 사람들(people)과 그들이 모인 공동체(community)라는 것이었다. 또한 지역 교회는 '다양한 작은 공동체들의 유기체적 연합'이라는 형태가 적절할 것이라고 제안했다. 이 구조는 다원화되어 가는 사회의 욕구에 대처할 수 있고, 교회의 에큐메니칼 운동에도 강점이 있으며, 지역사회의 여러 단체들과의 협력적 구조가 가능하기 때문이다.

그러나 이 모델들이 살아 움직이기 위해서는, 무엇보다도 교회에 대한 이해가 변해야 한다. 또한 다양한 교회 구조들이 인정될 수 있어야 한다. 교단의 지도자들도 교리와 장정이 규정한 획일화된 교회만 인정할 것이 아니라 다원화된 목회 형태들을 받아들일 수 있어야 한다. 더 나아가서 서로 다른 교단적 배경을 가진 교회들 간의 협력 구조를 형성하는 데도 최선을 다해야 한다. 세계의 기업들뿐만 아니라 시민단체들도 네트워크를 형성하는 것에 관심하고 있는 이때에, 교회와 교단들 간에 함께 연구하고 정보를 교환하는 태도는 무엇보다도 중요하다.

물론 필자가 제안한 모델이 모든 문제들에 대답을 주지 못하는 것은 너무도 당연하다. 그러나 이 장에서 질문했던 주제는 여러 그룹의 사람들에게 다양한 질문을 제기한다.

교단 지도자들은 다음과 같이 되물을 수 있을 것이다. 어떻게 다양한 교회 형태들을 담는 유연한 교단이 될 수 있을까? 어떻게 이들의 생명력을 살리는 교리와 장정을 만들 수 있을까?

목회자에게는 다음과 같은 질문을 할 수 있을 것이다. 어떻게 내가 처한 상황 속에서 교회 갱신의 첫발을 내딛을 수 있을까? 어디에서부터? 어떤 단계로? 누구와 이 일들을 이룰 것인가?

신학생은 이 주제들을 자신의 사역 안에서 실현하기 위해 보다 폭넓은 시각을 갖추는 것과 동시에, 자신의 달란트가 무엇인지 알아서 보다 전문적인 사역을 준비해 나가는 것이 중요하다.

평신도들은 수동적인 입장에서 벗어나 목회자와 함께 교회를 만들어가는 동역자로서 스스로를 성장시키는 노력이 필요하다. 성서를 깊이 공부하고, 신학적 고민을 하며, 세상에서 자신의 사역을 개발해 나가야 한다. 목회자는 교회의 사제고 평신도는 세상의 사제기 때문이다.

미래는 불확실한 상태로 우리 앞에 펼쳐져 있다. 그 속에서 하나님의 나라를 선포하고 확장시켜 나가려는 교회는 끊임없이 자기 갱신을 이뤄 나가야 할 것이다.

1. 대형 교회에 비해서 작은 교회가 갖고 있는 강점들을 나열해 보자.
2. 작은 교회에 더 적합한 교회론과 성서적 근거들을 찾아보자.
3. M-Church를 위한 교회 구조의 새 모델을 설명하고, 이 모델의 장점들을 열거해 보라.
4. 우리 교회를 M-Church로 전환할 경우 필요한 사항들은 무엇인가?
5. M-Church로 전환하기 위한 구체적인 계획을 세워보라.

비전 세우기

교회는 섬김을 받을 대상을 더욱 더 잘 알아야 한다. 그들이 진정으로 필요로 하고 있는 것을 발견해야 한다. 그들조차도 깨닫지 못한 근본적인 문제들을 발견해야 한다. 그리고 교회가 그 대답을 제공할 때 그들의 삶에 각성과 깨달음이 오고, 큰 감동을 줄 수 있다. 더 나아가서 교회는 사람들을 향해 궁극적인 대답을 제시해야 한다.

6

포지셔닝—브랜딩을 통한 비전 형성

현대사회는 TV, 라디오, 신문, 잡지, 서적뿐만 아니라 인터넷, 위성방송 등 수많은 매체를 통해 엄청난 양의 정보를 쏟아내고 있다. 또한 수많은 기업들은 하루가 멀다 하고 새로운 상품과 서비스들을 출시하고 있지만 그러한 정보를 수용하는 인간의 능력은 한계가 있다.

대형 매장에 가보면 40,000종 이상의 브랜드 품목이 진열되어 있다. 그러나 일반 소비자들의 관심은 150개 정도의 품목에서 결정된다. 나머지 39,000여 개의 품목은 소비자의 관심에서 배제되고 있다는 의미다. 그렇다면 어떻게 수많은 브랜드가 있음에도 불구하고 우리 회사의 브랜드가 소비자들의 관심을 끌 수 있을까?

커뮤니케이션 과잉의 현대사회에서 기업이 생존하기 위해서는 자사의 상품이나 서비스를 고객의 기억 속에 자리 잡게 하는 것이 무엇보다도 중요하다. 이러한 맥락에서 등장한 '포지셔닝'(positioning)이라는 개념은 잭 트라우트와 알 리스의 저서 『포지셔닝』을 통해서 일반인들에게 널리 소개되었다.[1] 그들에 의하면 포지셔닝은 소비자의 인식 속에 우리 브랜드를 위치시키는 것이다. 즉 "포지셔닝은 상품에 대해 어떤 행동을 취하는 것이 아니라 잠재 고객의 마음속에 어떤 행동을 가하는 것이다."[2]

　이러한 포지셔닝을 성취하기 위해서 기업이 중요시하는 것이 브랜딩이다. 브랜드는 제품의 차별화된 이미지를 전달하기 때문이다. 현대의 소비자들은 제품의 기능과 품질만을 중요시하던 과거와는 달리, 제품 브랜드의 고유 이미지와 가치를 제품 선택의 기준으로 삼고 있다.[3] 이렇게 볼 때 상품이 공장에서 만들어지는 것이라면, 브랜드는 고객의 마음속에서 만들어지는 그 무엇이다.[4] 그러므로 오늘날 기업시장에서 성공하려면 상품이 아닌 브랜드를 만들어야 한다. 그리고 포지셔닝 전략으로 브랜드를 구축해야 한다.[5]

　이렇게 볼 때 포지셔닝은 브랜드 커뮤니케이션이다.[6] 이 커뮤니케이션을 성공적으로 성취하기 위해서 마케터들은 명확한 브랜드 콘셉트와 브랜드 포지셔닝 방향을 정하고, 마케팅 전술을 활용해 고객들과 커뮤니케이션하려고 노력한다. 물건을 만들기만 하면 팔리던 시대에 이러한 개념은 큰 관심을 얻지 못했다. 그러나 수많은 비슷한 브랜드가 시장에 넘쳐나면서 소비자들의 관심을 모으기 위한 노력이 시작되었다.

　이제 관심의 초점을 교회로 옮겨보자. 지역사회 사람들의 마음속에 우리 교회는 어떻게 자리 잡고 있을까? 아니 우리 교회의 존재를 인식이나 하고 있을까? 직장, 학업과 진로, 가정, 여가활동 등에 대해 대답을 주는 수많은 정보와 브랜드가 홍수처럼 밀려오는 현대인의 마음속 어디쯤에 우리 교회가 위치하고 있을까? 또한 얼마나 중요하게 자리 잡고 있을까? 이 물음을 가지고 지역에 나가보라. 자신의 교회 이름을 대고, 이 교회를 아느냐고 물어보라. 특히 믿지 않는 사람들이 우리 교회를 안다면 너무도 감사할 일이다. 그렇다면 그가 아는 우리 교회는 어떤 교회인가 물어보라. 그가 인식하고 있는 것과 현재의 우리 교회가 일치하는가? 차이가 있다면 그 이유는 무엇인가? 어떻게 그 차이를 좁혀나갈 수 있는가? 궁극적으로 지역사회 사람들에게 우리 교회를 어떤 이미지로 각인시키기를 원하는가?

이 장은 마케팅의 가장 중요한 개념인 포지셔닝과 브랜딩의 관점에서 교회를 지역사회 사람들의 마음속에 자리 잡도록 하는 방법을 모색해 보려고 한다.

이를 위해서 먼저 포지셔닝과 브랜딩에 대한 개념을 정리하고, 이러한 접근방법의 성서적 입장을 살펴본 후, 지역 교회가 이러한 방법을 교회에 적용할 수 있는 방법을 모색해 보고자 한다.

1. 포지셔닝과 브랜딩

1) 포지셔닝

서론에서 우리는 포지셔닝을 브랜드 커뮤니케이션이라고 했다. 포지셔닝은 상품에 대한 이야기가 아니라, "잠재 고객의 마인드에 어떤 행동을 가하는 것," 즉 소비자의 마음속에 브랜드의 위치를 잡아주는 것이라고 했다.[7] 그러기 위해서는 상품 자체보다도 소비자가 자사의 상품을 어떻게 인식하느냐가 중요하다. 이때 기업이 상대하는 시장은 소비자의 마음속에 있다. 기업은 소비자의 마음속을 점령해야 하는 것이다. 그러므로 기업은 고객들의 마음속 깊은 곳까지 들어가 그들의 속마음까지 읽을 수 있는 통찰력을 가져야 한다. 그러면 어떤 방법을 통해 이러한 목적을 달성할 수 있을까?

(1) 차별화
포지셔닝의 핵심은 차별화에 있다. 소비자의 인식 속의 특정 위치를 점유하기 위해서는 소비자가 인식할 수 있는 차이점을 만들어 내야 하기 때문이다. "표적고객들의 마음속에서 경쟁제품과 비교해 명백하고 독특하며 바람직한 지위를 갖도록 자사 제품을 차별화 또는 집중화시키는 것"이야말로 포지셔닝의 가장 중요한 전략이다.[8] 이것은 "소비자의 마음속에 브랜드 차별화를 이루어내는 것"을 의미한다.[9]

이때 중요한 것은 포지션이라는 것이 경쟁자와의 상대적인 위치라는 사실이다. 그러므로 기업은 항상 경쟁자의 포지션을 확인하고 그에 따른 차별화와 선점전략을 세워야 한다. 최고의 혁신과 창의성을 가진 기업만이 자신을 다른 기업들과 차별화시키고 원하는 시장을 획득할 수 있다.[10]

그리고 이러한 포지셔닝의 궁극적 목표는 최고의 브랜드 가치를 창출하는 것이다. 총체적 포지셔닝은 제품 포지셔닝(product positioning), 시장 포지셔닝(market positioning), 기업 포지셔닝(corporate positioning), 그리고 브랜드 포지셔닝(brand positioning)을 포함한다. 그리고 이러한 포지셔닝들은 브랜드 포지셔닝에 집결된다. 그러므로 위의 네 가지 유형의 포지셔닝 전략은 서로 조화되어 시너지 효과를 내도록 해야 한다.[11]

포지셔닝의 핵심 전략은 브랜드 아이덴티티를 명확히 한 후 브랜드 포지셔닝 방향을 설정하고, 브랜드의 핵심요소를 중심으로, 목표로 하는 고객들에게 가장 잘 어필할 수 있는 매체를 통해 커뮤니케이션 활동을 전개하는 것이다.[12] 그 구체적인 단계는 다음과 같다.

① 시장을 세분화한다.
② 표적시장을 선정한다.
③ 포지셔닝을 중심으로 마케팅 목표를 달성하기 위한 전략을 수립한다.
④ 이에 맞는 전술을 사용한다.

현재 처한 상황이 예측할 수 없이 빠르게 변하고, 고객들의 필요(needs)

도 시간과 장소, 상황에 따라 민감하게 변하는 것을 감안하면서 부족한 마케팅 예산에도 불구하고 제품의 차별화를 이뤄내는 것이 쉽지는 않을 것이다. 그렇지만 명확한 마케팅 목표와 전략을 가지고 커뮤니케이션을 전개하면서 지향하는 방향에 접근하고 있는지 점검하는 노력이 필요하다.

이러한 과정은 끊임없는 변화를 요구한다. 시대에 따라 변하는 소비자들의 욕구에 따라 포지셔닝 방향도 변해야 하기 때문이다. 한번 포지셔닝에 성공했다고 해서 그 포지션을 고수한다면, 변화된 시장과 소비자의 욕구에 반응할 수 없게 되고 결국 시장에서 도태될 것이다.

(2) 선도자 원리

차별화를 이루기 위한 가장 효과적인 방법은 고객의 마음속에 가장 먼저 자리 잡는 것이다. 이미 다른 브랜드가 자리 잡고 있는 곳에 후발주자로 들어가서 품질이나 다른 요소로 경쟁하는 것은 쉽지 않다. 가급적 최초가 될 수 있는 곳으로 자원을 집중해야 한다. 더 나은 어떤 것을 만들려 하기보다 최초가 될 수 있는 영역을 구축하는 것이 포지셔닝 성공의 핵심이다. 대부분 어떤 영역을 대표하는 브랜드는 선도자 브랜드인 경우가 많다. 봉고, 지프, 코카콜라, 질레트 등이 그 예가 될 것이다. 선도자가 되거나, 특정 영역의 최초가 되는 것은 소비자의 인식 속에 강하게 각인되어서 소비자의 높은 선호도를 장기간 즐길 수 있다. 잠재고객의 마음속에 가장 먼저 들어가는 것이야말로 포지셔닝의 가장 중요한 전략이다.[13]

이렇게 어떤 영역의 최초의 브랜드가 되면 소비자의 인식에 확실하게 자리 잡을 수 있을 뿐만 아니라 그 영역 자체를 대표하게 된다. 이 경우 소비자들은 최초 브랜드를 신뢰하고 나머지 상품은 모조품처럼 여기는 경향이 있다. 그렇게 되면 특별한 광고 없이도 가장 쉽게 인지도를 넓힐 수 있을 뿐만 아니라 특별한 이유 없이도 선호도가 올라간다.

선도자는 또한 그 브랜드의 위치를 지키는 데도 유리하다. 인지도와 선호도가 매우 높기 때문에 타 브랜드와의 경쟁에서 유리한 고지를 점할 뿐만 아니라 축적된 경험과 진입장벽으로 후발주자를 쉽게 물리칠 다양한 전략을 구사할 수 있기 때문이다.

그러므로 가장 좋은 포지셔닝 전략은 최초가 되는 것이다. 더 좋은 것을 만들어서 경쟁하기보다는 최초가 될 수 있는 곳으로 들어서는 것이 훨씬 좋다.

(3) 틈새 전략

브랜드 시장에서 선도자로 들어가는 것이 그토록 중요하다면, 후발자로 들어가는 것은 불가능한가? 꼭 그렇지만은 않다. 햄버거 시장에는 '맥도널드'도 있지만 '버거킹'도 있다. '미원'이 선점했던 조미료 시장을 '다시다'가 탈환한 예도 있다. 바로 이 점에서 포지셔닝이 중요해진다. 앞에서 살펴보았듯이 포지셔닝은 소비자의 인식에 자신의 브랜드를 위치시키는 것이기 때문에 상대적이다. 브랜드는 다른 브랜드와의 관계에서 몇 가지 특성들을 기준으로 상대적으로 위치한다. 맛이라는 차원에서 버거킹이 더 높은 쪽에 위치하고 있다면 가격이라는 차원에서는 맥도널드가 더 높은 경쟁력을 갖는 것과 같다. 선도자에 의해 특정 영역이 장악되었다 하더라도, 선도자와 다른 좌표에 자신만의 영역을 구축할 수 있다면 후발 진입도 충분히 가능하고 좋은 결과를 거둘 수 있다.

이미 시장을 점유하고 있는 브랜드가 있는 곳에 후발 브랜드로 진입하려면 자신만의 영역을 갖고 있어야 한다. 이때 자신만의 고유한 영역을 가지려면 브랜드를 차별화해야 하고, 시장세분화 전략 등을 통해 자신만의 시장을 구축할 수 있다.[14] 선발자들은 대부분 시장을 넓게 잡는 경향이 있기 때문에, 후발자는 이 시장을 세분화하거나, 기존에 존재하지 않았던 새로운

틈새시장을 찾아내야 한다. 그리고 차별화로 브랜드에 개성을 불어넣어야
한다.

2) 브랜드 마케팅

20세기 초 단순히 디자인이나 로고, 인쇄문구를 통해 상품이나 서비스를
식별하는 수단에 불과했던 브랜드의 역할이 이제는 회사의 이미지와 비전,
그리고 신뢰성을 대변하는 수단으로 확대되었다. 오늘날 브랜드는 "관계를
맺고자 하는 사람들의 마음에 창조하는 인식의 총체다."[15] 그러므로 기업들
은 브랜드를 통해 다른 기업과 차별화를 이루고, 자사 브랜드에 호감을 가지
는 사람들을 충성고객으로 만들기 위해 노력하고 있다.

기업이 최선을 다해서 만들고자 하는 브랜드는 마케팅 시장에서 엄청난
힘을 발휘한다. 예를 들면 스타벅스의 커피와 일반 브랜드의 커피 중 어느
것이 맛이 있을까를 생각해 보자. 실제로 일반 브랜드의 커피가 맛이 있을
지라도 고객들은 기꺼이 프리미엄 가격을 지불하고 스타벅스를 선택하며,
그 선택에 만족할 것이다. 이때 '스타벅스'라는 브랜드는 자사의 제품과 서
비스를 훨씬 높은 수준으로 차별화시키는 힘으로 작용한다. 그리고 이 브랜
드는 회사의 가장 가치 있는 자산이 된다. 그러므로 의미 있는 브랜드는 기
업에게는 높은 선호도를 유지하게 해 주며, 높은 고객충성도와 가격 프리미
엄, 반복구매 효과, 매출 증대, 자매품의 매출 증진, 인지도 증대, 마케팅 비
용 감소, 유통 지배력, 투자의 효율화 등 강력한 가치를 제공한다. 또한 소비
자에게는 제품에 대한 믿음, 사용 시의 자부심과 의미 부여, 제품 구매 결정
의 간소화 등의 효과를 부여한다.[16] 이제 이러한 브랜드에 대해 좀 더 이해
해 보자.

(1) 브랜드의 정의

브랜드는 흔히 말하는 상표보다는 좀 더 포괄적인 의미를 지닌다. 상표를 자기의 상품을 남의 상품과 구별하기 위해 붙였던 고유의 표식이라고 한다면, 브랜드는 상표의 표식 기능과 함께 제품이 가지는 의미와 상징적인 기능을 포함한다.[17] 즉 상표는 등록상표(trade mark)일 뿐이지만, 브랜드는 네임, 심벌, 로고, 슬로건, 패키지 디자인, 캐릭터, 소리, 의미 등을 포함하는 포괄적인 개념이다.[18]

이러한 브랜드는 기업과 고객 사이의 관계에서 만들어진다. 기업은 일관된 캠페인과 커뮤니케이션 전략 등을 통해 소비자의 상상력을 자극함으로써 소비자에게 자사의 제품과 서비스를 알리려고 노력하게 되는데, 이 과정속에서 오랜 시간을 통해 형성된 소비자와 브랜드 간의 감성적인 관계가 제품의 총체적인 이미지를 평가하고 판단하게 된다.[19] 그러므로 제품은 공장에서 만들어지는 것임에 반해, 브랜드는 고객이 사는 그 무엇이다.[20] 실제로 소비자들은 제품이나 서비스와 관련을 맺는 것이 아니라, 브랜드와 관련을 맺는다. 그런 면에서 브랜드는 기업이 제시하는 고객과의 약속으로 신뢰와 일관성을 포함한 소비자들의 기대를 모아놓은 것이다. 때문에 강력한 브랜드는 소비자의 마음속 중요한 곳에 포지셔닝하게 되고, 그 브랜드가 언급되면 같은 이미지를 떠올리게 된다. 이러한 강력한 브랜드는 고객과의 사이에 장기적으로 강력한 유대관계를 구축해 준다. 그러므로 기업은 브랜드를 통해 무엇을 약속할 것인가를 명확히 해야 한다.[21] 또한 브랜드에 대한 고객의 기대를 이해하고 끊임없이 그 기대를 이루기 위해 노력해야 한다.

(2) 브랜드 마케팅

브랜드는 효과적으로 관리될 때 기업의 안팎으로 폭발적인 힘을 발휘한다. 그러므로 브랜드는 기업의 장기적인 성장과 높은 수익을 이끌어내는 핵심 자산으로서 전략적으로 관리되어야 한다. 이에 대한 제안으로 스코트 M. 데이비스는 그의 책 『브랜드 자산경영』에서 다음의 네 가지를 제안한다.[22]

① 브랜드 비전 개발 : 브랜드가 향후 3~5년 동안 목표 성장에 어떤 도움을 주었으면 하는지를 분명하게 표현해야 한다.
② 브랜드 픽처 결정 : 브랜드를 통해 밖으로 드러나는 것이며, 고객들이 기대하는 브랜드 이미지다. 이는 브랜드 이미지에 대한 이해와 브랜드가 고객에게 한 약속에 대한 이해를 포함한다.
③ 브랜드 자산 관리전략 개발 : 브랜드 포지셔닝, 브랜드 확장, 브랜드를 활용한 유통망 장악, 브랜드 프리미엄 가격 책정 등이 이에 포함된다.
④ 브랜드 자산 관리문화의 정착 : 브랜드 투자에 대한 수익률 측정과 브랜드에 기반한 기업문화 구축이 필요하다.

기업이 브랜드를 관리하는 이유는 기업의 성장을 이루고 이윤을 극대화하기 위해서다. 이러한 목적을 이루기 위한 브랜드 마케팅이란 고객에게 제공하는 가치를 중심에 둔 통합적인 마케팅 활동을 말한다. 하쿠호도 브랜드 컨설팅은 브랜드 마케팅을 다음의 네 단계로 설명한다.[23]

① 브랜드 가치의 규정 : 기업이 고객에게 제공할 브랜드 가치를 명확히 한다.
② 브랜드 심벌 설계 : 브랜드 가치를 상징하는 이름, 마크, 단어를 명확히 한다.
③ 통합적인 브랜드 액션 : 브랜드 가치를 사내/외에서 철저하게 공유하여 가격, 제품, 유통, 커뮤니케이션 등 모든 마케팅 활동에 일관성을 갖고 실행한다.

④ 브랜드 관리 체제 : 그 결과를 조직적으로 관리하여 문제점이 있으면 개선한다.

브랜드 마케팅과 함께 기업은 자신의 비전과 미션을 마케팅할 필요가 있다. 이는 회사의 미션이 고객이나 사회의 선을 추구할 때 매우 효과적이다. 이러한 접근방법의 장점은 회사의 모든 노력을 미션에 집중시키고 통합함으로써 그 효과를 극대화할 수 있다는 것에 있다. 기업의 미션이 고객을 위한 것일 때 기업은 마케팅 커뮤니케이션의 핵심인 단순화(single-minded)의 요구에 응할 수 있고 정체성의 혼란을 피할 수 있다.[24]

(3) 브랜드 마케팅의 중요 접근방법들

브랜드 마케팅을 시도할 때 중요하게 여겨지는 제안들은 브랜드 마케팅이 ① 고객 중심, ② 커뮤니케이션 중심, ③ 관계 중심, ④ 경험 중심, ⑤ 스토리 중심의 접근방법을 사용해야 한다는 것이다.

첫째, 고객 중심적 접근이 필요하다는 것은 앞에서도 여러 번 강조했다. 켈리 무니와 로라 버그하임은 「고객이 정답이다」라는 책에서 기업이 고객의 관점에서 그들의 요구를 이해하려고 노력해야 한다는 것을 강조한다.[25] 그는 이 책에서 고객 제일주의를 통해 성공한 기업의 사례들을 소개하면서 고객이 가장 바라는 것은 건강한 관계, 신뢰를 주고 마음을 움직이는 경험, 따뜻한 배려와 친절, 진실한 존중, 실질적인 권한 부여임을 강조하고 있다. 이 책에서 주장하는 고객 존중 10계명은 다음과 같다.

① 고객의 신뢰를 얻어라.
② 고객의 마음을 움직여라.
③ 고객의 삶을 쉽게 만들어라.

④ 고객에게 권한을 주어라.

⑤ 고객의 길잡이가 되어라.

⑥ 24/7 : 언제 어디서나 접근 가능.

⑦ 고객을 알아라.

⑧ 고객의 기대를 뛰어넘어라.

⑨ 고객에게 보상하라.

⑩ 고객 곁에 머물러라.

둘째, 브랜드 마케팅의 핵심이 커뮤니케이션이라는 것은 몇 번을 강조해도 부족하다. 인터넷과 통신문화의 발전은 마케팅 환경을 상호작용을 통한 커뮤니케이션이 가능한 것으로 만들었다. 그러기에 기업도 대중매체에 의한 독백보다는 쌍방향의 상호작용을 잘 관리하는 것이 더 중요하다는 것을 깨닫게 되었다. 그러므로 브랜딩은 다름 아닌 커뮤니케이션을 집중적으로 사용하는 것이다. 계속해서 같은 목적을 가지고 커뮤니케이션을 할 때 브랜드가 창출된다.[26] 많은 기업들이 일관성 있는 커뮤니케이션으로 성공적인 브랜드를 만들었다.

셋째, 브랜드 마케팅은 브랜드 관계에 초점을 맞출 때 더욱 더 효과적이다.[27] 기업의 평가기준은 더 이상 상품이 아닌 관계다. 창고에 많은 상품을 보유한 회사보다는 수익성 높은 고객과 우호집단을 보유한 회사가 더 경쟁력이 있다.[28] 기업이 관계에 초점을 맞추는 가장 중요한 이유는 그것이 고객의 생애가치(Lifetime Customer Value)를 극대화하기 때문이다. 브랜드 관계란 고객이 기업과 어떻게 연결되어 있는가에 대한 것이다. 강력한 브랜드 관계가 형성되기 위해서는 신뢰성, 일관성, 접근성, 책임성, 능동성, 긴밀성, 우호성 등이 점검되어야 한다.[29]

넷째, 경험 중심 접근방법은 브랜드 마케팅에 있어서 중요한 관점을 제공한다. 브랜드의 가치를 높이고 이미지를 구축하고자 하는 기업들은 고객의 경험을 활용하고 지원하는 효과적인 방법들을 모색해야 한다.[30] 소비자들은 자신들의 꿈을 이루고, 자신들이 원하는 삶의 스타일을 만끽하도록 해주는 경험을 찾고 있다. 그들은 이러한 요구를 충족시켜 줄 브랜드를 기대한다. 즉 의도적이고 일관성 있으며 차별화되고 가치 있는 서비스를 제공해주는 브랜드화된 고객 경험(Branded Customer Experience)을 간절히 기다리고 있다. 그러므로 충성고객을 만드는 데 있어서 고객 경험이 가져다주는 잠재력은 실로 엄청나다.[31]

다섯째, 브랜드 마케팅은 고객들에게 브랜드 연상과 이미지를 제공하기 위해 브랜드에 이야기 속성을 접목시킨다. 브랜드 스토리란 브랜드에 강력한 감성적 요소인 이야기를 접목시킨 것이다. 사람들은 아무 의미도 없는 평범한 목걸이보다는 드라마 속의 주인공이 착용했던, 즉 '이야기가 있는 목걸이'를 더 좋아한다. 그래서 브랜드 스토리 마케팅은 제품에 얽힌 이야기를 가공하고 포장하여 광고나 판촉에 활용한다. 제품 개발 과정 등 브랜드와 관련된 실제 스토리를 여과 없이 보여주기도 하고, 신화나 소설을 원용하여 패러디한 이야기를 들려줌으로써 브랜드를 각인시킨다.[32]

지금까지 포지셔닝과 브랜딩의 개념과 활용방법에 대해 살펴보았다. 이제 이러한 마케팅 개념이 성서적으로는 어떻게 이해될 수 있는지 살펴보자.

2. 포지셔닝과 브랜딩의 성서적 이해

포지셔닝과 브랜딩이 커뮤니케이션에 대한 것이라면, 성서에서도 하나님과 인간 사이, 또는 인간과 인간 사이의 커뮤니케이션에 대한 중요한 관점들과 사례들을 발견할 수 있다. 이제 그 몇 가지 중요한 점들을 살펴보기로 하자.

1) 수신자 중심으로 커뮤니케이션하시는 하나님

커뮤니케이션의 가장 중요한 목적은 수신자로 하여금 발신자의 메시지를 이해하도록 하는 데 있다. 아무리 많은 메시지를 보낸다고 하더라도 수신자가 그 메시지를 이해하지 못하면 아무 소용이 없다. 그러므로 커뮤니케이션의 성공 여부는 수신자가 발신자의 메시지를 얼마나 이해했는가에 달려 있다.

그러므로 발신자는 수신자가 가장 잘 이해할 수 있는 방법과 매체를 통해 커뮤니케이션해야 한다. 즉 효과적인 커뮤니케이션은 '수신자 중심'일 때 가장 잘 일어난다.[33] 이렇게 볼 때 커뮤니케이션이 가장 효과적으로 일어나는 것은 발신자와 수신자가 같은 문화권 안에 있을 때다. 서로가 같은 언어와 세계관, 커뮤니케이션 코드를 사용하고 있으면 커뮤니케이션을 방해하는 소음(noise)이 적기 때문이다. 반대로 '서로 다른 문화 간의 커뮤니케이션'(cross-cultural communication)은 많은 소음이 예상된다.[34]

또한 발신자와 수신자 간의 관계도 커뮤니케이션에 중요한 영향을 미친다. 서로 간의 신뢰도나 동질감을 느끼는 정도, 수신자의 삶에 직접적으로 연결되는 주제 등은 커뮤니케이션 효과를 증대시킨다.

하나님께서는 사람들과 교제할 때 이러한 커뮤니케이션의 원리를 배제하지 않으셨다. 그분은 전적으로 문화를 초월해 계신 초월자, 절대자이시지만 사람들과 교류하시기 위해서는 인간이 만든 문화를 매개로 사용하신다. 인간은 문화 안에서 문화적 방법으로 커뮤니케이션하는 제한적인 존재기 때문이다. 이것을 찰스 크래프트는 "문화 위에 있으나 문화를 통해 일하시는 하나님"(the God-above-but-through-culture)으로 표현한다.[35]

성서의 하나님은 자신의 방법으로 말씀하시지 않고, 인간의 방법으로 말을 걸어오신다. 그분은 인간과의 차이를 극복하기 위해서 인간의 언어, 문화적 태도, 대화의 방법을 사용하신다. 즉 하나님은 수신자 중심적인 커뮤니케이션을 시도하신다.[36) 아브라함에게 보내신 천사는 길가는 나그네의 모습이었다. 어렸을 때 사무엘이 들었던 하나님의 음성은 엘리 제사장의 그것과 흡사했다. 하나님께서 아담, 노아, 아브라함, 모세, 다윗, 예언자들과 대화하실 때 그들의 언어, 꿈, 환상, 기록된 말씀, 천사, 기적적인 사건들, 당나귀와 광야의 돌들을 사용하셨다. 그러나 하나님께서 보여주신 가장 확실한 방법은 그가 직접 이 땅에 인간의 모습으로 임하는 것이었다. 성육신이야말로 구체적인 삶과 인격적인 관계를 통해 인간과 보다 온전하게 커뮤니케이션하려는 하나님의 결단이었다. 육신으로 오신 예수는 제자들에게 직접 삶을 보여주시면서 '와 보라', '너는 나를 따르라'고 영생에 이르는 길을 권유하실 수 있었다. 초문화와 문화 사이의 질적 차이를 넘어 커뮤니케이션해 오시는 하나님은 제한되고, 문화적 한계를 가진, 죄 된 인간으로 오셨다. 절대 차원의 진리를 상대적인 언어로 표현할 수 없어서 많은 경우 비유를 들어 설명하셨지만, 그 한계에도 불구하고 하나님은 인간이 이해할 수 있는 방법을 택하셨다.

이렇게 볼 때 하나님은 인간과 커뮤니케이션을 할 때 매우 구체적으로 접근하신다. 구체적인 이름을 가지고 특별한 상황 속에서 자신만의 삶의 여정을 걸어온 개인이나 특정 그룹의 사람들과 교제하신다. 이런 커뮤니케이션 방법이야말로 수신자에게 큰 영향을 미치며, 후대에 그 이야기를 접하는 우리에게도 중요한 메시지를 전달해 준다.

그러나 진정한 커뮤니케이션은 쌍방향으로 일어난다. 성서에서도 하나님과 인간 사이에는 쌍방향의 커뮤니케이션이 일어났다. 수신자인 인간도 하나님의 계시에 대해 수동적으로만 반응하지 않았다. 그들은 전 인생을 걸고 하나님과 대화했고, 하나님의 뜻을 깨닫고 그 뜻에 순종했다. 이 순종이야말로 그들의 삶뿐만 아니라 그들이 속한 그룹과 사회를 변혁하는 힘이 되었다.

2) 사람은 섬김의 대상

성서의 핵심은 하나님께서 인간을 사랑하신다는 것이다. 신구약을 통틀어 성서의 하나님은 인간들을 관심하시고, 그들과 관계하기를 원하시는 분이시다. 하나님께서 세상을 사랑하셔서 독생자를 보내셨다는 요한복음의 진술은 이러한 사실을 가장 잘 표현해 주고 있다.[37] 하나님의 인간을 향한 사랑은 성육신, 예수 그리스도의 인간을 향한 사랑과 섬김, 희생, 그리고 최종적으로 십자가를 통해 극적으로 표현되어 있다. 하나님께서는 인간을 위해 생명을 아끼지 않고 버리셨다. 이것이야말로 기독교의 가장 강력한 브랜드다. 이것은 세상의 어떤 기업이나 단체가 제공할 수 있는 고객 중심적 접근보다 강력하다.

예수 그리스도는 섬김을 받으러 온 것이 아니라 섬기러 왔고, 자기 목숨을 많은 사람들을 위해 주려고 왔다고 했다. 그러면서 그를 따르는 사람들에게도 크고자 하는 자들은 먼저 섬기는 자가 되고, 으뜸이 되고자 하면 종이 되라고 가르쳤다.[38] 이 가르침을 가장 명확하게 강조한 것이 제자들의 발을 씻기는 장면이다. 그는 모든 제자들의 발을 씻기신 후에 "내가 주와 또는 선생이 되어 너희 발을 씻었으니 너희도 서로 발을 씻어 주는 것이 옳으니라 내가 너희에게 행한 것같이 너희도 행하게 하려 하여 본을 보였노라"고 말한다.[39] 이러한 섬김의 본질은 사랑이다. 주님이 주신 가장 큰 명령도 서로 사랑하라는 것이다. "새 계명을 너희에게 주노니 서로 사랑하라 내가 너희를 사랑한 것같이 너희도 서로 사랑하라 너희가 서로 사랑하면 이로써 모든 사람이 너희가 내 제자인 줄 알리라."[40] 예수 그리스도의 이 말은 앞에서 살펴본 브랜딩과 포지셔닝에 가장 적합한 구절 중 하나다. 서로 사랑하라는 것은 가장 중요한 미션이다. 이 미션을 표현하는 브랜딩 작업이 사랑을 실천하는 것이다. 이렇게 진정으로 사랑하는 관계를 형성하고 다른 사람들에게 그 사랑의 삶을 보여주면 예수의 제자라는 브랜드가 생길 것이고, 그 브랜드는 사람들의 마음에 깊이 포지셔닝할 것이다. 제자들의 이 브랜딩과 포지셔닝은 지금 이 시대의 교회에도 여전히 가장 강력한 전략이다. 진실로 사랑으로 섬기는 삶이야말로 거짓 제품들이 판치는 이 세상에 강력한 이미지로 포지셔닝할 수 있다.

이토록 섬김을 받을 사람 중심적인 관점은 본래 성서적 핵심진리다. 주님께서는 병든 자와 죽어가는 자들을 위해 오셨다. 섬김을 받으러 온 것이 아니라 섬기러 왔다. 이는 교회의 모든 사역의 초점이 교회 자체에 있어서는 안 되며, 섬김을 받는 사람에게 있다는 말이다.

이러한 섬김은 구체적이어야 한다. 구체적인 대상을 향해 관계하고, 그들이 진정으로 필요한 것을 섬기는 자세가 중요하다. 섬김을 받는 자를 고려하지 않은 일반적인 섬김은 오히려 반발심만 유발할 수 있다. 또한 모든 사람을 섬기겠다는 것은 아무도 섬기지 않겠다는 말과 같다. 그러므로 교회는 구체적인 사람들을 구체적으로 섬기도록 노력해야 하며 이 과정에서 교회마다 독특한 브랜드가 더욱 더 구체화된다.

그러기 위해서 교회는 섬김을 받을 대상을 더욱 더 잘 알아야 한다. 그들이 필요한 것이 무엇인지 관심을 기울여야 한다. 그것을 위해서 교회는 가능한 모든 조사방법을 사용해야 한다. 또한 그들의 삶에 참여해 보거나 깊은 대화를 나누는 것이 필요하다. 감정이입도 중요하다. 중보기도를 통해 그들의 고통을 느낄 수 있다. 그래서 그들이 진정으로 필요로 하고 있는 것을 발견해야 한다. 아니 그들조차도 깨닫지 못한 근본적인 문제들을 발견해야 한다. 그리고 교회가 그 대답을 제공할 때 그들의 삶에 각성과 깨달음이 오고, 큰 감동을 줄 수 있다.[41]

더 나아가서 교회는 사람들을 향해 궁극적인 대답을 제시해야 한다. 교회가 세상 단체들이 제공하는 것처럼 육과 혼의 차원으로만 섬기는 것은 무책임하다. 총체적 섬김은 예수 그리스도를 만나고 영원한 생명을 향한 새로운 삶으로 거듭나는 데까지 이르러야 한다. 이것이 교회가 사람들을 섬기는 최종 목적지다.

3) 예수 그리스도의 포지셔닝과 브랜딩

포지셔닝과 브랜딩이라는 커뮤니케이션의 관점에서 성육신 사건을 이해하기 위해 잠시 하나님 편에 서서 상상력을 동원해 보자. 아마도 하나님은 당신의 세상을 향한 사랑과 그가 준비한 구원의 길을 사람들에게 알려주기 위한 가장 적절한 방법을 놓고 고민하셨을 것이다. 구약을 보면 하나님은 이미 자신을 알 만한 것들, 즉 율법이나 지혜, 양심, 그의 지으심을 노래하는 아름다운 피조물들을 주셨다. 그러나 바울에 의하면, 인간은 그 모든 것들을 "썩어질 사람과 새와 짐승과 기어다니는 동물 모양의 우상"으로 바꿔버렸다.[42] 하나님은 이런 사람들과 커뮤니케이션하기 위해서 직접 인간이 되셨다. 이는 수신자 중심의 커뮤니케이션을 이루려는 하나님의 결단이었다. 성육신은 하나님께서 사람들이 이해할 수 있는 방법과 눈높이로 대화를 시도한 가장 중요한 사건이다.

그러나 하나님께서 인간이 되시는 것도 쉬운 일은 아니었다. 세상에는 많은 그룹의 사람들이 있었기 때문이다. 로마의 왕으로 오실 수도 있었고, 예루살렘 수도의 헤롯 왕가에서 나실 수도 있었다. 그러나 그는 자신을 갈릴리 나사렛 목수의 아들로 세상에 드러내셨다. 하나님은 이것이 자신의 인간을 향한 사랑과 관심, 그리고 구원 의지를 가장 잘 표현하는 길이라고 생각하셨다. 하나님께서 사람들의 마음속에 포지셔닝하기 위해 택하신 모습은 나사렛 목수의 아들 예수였다.

나사렛 예수를 본 사람들의 반응은 다양했다. 바리새인과 같은 종교 지도자들은 그를 천하게 보기도 했고, 죄인들의 친구라고 평하기도 했다. 제자들에게 그는 랍비였고, 세상 사람들에게는 신령한 힘을 가진 사람, 세례 요한, 엘리야, 예레미야나 선지자 중의 하나 등으로 인식되었다. 베드로만이 "주는 그리스도시요 살아계신 하나님의 아들이시니이다"라고 고백했을 뿐이다.[43] 이것이 사람들의 인식 속에 형성된 예수의 포지셔닝이었고 브랜드였다. 그러나 부활하신 예수를 만났을 때 도마의 고백은 예수를 하나님으로 인정하는 데까지 이르게 된다. "나의 주님이시요 나의 하나님이시니이다."[44]

4) 수신자 중심의 포지셔닝 / 브랜딩을 통한 복음전파

수신자 중심의 복음전파에 대해서는 성서에서 많은 예를 찾아볼 수 있지만, 가장 두드러진 예들은 바울의 전도 사역에서 나타난다.

바울은 한 영혼이라도 더 구원하기 위해서 수신자의 자리에 내려갔고, 그들과 같이 됨으로써 그들의 마음을 얻었다. 그는 유대인들을 얻으려고 유대인처럼 되기도 했고, 이방인처럼 되기도 했으며, 약한 자가 되기도 했다.

> 내가 모든 사람에게서 자유로우나 스스로 모든 사람에게 종이 된 것은 더 많은 사람을 얻고자 함이라 유대인들에게 내가 유대인과 같이 된 것은 유대인들을 얻고자 함이요 율법 아래에 있는 자들에게는 내가 율법 아래에 있지 아니하나 율법 아래에 있는 자같이 된 것은 율법 아래에 있는 자들을 얻고자 함이요 율법 없는 자에게는 내가 하나님께는 율법 없는 자가 아니요 도리어 그리스도의 율법 아래에 있는 자이나 율법 없는 자와 같이 된 것은 율법 없는 자들을 얻고자 함이라 약한 자들에게 내가 약한 자와 같이 된 것은 약한 자들을 얻고자 함이요 내가 여러 사람에게 여러 모습이 된 것은 아무쪼록 몇 사람이라도 구원하고자 함이니 내가 복음을 위하여 모든 것을 행

함은 복음에 참여하고자 함이라.[45)]

바울이 아테네에 갔을 때에는 그들이 범사에 종교성이 많은 것을 확인했고, 한 알지 못하는 신을 위한 단을 보고, 그 단을 접촉점 삼아서 예수 그리스도를 전했다. 그는 복음을 전하기 전에 사역대상을 조사연구한 후, 그들의 입장에서 예수 그리스도를 전한 것이다.[46)]

고린도에서 바울은 이탈리아에서부터 온 아굴라와 브리스길라와 같은 업종인 장막 만드는 일을 하면서 안식일마다 회당에서 강론하고 권면하기를 힘썼다.[47)] 이는 자비량 선교를 설명하는 본문으로도 유명하다. 우리는 이 본문을 통해 바울이 생업의 현장에서 사람들과 만나고 있었고, 그로 말미암아 동역자를 만날 수 있었으며, 강론의 메시지도 삶과 유리되지 않았음을 알 수 있다. "바울은 전도대상에 따라 계속해서 자신의 메시지를 바꾸었다. 방언, 사고방식, 민감한 주제에 상관없이 그들의 언어로 말하는 데 능숙했다."[48)]

3. 되짚어보기

이 장은 M-Church가 지역사회 사람들의 마음속에 명확한 이미지로 기억됨으로써 직·간접적으로 영향력 있는 교회가 되도록 하는 데 그 목적이 있었다. 이를 위해 필자는 포지셔닝과 브랜딩이라는 개념을 교회의 비전 형성 과정뿐만 아니라 선교와 전도활동에도 적용하고자 했다. 이 과정에서 마케팅 용어인 포지셔닝과 브랜딩이라는 개념들을 성서적 관점에서 살펴보았고, 그 결과 우리는 네 가지를 확인할 수 있었다.

① 하나님께서 세상 사람들과 커뮤니케이션하려고 할 때는 사람들이 이해

할 수 있는 방법으로, 즉 수신자 중심으로 커뮤니케이션하셨다.

② 하나님과 예수 그리스도가 사람들을 지배의 대상이 아니라, 치유하고 회복시키는 섬김의 대상으로 보셨다는 성서의 고백은 교회 중심적 사역이 아니라 섬김을 받을 사람 중심의 사역으로 옮겨가야 함을 강조한다.

③ 예수 그리스도의 성육신은 하나님의 사랑을 사람들의 마음속에 포지셔닝하는 사건이었으며, 그의 삶과 십자가, 그리고 부활을 통해서 예수 그리스도의 복음이 브랜드가 되었다.

④ 우리는 바울의 복음전파에서도 포지셔닝과 브랜딩의 태도를 찾아볼 수 있다.

포지셔닝과 브랜딩은 마케팅 용어이기에 앞서서 인간의 커뮤니케이션 방법이고, 성서적으로도 설명될 수 있는 개념들이다. 그러므로 교회는 이를 세상적인 방법이라고 거부할 것이 아니라 적극적으로 활용하여 지역사회 사람들의 마음속에 포지셔닝하는 실제적인 방법들을 모색해야 한다.

내 것으로 만들기

1. 포지셔닝과 브랜딩의 핵심 개념을 정리해 보자.
2. 성서 안에서 이 책이 제시한 것 외에 포지셔닝과 브랜딩의 사례들을 찾아보자.
3. 그 사례들을 우리 교회 안에서 구체화시킬 수 있는 방법에 대해 토론해 보자.

7

포지셔닝–브랜딩(실천)

이 장은 지역 교회의 포지셔닝과 브랜딩을 효과적으로 이루기 위해 몇 개의 단계를 설정하고 각 단계에서 실행할 수 있는 방법을 제시해 보는 데 그 목적이 있다.[1] 이 단계에서 필수적으로 고려되어야 할 사항은 다음과 같다.

① 목회자와 회중 분석을 통해 교회가 가장 잘 할 수 있는 것들을 파악한다.
② 지역사회 사람들 중 교회가 가장 잘 섬길 수 있는 사역대상을 선택하고 그들을 집중적으로 분석한다.
③ 그들의 마음속에 포지셔닝하기 위해 노력한다.
④ 그 교회의 사역이 하나의 브랜드가 되도록 힘쓴다.

1. 목회자와 회중 분석

지역 교회가 지역사회 안의 특별한 사람들을 향한 사역을 개발할 때 가장 먼저 질문할 것은 하나님께서 이 사역을 위해 목회자와 회중을 어떻게 준비하셨는가 하는 점이다. 이것은 교회의 중요한 두 주체인 목회자나 회중이 스스로를 탐구하는 일을 통해 보다 분명해진다. 이러한 탐구를 통해 목회자와 회중은 자신을 향한 하나님의 독특한 계획과 교회의 사명을 고백할수 있게 된다.

1) 목회자 분석

목회자가 지역 교회를 이끌며 하나님께서 계획하신 사역을 수행하기 위해서는 목회자 자신을 이해해야 한다. 그 중요한 사항들은 다음과 같다.

① 자신의 문화적 배경 확인
② MBTI를 통한 자신의 성향과 은사의 이해
③ 자신의 리더십 여정 파악
④ 목회자 자신의 신학적 입장 이해
⑤ 자신의 연결고리들 확인
⑥ 목회와 선교를 수행할 목회자의 능력에 대한 분석
⑦ 자신의 목회 성격 규정(잠정적)

2) 회중 분석

하나님께서는 목회자와 함께 사역할 회중을 준비하신다. 회중의 이해를 위해 시도할 수 있는 방법으로는 다음과 같은 것들이 있다.

① 회중 안에서 하나님의 인도하심 파악

② 회중의 문화적 배경 확인

③ MBTI와 은사검사를 통한 회중의 성향과 은사 이해

④ 회중의 신학적 입장 이해

⑤ 회중의 연결고리들 확인

⑥ 목회와 선교를 수행할 회중의 능력에 대한 분석

⑦ 회중의 목회 성격 규정(잠정적)

2. 탐구공동체의 활용

목회자나 회중을 통해 이루고자 하시는 하나님의 계획을 발견하기 위해 교회는 탐구공동체를 조직하고 운영하는 것이 절실히 필요하다. 그들은 목회자와 회중을 향한 하나님의 계획과 지역사회 사람들을 향한 하나님이 원하시는 사역을 발견하게 되는데, 자세한 사항은 아래와 같다.

1) 탐구공동체 형성

목회자와 회중은 교회의 사역을 찾아나갈 탐구공동체를 형성하는 것이 바람직한데, 이 과정 속에서 기본적으로 인지할 사항들은 아래와 같다.

① 작은 교회 안에서는 원하는 모든 멤버들이 함께 비전을 찾아가는 것이 중요하다.

② 여기에서 목회자는 먼저 모범을 보여야 하고 함께 탐구 여행을 해 나가야 한다.

③ 참가자들은 하나님의 놀라운 섭리의 관점에서 탐구를 해 나가야 할

것이다.

④ 특히 이 여행에 참가한 사람들은 도중에 낙오하는 일 없이 성실하게 임해야 한다.

⑤ 이들의 임무는 이 교회에 맞는 교회론과 목회 스타일, 그리고 교회 구조를 탐구해 나가는 데 있다.

⑥ 참가자들은 팀 작업을 통해 공동체를 형성하는 것이 중요하다.

⑦ 이 과정에서 MBTI 검사나 은사 발견 프로그램을 실시해 보는 것이 좋다. 이러한 검사는 서로를 더 잘 알고 각자의 삶의 스타일을 존중할 수 있는 분위기를 고조시키며, 자신이 잘 할 수 있는 것으로 다른 사람들을 섬길 수 있도록 도울 것이다.

⑧ 발견에 대해 항상 하나님께 감사하는 분위기를 유지해야 한다.

⑨ 고정적인 모임을 이루어 장래 교회의 핵심 지도자들로 삼아야 한다.

2) 탐구를 위한 교육 프로그램 디자인과 운영

영향력 있는 교회를 위한 여행을 시작하면서, 가장 중요한 것은 선교의 주체가 하나님이라는 사실을 고백하는 것이다. 이는 성서 속에 나타난 하나님의 구원 행위, 특히 예수 그리스도의 삶과 사역의 연장선상에서 교회의 사역을 이해해야 한다는 것을 의미한다.

이는 또한 교회의 성장이 스스로의 노력에 의해 이뤄진다는 생각을 버리게 한다. 교회 안에서 땅 끝까지 함께하시는 예수 그리스도가 없으면, 교회는 그 의미를 상실하게 된다.

이렇게 하나님의 선교와의 관계 속에서 교회의 비전을 발견하게 하는 것은, 회중으로 하여금 자신들을 향한 하나님의 독특한 계획을 깨닫게 한다. 이 과정에서 탐구하게 되는 주제는 아래와 같다.

① 하나님의 구원활동
② 하나님의 나라(주권, 통치)
③ 성육신하신 예수 그리스도의 사역
④ 예수 그리스도의 몸 된 교회
⑤ 구체적인 우리 교회

이러한 주제를 탐구하는 것은 회중으로 하여금 아주 특별한 기회를 갖게 한다. 프로그램 중심적인 관점에서 벗어나, 하나님의 구속 사역의 연장선상에서 교회를 바라볼 수 있는 눈을 갖게 된다.

① 하나님은 선교하는 분이시며, 지금도 세상 한복판에서 일하고 계신다.
② 그 하나님은 교회를 그의 일에 동참하도록 부르고 계신다.
③ 교회는 그 부르심에 전적으로 순종해야 한다.

이러한 고백은 자신이 속한 회중을 향해 새로운 질문을 하도록 인도한다.

① 우리 교회 속에 하나님께서는 어떻게 역사해 오셨는가?
② 하나님께서는 우리 교회를 어디로 이끌어 가고 계신가?
③ 그리고 우리는 어떻게 그곳에 이를 수 있는가?

특히 우리가 앞에서 설정한 중요한 세 변수들을 향해서 질문을 한다면, 아래와 같다.

① 하나님은 목회자의 삶에 어떻게 역사해 오셨는가?

② 하나님은 회중의 삶에 어떻게 역사해 오셨는가?

③ 하나님은 교회가 처해 있는 지역사회에 어떻게 역사해 오셨는가?

이러한 탐구의 체험은 교회로 하여금 하나님의 계획을 중심으로 비전을 발견할 수 있게 하고, 그 비전을 향해 의도적으로 집중할 수 있도록 도와준다.

여기에서 발견이라는 말에 집중하라. 교회의 미래는 목회자나 회중이 창조하는 것이 아니다. 미래의 계획은 하나님에게 있다. 우리가 할 일은 그 디자인이 무엇인지 발견하는 것이고, 거기에 우리를 맞추는 것이다.

3) 하나님의 섭리와 계획 탐구

목회자 자신과 회중을 분석했으면, 이제는 목회자와 회중을 통해 하나님이 하시고자 하는 일에 대해 탐구한다.

질문 1 : 목회에 있어서 중요한 사건들을 회고하는 것으로, 탐구할 대상들은 아래와 같다.

① 현재 우리 교회가 존재할 수 있도록 한 중요한 사건들은 무엇인가?

② 우리 교회 역사 속에 의미 있는 사람들은 누구인가?

③ 지금의 지역사회를 형성한 중요한 사건들은 무엇인가?

④ 지역사회 속에 중요한 인물들은 누구인가?

이 과정에서 질문할 사항은 아래의 두 가지다.

① 하나님은 무슨 일을 하셨는가?
② 교회는 어떻게 응답했는가?

질문 2 : 회중이 가치 있어 하는 것을 탐구하는 것으로, 탐구할 대상들은 아래와 같다.

① 우리의 계속되는 행동 속에 나타나는 원리, 전제는 무엇인가?
② 우리 교회가 가치 있다고 여기는 사건, 교훈은 무엇인가?

이 과정에서 질문할 사항은 아래의 세 가지다.

① 이러한 가치들은 우리가 누구인가를 설명해 주는가?
② 이러한 가치들이 교회의 일원으로서 우리가 되고 싶어 하는 미래상을 반영하는가?
③ 만약 한 가지 가치를 바꿀 수 있다면, 어떤 것을 바꾸겠는가?

질문 3 : 하나님이 가치 있어 하는 것들을 탐구하는 것으로, 탐구할 것들은 아래와 같다.

① 하나님께는 무엇이 가치 있는가?
② 그 관점에서 볼 때, 하나님께서는 우리가 가치 있다고 하는 것들을 어떻게 생각하실까?

3. 사역대상 선택 및 분석

지역사회를 이해하려고 노력하는 것은 교회가 섬겨야 할 대상을 찾는 가장 중요한 일이다. 이 과정에서 교회는 하나님께서 이 교회에 맡기신 사람이 누구인가를 생각하며 진지한 탐구를 해야 한다. 이 과정의 가장 중요한 목표는 교회가 섬길 가장 적절한 사역대상을 발견하는 것이다. 그리고 사역대상을 발견했으면, 그들을 제대로 이해하기 위해 많은 노력을 기울여야 한다. 예수님이 사람들에게 접근했듯이, 그들의 진정한 필요와 가치가 무엇인지 질문해야 한다. 이를 위해 다음의 단계를 따르기로 한다.

① 지역사회를 분석한다.
② 지역 안의 사람들을 특성별로 세분화한다.
③ 사역대상을 선정한다.
④ 사역대상을 분명히 안다.

1) 지역사회 분석과 사람들의 세분화

지역사회를 이해하고 그 안의 사람들을 범주별로 분류하는 이유는 교회가 섬겨야 할 사람들을 가능한 실제에 가깝게 이해해 보려는 시도다. 이를 위해 교회는 인구통계(demographics)의 활용, 매슬로우의 욕구 5단계 등을 고려한 사람들의 욕구 파악, 사이코그래픽스(Psychographics)를 활용한 사람들의 태도, 가치관, 생활양식, 의견 등을 파악할 필요가 있다. 이 과정에서 성취해야 할 사항들은 다음과 같다.

① 지역사회 안에서 하나님의 인도하심 파악

② 지역사회의 문화적 배경 확인

③ 지역사회의 영적 상태 이해

④ 지역의 다양한 그룹들을 이해

⑤ 구체적인 사람들을 이해

⑥ 지역사회의 사역대상과 복음을 커뮤니케이션할 수 있는 방법 모색

2) 사역대상 선정

우리가 기억할 것은 교회가 모든 사람의 욕구를 충족시킬 수는 없다는 사실이다. 특히 작은 교회가 지나치게 많은 사역을 개발하는 것은 비효율적이고, 실제적으로 불가능하다. 모든 사람을 목표로 삼으면, 한 사람도 만족시킬 수 없다는 것을 명심하라. 그러므로 사역대상을 구체적으로 설정한다는 것은 목회의 설계 및 나의 사역내용을 더욱 빠르고 단순하게 준비해 나갈 수 있음을 뜻한다.

3) 사역대상 탐구

교회가 사역에 심취해서 사역대상을 망각하는 일은 의외로 허다하게 발생한다. 매주일 교회는 분주하게 움직이지만, 정작 우리가 섬겨야 할 대상을 이해하기 위한 노력을 기울이지 못할 때가 많다. 그러다보면 교회의 사역이 섬겨야 할 사람들의 가장 중요한 필요에 응답하지 못하게 된다. 그러므로 교회는 많은 노력을 사역대상을 이해하는 데 집중할 필요가 있으며, 그들과 최대한 밀착하도록 노력해야 한다. 가장 중요한 것은 사역대상들과의 대화다. 교회가 사역대상의 잠재적 욕구를 이해한다면 복음을 의미 있게 커뮤니케이션할 수 있을 것이다. 그러므로 이러한 대답을 해 보자. '내 사역대상은

……한 필요조건이나 삶의 스타일을 갖고 있다.' 허상을 좇지 말고 구체적으로 명확하게 설정하려고 노력하라.

4. 포지셔닝

교회의 포지셔닝을 위해 사역대상이 선호하는 차별화된 나만의 것을 준비한다. 사역대상의 필요에 응답하지 못하는 사역은 의미가 없다. 우리는 분명히 그들에게 줄 것이 있어야 하며, 그것은 그들이 갈구하는 것이어야 한다. 더 나가서 내가 하고자 하는 사역은 다른 기업이나 시민단체, 교회들의 그것과 달라야 한다. 이미 다른 단체들이 그 일을 하고 있다면, 내 사역이 존재해야 하는 의미가 반감되기 때문이다. 이렇게 자신의 교회만이 제공할 수 있는 차별화된 사역을 개발하고, 실천하며, 그것을 알리는 것이야말로 중요한 포지셔닝 작업이 될 것이다.

1) 나의 것을 분석

너무나 많은 교회들이 실제로 사역대상을 끌어들이기 어려운 사역방법을 개발하는 데 많은 시간을 보내고 있다. 어떤 교회는 자신들이 사역대상들에게 무엇을 줄 수 있는지도 질문하지 않고 있다. 이 단계에서 교회는 자신이 주려고 하는 것을 심각하게 분석해야 한다.

'내가 세상을 향해 내어놓고자 하는 것은 무엇인가?' 이 질문은 구체적으로 다음의 요구와 연결되어야 한다.

① 그것은 기본적(본질적)으로 어떤 성격의 것인가? '내가 제시하는 것

의 핵심은 무엇인가?'

② 그것으로 어떤 목적을 성취하는가?

③ 그것을 한 문장으로 이해하기 쉽게 정의하라. '내가 사역대상을 향해 내어놓고자 하는 것은 ……이다.' 이 짧은 문장이 당신의 사역에 계획을 세우거나 지원을 받을 때 가장 핵심적인 콘셉트가 된다.

④ 그것은 사역대상자들에게 어떤 가치를 제공하는가? 만약 사역대상들에게 어떤 이익을 줄 것인지, 또한 그들에게 무엇이 중요한지가 불확실하다면 당신은 시작부터 초점을 잃은 것이다. 가치가 불확실한 사역은 목표 역시 불확실할 수밖에 없다.

⑤ 사역의 목표를 적어보면서 교회의 사역이 추구하는 바를 재확인하라. '우리가 사역대상에게 제시하고자 하는 것은 이런 가치를 제공한다', '사역대상이 우리의 것을 선호하는 이유는 ……이다.'

2) 경쟁분석

새들백 교회 릭 워렌 목사는 그 교회의 경쟁상대가 주위의 다른 교회들이 아니라 세상의 문화산업이라고 했다. 우리는 주위에 있는 교회들을 경쟁상대로 삼아서는 안 된다. 오히려 성서의 비전에 반하는 세상문화들에 맞서 하나님의 나라를 선포하기 위해서 교회들 간의 연대를 꾀해야 한다. 그럼에도 불구하고 우리는 이동성장 현상 속에서 교회 간의 경쟁을 목도하고 있다. 이러한 현상을 어떻게 이해하면 좋을까? 과연 경쟁이 부정적 결과만 낳는 것일까? 우리는 선한 경쟁이 서로 간의 성장을 가져오는 것을 알고 있다. 또한 다양한 능력을 가진 교회들이 협력한다면 시너지 효과가 일어나는 것도 안다. 교회 간의 경쟁을 이러한 관점에서 보고, 긍정적인 결과를 유도해 내려고 노력하면 어떨까?

어찌되었든 교회는 주위의 다른 단체들이나 교회들과의 경쟁상황 속에서 자신의 독특한 사역을 개발해야 한다. 그럴 때 현재 당신이 계획하고 있는 사역은 어느 누군가가 이미 수행하고 있다는 사실을 항상 염두에 두라. 그렇다면 그들이 누구인지 알아낼 필요를 느끼게 된다. 이를 경쟁분석이라고 하는데, 다음의 질문들은 경쟁분석을 위해 중요하다.

① 당신의 경쟁상대는 누구인가? 상위 다섯 곳을 적어보라. 그중에 가장 강력한 경쟁상대는 누구인가?
② 경쟁상대는 무엇을 하고 있는가? 그들의 주요 사역대상, 주요 사업 파트너, 지역사회 안에서 영향력의 정도, 그들의 강점, 주요 사역, 주요 사역의 특징들, 그들의 홍보전략은 무엇인가? 이러한 사항들을 표로 체계화하면 좋다.
③ 내가 하고자 하는 사역은 경쟁상대의 것과 무엇이 다른가?
④ 경쟁상대가 제시하고 있는 것과 나의 것이 경쟁력이 있는가?
⑤ 경쟁력을 위해 무엇을 더 보강할 것인가?

5. 브랜딩

포지셔닝을 위한 초점을 발견했으면, 그것을 창조적으로 브랜딩함으로써 효과적으로 홍보할 수 있는 방법을 결정해야 한다. 모든 단체는 대상으로 삼고 있는 사람들의 마음에 자신이 어떤 존재인가에 대한 정체성을 심어주려고 노력하며, 이것은 그 단체의 이미지, 곧 브랜드가 된다. 교회는 계획성 있게 브랜드를 창조해서 사람들이 자신의 교회의 정체성을 이해할 수 있도록 해야 한다. 이 과정에서 브랜드에 대한 정의를 내리고, 브랜딩 전략을 구상하는 것은 자기 정체성과 자기 목표를 분명하게 정리하는 기회가 된다. 브랜딩을 위한 단계에 대해서는 스코트 M. 데이비스의 「브랜드 자산경영」을 참고했고, 그에 관련된 다양한 다른 책들을 참고했다.[2] 그 단계는 다음과 같다.

① 브랜드 비전을 개발한다.
② 교회의 모델을 개발한다.
③ 모델을 실천할 전략을 개발한다.
④ 브랜드 픽처를 결정한다.
⑤ 통합적인 브랜드 홍보를 실천한다.
⑥ 브랜드를 관리한다.

1) 비전 개발

브랜드 비전 개발은 교회가 사역대상에게 제공할 브랜드 가치를 명확히 하는 작업이다. 교회의 과거, 목회의 초점, 핵심 가치 등을 놓고 통합적으로 교회가 추구해야 할 비전을 발견하는 것이 중요하다. 그리고 이 비전에는 브랜드가 향후 3~5년 동안 교회의 성장과 사역에 어떤 도움을 주었으면 하는지가 분명하게 표현되어야 한다.

이 과정에서 숙고할 사항은 다음과 같다.

① 우리 교회의 사역대상은 누구인가?
② 하나님께서 우리 교회를 통해서 사역대상들에게 어떻게 일해 오셨는가?
③ 향후 3~5년 사이에 하나님께서 우리 교회를 통해 이루고자 하시는 것

이 무엇인가?

    ④ 그것을 위해서 어떤 목회가 필요한가?

    ⑤ 방문객이 주일에 교회를 찾아온다면 그 비전을 볼 수 있는가?

교회의 비전 진술문에는 다음의 것들이 명시되어야 한다.

    ① 간결하게 교회의 사명과 하나님의 역사, 그리고 사명 포커스가 드러
      나야 한다.
    ② 하나의 신앙 진술문 형태로 표현되어야 한다.
    ③ 향후 3년의 교회 비전이 드러나야 한다.
    ④ 두 문단 정도 미만으로 기록한다.

만들어진 비전 진술문은 다음의 질문을 통해 테스트할 수 있다. 당신의
비전 진술문은 다음의 질문에 긍정적으로 답할 수 있는가?

    ① 다른 교회들의 비전 진술과 비교할 때 당신의 교회를 의미 있게 구별
      할 수 있도록 하는가?
    ② 당신의 교회 사역을 통하여 영향을 미치기 원하는 사역대상을 명확히
      알려주는가?
    ③ 미래를 향해 당신의 교회를 분명하고 독특한 방법으로 이끌어 갈 수
      있게 하는가?
    ④ 사역에서 허용하는 전략과 방법을 명확하게 제시하는가?
    ⑤ 그 표현이 사람들을 감격시키고, 사역에 동참하도록 만드는가?

2) 교회의 모델 개발

교회의 목회 모델을 가시적인 도표로 표현해 본다. 도표는 교회 안에서 사람들이 어떻게 움직이고, 상호작용하며, 연결되는지 전체적인 조직의 관점에서 알아볼 수 있도록 작성한다. 잘 그려진 도표는 다음과 같은 이점을 줄 것이다.

① 목회의 비전과 초점을 알 수 있도록 도와준다.
② 어떻게 교회의 비전이 성취되는지를 보여준다.
③ 교회의 주요한 사역을 성취해 가는 전략적 구조를 알 수 있다.
④ 교회에서 예배의 역할을 볼 수 있다.
⑤ 목회적 돌봄의 구조를 알 수 있다.
⑥ 리더와 구성원들의 훈련과 양육의 구조를 알 수 있다.
⑦ 교회 안의 다양한 기능들을 보여준다.
⑧ 복음전도의 방법들을 알 수 있다.
⑨ 어떻게 지역사회가 교회 안으로 들어가고, 교회의 삶에 동화되어 가는지를 보여준다.
⑩ 교회 안의 다양한 사역들이 어떻게 함께 일하는지를 알 수 있다.
⑪ 결과적으로 모든 성도들이 다양한 사역에 임하면서도 전체적인 안목을 가질 수 있다.

도표를 완성한 후 다음과 같은 점들을 함께 나누면서 평가할 수 있다.

① 도표가 위의 이점들을 보여주고 있는가?
② 이 모델의 독특한 점들과 관점들은 무엇인가?

③ 이 모델의 강점은 무엇인가?

④ 이 모델의 약점은 무엇인가?

⑤ 우리의 가치들, 사명 초점, 성서적 목적, 비전에 의하면 어떤 모델이 가장 적절한가?

3) 모델 실천 전략 개발

교회의 비전과 그 비전을 수행할 교회의 모델이 만들어졌다면, 이제는 교회의 비전을 실천할 목표(objectives)와 전략(strategies), 그리고 계획(plan)을 확정해야 한다.

목표는 교회가 무엇을(what) 성취할 것인지에 대한 대답이다. 이러한 목표는 사역이 목적으로 했던 것을 구체화시키며, 그 진행상황을 객관적으로 측정할 수 있게 해준다. 그러므로 목표는 중요한 사항에 초점을 맞추어 우선순위를 정하는 데 도움을 준다. 교회 사역의 목표는 섬김을 받는 사람들에게 특별한 가치를 제공하고, 다른 경쟁단체들과 차별화될 정도로 독특해야 한다.

또한 전략은 이 사역을 어떻게(how) 성취할 것인가에 대한 것이다. 전략은 조직의 방향을 설정하고 조직이 중시하는 가치를 결정해 준다. 전략은 또 조직 범위를 결정하는 역할로, 어떤 일을 하든지 좀 더 분명한 방향의식을 부여한다.

전략 수립을 위해 고려해야 할 질문들은 다음과 같다.

① 우리 교회의 현재 위치는 어디인가?

② 어디로 가야 할 것인가?

③ 어떻게 거기에 도달할 것인가?

④ 누가 책임을 맡을 것인가?

⑤ 시간은 얼마나 걸릴 것인가?

⑥ 필요한 자원은 무엇인가?

특히 목적한 바를 이루기 위해서 교회는 현재의 위치에서 강점에 주력하는 것이 중요하다. 그러므로 다음의 지침은 중요하게 고려되어야 한다.

① 교회가 가진 자원과 역량에 주목하라.

② 교회의 강점과 약점을 파악하라.

③ 강점에 주력하라.

좋은 전략은 다음의 요건들을 충족시켜야 한다.

① 전략의 목표가 비전과 관계되어야 한다.

② 전략의 목표가 성취 가능해야 한다.

③ 무엇이 성취되어야 하는지 쉽게 이해할 수 있도록 구체적이어야 한다.

④ 예상되는 결과가 질적, 양적으로 측정 가능해야 한다.

⑤ 완료될 시점이 분명해야 한다.

4) 브랜드 픽처 확정

이는 브랜드를 통해 교회의 비전과 정체성을 대내외적으로 드러내기 위해서 교회의 이미지를 명확히 하는 것이다. 즉 브랜드를 표현할 수 있는 디자인을 개발하는 것이다. 이를 위해 교회의 비전을 표현할 수 있는 이름, 마크, 단어 등을 통해 CI(Church Identity) 작업을 완료한다. CI란 본래 Corporate Identity의 약자로서, 회사의 정체성과 이미지를 확립하는 작업을 말한다. 그러나 최근에는 각 단체마다 City Identity, Country Identity, Community Identity 등 다양하게 사용되고 있다.[3] 이 글에서는 CI를 Church Identity로 사용한다. 그러므로 CI란 교회의 대내적 인식과 대외적 이미지가 동일화된 것이라고 말할 수 있다. 즉 형성된 브랜드 픽처는 브랜드 이미지에 대한 교회의 이해와 브랜드가 고객에게 한 약속에 대한 이해를 포함해야 한다. 이러한 CI에는 교회로 하여금 존재의의를 명확히 하고, 적극적인 커뮤니케이션 활동을 통해 교인들과 지역사회 사람들의 의식 또는 체질을 개선함으로써 보다 나은 사역 환경과 결과를 만들어내고자 하는 총체적인 전략이 담겨 있다.

효율적인 CI를 통해 얻을 수 있는 효과는 다음과 같다.

① 교회와 사역에 대한 인지도가 증대된다.
② 일관된 이미지를 반복적으로 전달할 수 있다.
③ 교회 사역자들의 단결심과 일치를 가져온다.

5) 통합적인 브랜드 홍보

이제 브랜드가 확정되었으면 이것을 대내외적으로 홍보하는 단계에 왔다. 그러나 중요한 것은 홍보하는 내용과 교회의 현재 상태가 일치되어 있어야 한다는 점이다. 홍보를 통해 새로 교회를 방문한 사람이 홍보와 다른 교회 현실을 발견하게 된다면 이는 홍보를 하지 않느니만 못하다. 그러므로 교회는 홍보를 하기에 앞서 진정으로 그리스도를 만날 수 있는 교회를 만드는 것이 중요하다. 즉 교회는 브랜드 가치를 교회의 안팎에서 철저하게 공

유하여 교회가 홍보하는 것과 사역의 내용이 일관성을 갖고 실행되도록 해야 한다.[4]

또한 효과적인 홍보는 명확성과 일관성을 유지해야 가능하다. 명확성은 메시지가 단순하고 분명할 때 가능하다. 교회는 자신이 전하고자 하는 것이 무엇인지 분명하게 알고 있어야 하고, 그것을 가장 간단하게 전해야 한다. 또한 메시지는 일관되게 반복적으로 울려 퍼져야 한다. 수많은 기업들과 단체들이 사람들의 마음을 얻으려고 경쟁하는 세상에서, 브랜드를 지역사회 사람들의 마음에 심어주기 위해서 교회는 자신의 메시지를 거듭해서 반복적으로 전달해야 한다. 과도한 커뮤니케이션이야말로 브랜드를 알리는 가장 좋은 길이다.[5]

6) 브랜드 관리

브랜드 실천 결과를 조직적으로 관리하여 문제점이 있으면 개선한다. 피드백을 할 수 있기 위해서는 다음과 같은 질문을 할 수 있다.

① 리더들이 의견의 일치에 이르지 못하거나 목적을 혼동하는 일은 없는가?

② 도전이 부족하다거나 더 이상 재미가 없다고 불평하는 교인은 없는가?

③ 사역자들의 헌신도가 약해지거나 소속감을 상실하지는 않는가?

④ 사역자들에게서 당신의 교회에서 일한다는 자긍심이 사라지는 징조는 보이지 않는가?

⑤ 사역자들이 새로운 사역에 동참하기를 싫어하고, 변화를 저항하며, 모험을 회피하고 있지는 않는가?

⑥ 새로운 경쟁자가 나타나서 현재 교회가 진행하고 있는 사역이 명성을 잃지는 않았는가?

이중의 한 항목이라도 적신호가 보일 때, 현존의 방향 설정이 잘 전달되지 않았거나, 이해되지 않았거나, 혹은 비전 자체가 사람들에게 설득력을 상실하였거나, 감동적이지 않을 경우가 많다. 그럴 때는 지금의 비전을 재점검해 봐야 한다.

6. 되짚어보기

지금까지 우리는 지역 교회가 효과적인 선교를 감당하기 위해 사람들의 마음속에 포지셔닝하고 브랜드를 만들어가는 방법에 대해 살펴보았다. 특히 이 장은 그 구체적인 방법과 단계들을 살펴보았는데, 그 단계는 다음과 같다.

① 목회자와 회중 분석
② 탐구공동체의 활용
③ 사역대상 선택 및 분석
④ 포지셔닝
⑤ 브랜딩

이 과정에서 우리는 교회 사역이 필요 중심으로 이뤄져야 한다는 결론을 얻었다. 그럴 때 그 사역은 지역 사람들에게 의미 있게 여겨질 것이고, 그들의 인식 속에 뚜렷이 기억될 것이며, 결과적으로 좋은 브랜드로 자리 잡게 될 것이다.

지역 교회가 지역 사람들과 의미 있는 커뮤니케이션을 이루는 데 이 연구가 작은 도움이 되기를 바란다.

내 것으로
만들기

1. 핵심 교인들과 함께 교회의 포지셔닝-브랜딩을 위한 탐구공동체를 구성하자.
2. 목회자와 회중 분석을 통해 교회가 가장 잘 할 수 있는 것들을 파악해 보자.
3. 지역사회 사람들 중 교회가 가장 잘 섬길 수 있는 사역대상을 선택하고 그들을 집중적으로 분석하자.
4. 그들의 마음속에 포지셔닝하기 위해 진심을 다해 섬기고 노력하자.
5. 그러면 교회의 그 사역이 지역사회뿐만 아니라 더 넓은 세상에서도 하나의 브랜드가 될 것이다.

8

M-Church를 위한 조사방법론

교회는 어떻게 자신의 목회와 선교의 방향을 정하고, 효과적인 사역을 펼쳐나갈 수 있을까? 이에 대해 대부분의 교회들은 근시안적이고 임기응변적인 방법으로 대처해 왔다. 그러나 보다 영향력 있는 M-Church를 이뤄가기 위해서는, 구체적인 분석을 통해 일관되고 장기적인 방향을 설정하는 것이 필요하다. 그러므로 이 장은 M-Church가 자신의 독특한 사명을 찾고 이를 향한 구체적인 목회에 필요한 조사방법론을 개발하는 데 그 목적이 있다.

M-Church의 목회와 선교를 개발하기 위한 체계적인 분석을 하는 데 있어서, 우리는 몇 개의 중요한 변수들을 예상할 수 있다. 이 장은 특별히 하나님, 목회자, 회중, 지역사회라는 네 변수들에 집중하고자 한다.

첫째로, M-Church는 세상을 향한 하나님의 뜻을 이해하고, 이에 성실하게 응답하는 것이 무엇보다도 중요하다. 그 정도에 따라 교회의 사명의식과 열정이 달라지기 때문이다.

둘째로, 목회자의 성향을 검토할 필요가 있다. 목회자의 문화적 요소들, 성격, 은사 등은 회중과 지역사회와 상호작용할 때 영향을 미칠 수 있는 중요한 변수기 때문이다.

셋째로, 회중의 성향과 잠재력을 이해할 필요가 있다. 교회 안의 회중 또한 자신들의 문화적 배경과 은사, 직업, 신앙관 등을 통해 그 회중의 특징들을 형성하고 있다. 이 회중은 부임해오는 목회자뿐만 아니라 지역사회와도 나름대로의 방법으로 상호작용을 하고 있다.

넷째로, 지역사회의 특성을 파악할 필요가 있다. 지역을 문화인류학적으로, 사회학적으로 분석해 봄으로써 그들의 삶의 스타일, 문화적 세계관, 욕구 등을 이해하는 것이 중요하다. 목사와 회중은 이러한 지역사회 속의 사람들 혹은 문제들과 관계하기 때문이다.

그리고 M-Church는 하나님의 뜻에 따라, 목회자 자신에게 적절하고, 회중이 감당할 만하며, 지역사회의 필요에 응답할 수 있는 목회와 선교방법을 개발한 교회다. 그러기 위해서 M-Church는 하나님, 목회자, 회중, 지역사회라는 변수들을 분석하고, 종합하는 과정에서, 자신에게 가장 적절한 사역 초점을 개발해가는 것이 중요하다.

1. M-Church 목회와 선교 분석을 위한 다섯 개의 변수들

M-Church가 하나님의 뜻에 따라 자신에게 적합한 목회와 선교를 개발하기 위해서는 다섯 개의 주요한 변수들의 상호작용을 이해하고 그것들을 분석하는 것이 중요하다. 그 변수들은 하나님, 목회자, 회중, 지역사회, 그리고 더 큰 단위의 사회다. 이 다섯 변수들은 상호 영향을 주며 변화하는 가운데 그 교회만의 독특한 목회와 선교를 수행해 가게 된다. 그러므로 이 장에서는 이 다섯 가지 변수들을 각각의 축으로 이해하면서 그 변수들의 상호작

용 관계를 설명해 보고자
한다.

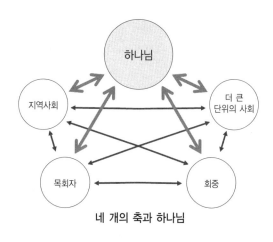

네 개의 축과 하나님

1) 변수 하나 : 하나님

하나님은 세상만물을
창조하시고, 역사를 주관하
시며, 세상을 하나님의 뜻
에 따라 회복하고자 일하고
계신다. 그러므로 하나님은 다른 변수 모두와 관계하시고, 그의 뜻에 따라
이끌어가기 위해 사람들을 세워나가신다.

먼저 하나님은 한 사람의 목회자를 세우기 위해 그의 태어나는 과정에서
부터 일생 동안 관계하신다. 그러므로 목회자의 강점과 약점, 성격 유형, 체
질, 두뇌 구조, 가정배경, 삶의 경험 등 모든 것은 하나님의 뜻과 연관되어
있다. 이에 대해 한 인간으로서의 목회자는 하나님의 뜻에 순종하거나, 거절
하거나, 게으른 모습으로 반응하면서 자신의 현재 모습까지 왔다. 이 과정을
이해하는 것은 앞으로의 사명에 대해 이야기하는 데 너무나 중요하다.

또한 하나님은 하나의 교회를 형성해 오는 데 목회자에게 그랬던 것과
같은 관심과 노력을 기울이신다. 그러므로 교회 또한 자신을 이해하는 데
하나님과의 관계를 먼저 생각하는 것이 중요하다.

더 나아가서 하나님은 믿지 않는 세상을 향해서도 같은 일을 행하신다.
이에 대해 버나드 앤더슨은 역사(History)는 그의 이야기(His-story)라고 말했
다. 인간 냄새 물씬 나는 정복과 갈등, 미움과 질시의 이 세상 이야기
(History)조차도 믿음의 눈으로 보면, 찢어지는 아픈 가슴으로 세상 한가운데
서 회복을 위해 일하시는 하나님의 섭리와 간섭이라는 맥락에서 이해될 수

있다는 것이다. 그러므로 지역사회와 더 큰 단위의 사회라는 변수를 이해할 때도 하나님의 관심과 역사라는 측면을 잃어버리지 말아야 한다.

2) 변수 둘 : 목회자

목회자는 하나님과의 관계에서 소명을 받아 교회의 지도자로 성장해 왔다. 그러기에 목회와 선교에 있어서 중요한 역할을 하는 것은 그의 신앙과 신학적 입장인데, 더 구체적으로는 그의 목회관, 선교관, 교회관 등에 집중해야 할 것이다. 또한 한 교회에 담임자로 부임한 목회자는 자신의 개인적 문화 요소들을 가지고 활동을 시작하게 된다. 특히 중요하게 여겨지는 문화 요소들로는 출신지역, 출신학교, 가정배경, 나이, 가족관계, 그가 가지고 있는 네트워크 등을 들 수 있다. 더 나아가서 선천적인 그의 성격과 개인적 삶의 스타일도 중요한 역할을 한다. 이러한 요소들은 목회자 자신의 규범, 가치관, 세계관을 형성하게 되며, 목회와 선교에 있어서 목회자의 핵심적 가치, 목적, 사명, 비전, 전략을 형성해 가는 데 영향을 미치게 된다. 목회자는 이러한 눈으로 회중과 지역사회, 그리고 더 큰 단위의 사회와 반응하면서 자신의 목회와 선교를 변화, 발전시켜 나간다.

첫째로, 목회자는 하나님과의 관계에서 움직인다. 목회자는 평생 소명이라는 주제와 씨름하면서 살아가고, 그것을 구체적 현장에서 삶으로 구현해야 하는 사명을 감당하게 된다. 둘째로, 목회자는 자신이 목회할 회중을 이해하려고 시도한다. 일차적으로 그는 외견상의 회중이 주는 인상에 반응하게 되는데, 그 회중이 큰지 작은지, 도시 교회인지 혹은 시골 교회인지, 젊은 층이 많은 교회인지 혹은 노인층이 많은 교회 등에 관심한다. 셋째로, 목회자는 이 교회가 위치하고 있는 지역사회에 대해서도 관심하고 반응한다. 이러한 입장을 쉽게 이해할 수 있는 예로서는, 영남지역에 부임하게 된 호남지역의 목사나 시골 교회에 부임하게 된 도시 출신의 목사와 같은 경우를 들 수 있다. 넷째로, 그는 더 큰 단위의 지역사회에 대해서도 어떤 부분에는 민감하게, 그러나 다른 부분에서는 무관심하게 나름대로의 방법으로 반응한다.

시간이 갈수록 그는 피상적인 선입견에서부터 회중, 지역사회, 더 큰 단위의 사회를 대하게 되는 구체적인 사안들을 만나게 되고, 자신의 배경을 바탕으로 이러한 문제들에 대처해 나간다. 예를 들면, 목회자는 회중을 좀 더 이해하려고 노력할 것이고 자신과의 차이들을 극복하기 위해 여러 가지 방법들을 시도하게 된다. 또한 목회자는 개인적인 생활을 통해 지역사회와 관여할 수도 있고, 회중을 지도함으로써 지역사회와 더 큰 단위의 사회에 영향을 끼칠 수도 있다. 이러한 과정에서 중요한 것은 다섯 변수 모두가 크게 때로는 적게 영향을 주고받으며, 서로를 변화 교정해 나가게 된다는 점이다.

3) 변수 셋 : 회중

하나의 회중은 하나님의 인도하심에 따라 그들 나름대로의 문화적 요소들을 가지고 지역사회와 혹은 더 큰 단위의 사회와 관계하며 자신의 모습을 형성해 왔다. 그러한 관계성은 아래의 몇 가지로 정리될 수 있다.

첫째, 회중은 그 시작의 이야기가 있다. 하나님의 소명을 받은 소수의 사람들이 오로지 신앙 하나만 의지하여 교회를 개척했다. 하나님은 그 교회와 교통하시면서 지금의 교회까지 이끌어 오셨다.

둘째, 회중은 대체적으로 지역에 거주하는 사람들로 구성된다. 만약 회중이 외부인으로 구성되어 있다면, 지역과 갈등을 빚거나 타협하면서 독특한 문화를 형성하게 된다. 한 지역사회에 있는 회중은 지역의 문화적 정서, 가치관, 세계관으로부터 많은 영향을 받게 된다. 특히 교인들은 지역사회 안에서 직업을 가지며, 자녀교육을 수행하고, 정치활동과 사회활동을 하면서 관계를 맺는다.

셋째, 회중 안에는 서로 다른 문화적 배경을 가진 사람들이 공존하는데, 이러한 서로 다른 배경의 사람들은 상호 영향을 주며 그들만의 독특한 성격의 문화를 형성한다. 그렇기 때문에 연구자는 회중 내부의 역동적인 관계를 이해하는 것이 중요하다.

넷째, 회중은 지역사회와 관계할 때, 그 회중이 지닌 독특한 신앙과 신학적 관점으로 사회와 반응한다. 특히 한 회중의 하나님과의 관계에 의해 형성된 신앙, 즉 목회관, 선교관, 교회관은 사회를 대하는 회중의 입장을 결정하는 중요한 요소들이다.

이러한 회중은 자신들의 배경하에서 새로 부임한 목회자와 관계를 맺는다. 회중의 문화적 · 신학적 배경은 목회자의 그것들을 해석하고 평가하는 중요한 관점을 준다. 그리고 관점의 차이가 심할 경우에는 조정을 위한 시간이 더 많이 걸릴 수도 있고, 때로는 갈등과 분열의 원인이 되기도 한다.

회중 또한 더 큰 단위의 사회와 영향을 주고받으며 살고 있다. 회중이 속한 시 당국의 새로운 정책에 영향을 받기도 하고, 대통령 선거 때문에 다른 지역과 갈등을 겪기도 하며, 매일 보는 TV나 신문, 인터넷을 통해 세상의 문화와 교류하면서 자신의 세계관을 확장시켜 나가기도 한다.

4) 변수 넷 : 지역사회

지역사회는 "일정한 지리적인 공간인 생활권 안에서 사회적 상호작용을 통하여 공통된 이해관계, 문화 등을 형성하여 공통의 경험과 공동생활을 향유하는 일정 지역의 범위"라고 정의될 수 있다.[1] 현대에 들어서면서 지역사회가 차지하는 비중이 점차로 적어지는 경향이 있지만, 아직도 사람들이 삶을 영위하는 기초 단위로서 중요한 역할을 수행하고 있다는 것은 부인할 수 없는 사실이다. 특히 지방화 시대가 되면서 지역사회는 나름대로의 독립성을 가지고 발전할 수 있는 가능성이 커지게 되었다. 자치단체장들을 선출하고, 지역문화를 개발하며, 지역경제를 활성화시키려는 노력들이 생겨나게 된 것이다. 이러한 지방화의 경향은 더욱 더 심화 발전할 것이고, 한국 정치, 경제, 문화에 영향을 미칠 것이다.

신앙적 관점에서 지역사회는 하나님과의 관계 속에서 지금의 모습을 띠게 되었다. 그것이 하나님의 뜻에 합당하든지 혹은 그렇지 않다 하더라도, 이 모든 것은 하나님과의 관계 속에서 이해해야 한다.

이러한 지역사회는 많은 경우 목회자와 회중에게 영향을 주지만, 반대로 그들의 영향을 받기도 한다. 건전한 의미에서 지역을 섬기는 목회자와 회중에 의해 지역사회의 소외된 사람들이 혜택을 받기도 하고, 청소년교육과 성인교육을 통해 지역문화에 기여할 수도 있으며, 지역 NGO들과 연대해서 지역사회의 개발에 영향을 미칠 수도 있다. 반대로 교회 부지 매입을 둘러싸고 지역사회와 갈등을 빚을 수도 있고, 광신적인 신앙행위로 말미암아 문제를 유발하기도 한다. 또한 지역사회는 목회자와 회중이 자신들만을 위해 활동한다는 인상을 가짐으로써 그들을 비난하고 고립시킬 수도 있다. 또한 지역사회는 더 큰 단위의 사회와 관계하면서 지역의 문화와 삶의 양태, 그리고 사회 구조를 형성한다.

5) 변수 다섯 : 더 큰 단위의 사회

더 큰 단위의 사회는 교회가 위치하고 있는 작은 지역사회를 포괄하는 더 큰 단위 전체를 말한다. 이러한 단위로는 군, 시, 도, 대한민국 전체, 전 세계 등을 생각할 수 있다. 각 단위는 그들만의 정체성을 형성하고 있어서 교회가 위치하고 있는 지역사회와 관계하며 영향을 미치고 있다. 특히 언급할 사항들로는 지방의 전통, 역사, 그리고 현재의 정치, 경제, 문화적 역학관계 등인데, 영남과 호남의 갈등과 같은 문제는 이러한 지역 간의 차이에서 발생하는 한 예가 될 수 있다.

더 큰 단위로 대한민국이라는 단위는 전 세계의 흐름 속에서 우리만의 독특한 문화와 특징들을 나타내고 있다. 이러한 특징들은 한국 사회 전체의 변화 추세와 함께 목회자 개인, 회중, 교회가 위치한 지역사회에 영향을 준다. 특히 대중문화는 한국 지역 전체의 문화 통합에 막대한 영향을 미치고 있으며, 위성방송과 인터넷의 발달은 지역사회 안에 전 세계의 문화를 심는 결과를 가져오고 있다. 반대로 회중이나 지역사회는 시민문화 운동에 참여하거나 인터넷 속에서 자신의 목소리를 냄으로써 전체 문화 형성에 영향을 미칠 수도 있다.

중요한 것은 더 큰 단위와 관계하시는 하나님을 인식하는 것이다. 하나님께서 하시는 일이 있고, 이에 긍정적으로든 부정적으로든 응답하는 세계가 있다는 것이다. 또한 그럼에도 불구하고 세상을 포기하지 않으시는 사랑의 하나님과 이 하나님을 따르는 교회의 사명이 있다는 것이다.

지금까지 다섯 변수들의 특징과 그들의 상호작용에 대해서 살펴보았다. 이제 이 다섯 변수들을 하나씩 구체적으로 분석할 수 있는 관점들과 방법들을 고찰해 보고자 한다.

2. 목회자의 평가 및 분석

여기에서는 구체적으로 목회자를 분석할 수 있는 관점과 방법들에 대해서 논해 보기로 한다. 물론 한 사람을 분석하는 데는 더욱 더 다양한 각도의 분석이 필요하다. 이 장에서는 M-Church를 위한 목회와 선교를 개발하는 데 관련된 부분만을 분석대상으로 삼기로 한다.

1) 목회자 자신의 소명에 대한 이해

하나님의 구속역사에는 각 개인을 향한 분명한 역할이 있다. 특히 목회자는 자신을 향하신 하나님의 부르심(the call)과 그 분별방법에 대해 살펴보아야 한다. 소명에 대한 확신이 없으면 확신을 가지고 사명을 수행하지기 못하게 되고, 초점 있는 삶을 살지 못함으로써 삶을 낭비하게 된다.

반대로 소명에 대한 확신은 삶 전체의 방향을 잡아주고, 확신 있게 사명대로 살게 된다. 이렇게 소명이 분명한 사람은 그들에게 부여된 하나님의 사명에 목숨을 걸게 된다.

그리스도인의 소명에 대해서는 몇 가지 좋은 책들이 출간되어 있다. 그 중에 벤 캠벨 존슨의 「목숨 걸 사명을 발견하라」(Hearing God's Call)는 포괄적이면서도 구체적인 로드맵을 제시해 준다.[2] 이 책에서 저자는 하나님께서 우리를 부르시는 아홉 가지 방법에 대해 설명한다.[3]

① 하나님께서는 당신의 의식에 떠오르는 아이디어를 통해 말씀하신다.
② 하나님께서는 다른 사람들의 입술을 통해 우리의 은사를 확인시켜 주심으로 말씀하신다.
③ 하나님께서는 성경본문을 통해 직접 말씀하신다.
④ 하나님께서는 사람들의 고통을 목격하고 있을 때 우리를 부르신다.
⑤ 하나님께서는 우리 자신이 겪는 고통을 통해서 말씀하신다.
⑥ 영혼의 동요는 하나님께서 우리를 부르시는 목소리일지도 모른다.

⑦ 하나님의 부르심으로 들어서는 전주곡은 종종 '불안'이라는 형태로 찾아온다.

⑧ 하나님께서는 아주 자연스럽고 부드럽게 부르시기 때문에 우리가 극적인 감정을 느끼지 못할 수도 있다.

⑨ 우리는 가끔 기존 사역에 동참하라는 주변의 권유를 받고 어떤 사역에 뛰어들게 된다.

이러한 하나님의 부르심을 확인할 수 있는 여덟 가지 증거는 다음과 같다.[4]

① 명료성 : 하나님의 부르심은 놀랄 만큼 분명한 형태로 주어진다.

② 지속성 : 하나님께서는 지속적으로, 반복적으로 우리를 부르신다.

③ 일의 발전 : 하나님의 부르심은 우리가 처한 상황에서 점진적으로 찾아온다.

④ 부르심과 상황의 일치 : 우리가 어떤 사역으로 부르심을 받았을 때는 우리의 내적 사명감과 외적 상황이 맞아떨어지게 된다.

⑤ 사건의 수렴 : 단순한 우연의 일치라고 볼 수 없을 정도로 여러 변수나 선택이 수렴되는 때가 발생한다.

⑥ 확신 : 하나님과의 만남에서 비롯되는 '직관적 인식'(확신)이 주어진다.

⑦ 평안 : 당신이 내린 결정에 대해 평안함을 느낀다.

⑧ 황홀경 : 황홀경의 체험을 통해 더욱 깊어지고 확고해진 사명감을 가질 수 있다.

조금 더 구체적으로 소명을 분별하는 아홉 가지 방법은 아래와 같다.[5]

① 분별을 위한 분명한 질문을 던져라.

② 이 세상의 덧없는 것들이 아닌 하나님을 바라보면서 기도하라.

③ 당신의 문제와 관계된 적절한 정보를 수집하라.

④ 당신의 문제를 둘러싸고 있는 찬반양론의 목록을 만든 다음 그것을 가지고 기도하라.

⑤ 최선의 선택이라고 여겨지는 것을 결정하라.

⑥ 당신이 결정한 것을 가지고 하나님 앞으로 나아가라.

⑦ 당신의 결정에 따라 행동하기 전에 며칠이나 몇 주 동안 그 결정을 품고 생활하라.

⑧ 내적 평안과 자유를 찾아라.

⑨ 당신의 소명을 한 걸음 한 걸음씩 따라가라.

하나님의 부르심을 듣고 하나님의 사역에 동참하는 것은 인생 최고의 영광이다. 그러므로 사명자들은 하나님께서 나를 통해 이루고자 하시는 일을 이루기 위해 그 뜻을 민감하게 추구해야 한다. 또한 사역을 감당할 때는 두렵고 떨리는 모습으로 최선을 다해 임해야 한다.

2) 목회자 자신의 신앙과 신학적 입장에 대한 이해

한 목회자의 목회와 선교 개발에 있어서 가장 중요한 영향을 미치는 것은 그의 신앙과 신학적 배경이다. 이것은 대체적으로 출신 신학교의 신학적

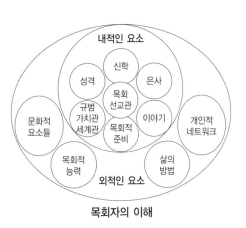

목회자의 이해

경향과도 연관되지만, 위에서 논했던 문화적 요소들과 개인적인 신앙 체험, 자라온 교회의 신앙적 분위기 등도 중요한 영향을 미친다.

또한 목회자의 개인적인 네트워크도 중요한데, 이러한 것에는 교단, 에큐메니칼 단체들, 사회적 단체들, 개인적인 동호회들을 들 수 있다.

특히 우리의 주제를 고려할 때 중요한 것은, 위에서 언급한 요소들의 영향을 받은 한 목회자의 신앙, 교회관, 목회와 선교적 입장, 세계를 보는 관점 등이다.

3) 목회자 자신의 문화적 배경에 대한 이해

인간은 문화적 존재다. 사람들은 자신들이 자라온 문화 안에서 문화화 (enculturation)의 과정을 통해 그 문화의 규범, 가치관, 세계관을 습득한다. 이러한 문화화의 기본적인 단위로는 가정, 또래집단, 학교교육, 지역사회의 정서와 분위기, 직업, 대인관계 등을 들 수 있는데, 이러한 단위들을 통해 한 사람의 인격과 가치관, 세계관 등이 형성되어 간다. 그렇기 때문에 한 사람의 믿음체계와 행동양식을 이해하기 위해서는 개인적인 성장 배경을 이해할 필요가 있다.[6]

이러한 문화적 관점에서 볼 때, 한 사람의 목회자는 문화적으로 평가할 수 있는 여러 가지 요소들을 가지고 있다. 나이, 외모, 출신지역, 출신학교, 가정배경, 가족사항 등이 그것이다. 문화 안의 사람들은 이러한 문화적 요소들을 바탕으로 목회자를 평가하고 관계를 맺기 시작한다.

4) 목회자 자신의 개인적 성향과 특성, 은사에 대한 이해

목회자의 개인적 성향은 목회와 선교 개발에 있어서 중요한 변수가 될 수 있다. 이에 대한 분석을 위해 여러 가지 프로그램들을 적용해 볼 수 있지만, 이 연구는 회중 분석에서 함께 다룰 MBTI나 네트워크 은사배치 사역 프로그램을 적용해 봄으로써 회중과의 관계 속에서 목회자 자신의 성향과 특성들, 은사들을 이해할 것을 제안한다.

목회자의 성격과 은사들을 파악하면서 고려할 사항은 이것들이 계속적으로 변화 발전할 수 있다는 사실이다. 이러한 관점은 목회에 있어서 인격과 사역 간의 관계에 관심하게 한다. 많은 목회자들이 사역 개발에만 집착하는 나머지, 자신의 인격과 은사들을 개발시켜 나가는 데 시간을 할애하지 못한다. 그 결과 목회자들은 점점 더 영적 고갈을 느끼게 되고, 그것을 감추기 위해 위선적인 삶을 살게 된다. 그러므로 목회자들은 자신의 성향과 은사들을 파악할 뿐만 아니라 그것들을 개발하는 데에도 관심을 기울여야 한다.

5) 목회와 선교를 이끌고 나갈 자신의 능력에 대한 분석

한 교회의 목회자는 교회론, 핵심적 가치들, 사명, 목적, 비전, 그리고 전략과 같은 부분에서 자신의 선호도를 이해하는 것이 좋다. 또한 목회자가 한 회중의 목회와 선교를 이끌 때, 자신이 가진 자원들, 능력들, 은사들을 파악하고 필요한 것을 더욱 개발시켜 나가는 것이 필요하다. 더 나가서 목회자는 스스로의 능력을 고려하면서, 자신이 회중과 지역사회와의 관계 속에서 영향력 있는 사역을 개발할 수 있는지 혹은 그렇지 못한지에 대한 평가도 해 보아야 한다. 이러한 평가를 위해서는 좀 더 분석적인 연구가 수행되어야 할 것이며, 이를 상담해 줄 수 있는 전문가의 조언도 받아 볼 필요가 있다.

피들리(Ridley)가 제시한 '성공적인 교회개척자의 13가지 특성들'(13

Essential Characteristics of a Successful Church Planter)을 보면, 교회를 개척하려고 하는 목회자의 능력을 아래와 같은 항목에서 분석, 평가하고 있다.

① 비전을 현실화하는 능력
② 스스로 동기 부여하는 능력
③ 사역의 주인의식을 창조하는 능력
④ 비 교인에게 다가가는 능력
⑤ 배우자의 협력
⑥ 좋은 인간관계 만들기
⑦ 교회 성장에 대한 헌신
⑧ 주위 지역사회의 필요에 민감
⑨ 다른 사람들의 은사를 잘 분별하고 활용하는 능력
⑩ 융통성과 적응력
⑪ 그룹 응집력 만들기
⑫ 신속한 회복력
⑬ 믿음으로 행동하기

그러나 이러한 능력을 갖추지 못한 사람은 M-Church를 위한 사역을 포기해야 하는가? 아니면 M-Church를 활성화시킬 수 있는 마인드는 개발될 수 있는 것인가? 만약 개발이 가능하다면 어떻게 그것이 가능한가? 이러한 관점에서 목회자를 세우기 위한 다양한 방법들이 제시되고 있다. 목회자 개발 프로그램, 코칭, 목회자 컨설팅, 멘토링 등이 그것이다.[7] 그러나 가장 중요한 것은 목회자 스스로의 자기점검과 연구, 그리고 자신의 영성과 목회적 능력을 훈련해 나가는 것이라고 본다. 또한 목회자끼리의 지지그룹을 형성하는 것도 서로를 개발해주는 데 중요한 역할을 할 것이다.

3. 회중 분석과 개발

조직체는 마치 유기체와 같아서, 그것이 살아서 기능하기 위해서는 외부로부터 에너지를 공급받아야 한다. 그리고 살아있는 유기체나 조직체는 자신의 몸을 위해서 무엇인가를 받아들여야 하고(input), 그것을 조직체 안에서 어떻게 사용해야 하는지를 분별하게 된다. 그 결과 유기체나 조직체는 스스로를 성장, 발전시키고 활동한다(output).[8]

이러한 유기체의 하나인 회중은 나름대로의 가치관, 관심사, 사명감, 규범, 차이점을 해소하는 방법, 지도력의 유형을 지니고 있다. 그리고 이러한 요소들은 역학적이고 복합적인 전체로서의 유기체를 형성하게 되며, 자신만의 독특한 개성, 성격, 풍토를 지니게 된다.[9]

이 장에서는 한 회중을 다양한 각도에서 이해하고 분석하기 위한 주요 개념들과 방법들을 고찰해 보고자 한다. 그러나 이 분석적 접근도 목회와 선교 개발에 필요한 주제들로 한정하고자 한다.

1) 회중의 사명에 대한 자각의 정도에 대한 이해

모든 존재하는 것은 하나님의 창조질서 아래서 의미가 있다. 그중 교회는 특별한 의미를 지닌다. 하나님의 구속역사 속에서 예수 그리스도가 이 땅에 성육신했고, 그의 이 땅에서의 사역과 십자가, 그리고 부활, 성령의 임재 과정에서 생겨난 것이 교회다. 그러므로 교회는 하나님의 구속 사역에 특별하게 쓰임받기 위해 창조되었다. 이 책을 통해 필자는 교회의 사명에 대한 많은 이야기를 나눴다. 문제는 이 세상에 실재하는 교회가 이러한 종말론적 구원 사역에 대해 얼마나 민감하고, 그것을 위해 집중되어 있는가 하는 점이다. 이러한 회중의 사명에 대한 자각 정도를 파악하기 위해 다음과 같은 사항들이 점검되어야 한다.

① 교회의 목회자와 모든 성도들은 자신들의 교회의 핵심 사명에 대해 이야기할 수 있는가?
② 이는 신학적으로 통합적이며, 성서적이고, 상황의 요구에 부합해 있는가?
③ 이러한 사명은 교회의 사명선언문을 통해 표현됨으로써 모든 성도들이 공유함은 물론, 교회학교와 새로운 성도들에게 교육되고, 지역사회에 전파되고 있는가?
④ 교회는 이 사명을 구체적으로 성취하기 위한 목표, 전략, 계획이 있는가?
⑤ 교회의 모든 부서들과 공동체들은 공동의 사명을 위해 협력적으로 연결되어 있는가?
⑥ 교회의 모든 부서들과 공동체들은 자신들에게 맡겨진 사명을 열과 성을 다해 감당하고 있는가?

2) 회중의 신학적 입장에 대한 이해

하나의 회중은 나름대로의 신학과 목회관, 선교관을 가지고 있다. 이는 목회자의 신학과 목회, 선교적 입장에 반응하는 중요한 틀이 된다. 그러므로 한 회중 안에서 목

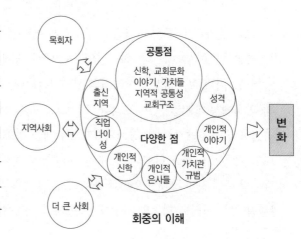

회중의 이해

회와 선교를 새로운 형태로 개발함에 있어서 회중의 신학적 경향을 이해하는 것은 매우 중요하다. 특히 담임 목회자 외에도 회중 안에서 신학 형성에 중요한 영향력을 끼치는 사람들을 파악하고 그들의 신학적 경향을 이해하는 것이 중요하다. 또한 한 회중 안에는 다양한 신학적 관점들을 가진 사람들이 존재한다는 것도 인정하고 그 다양한 요구들을 파악해야 한다.

이러한 틀을 이해하는 것은 한 회중 안의 사람들과 함께 사역을 만들어 나가는 데 있어서 중요한 출발점이 된다. 이러한 회중의 신학을 이해하기 위해서는 그들의 신앙적 이야기, 교회 안에서 사용하는 언어, 신앙적 영웅, 신앙적 세계관, 중요하게 여기는 교회 안의 상징, 이미지, 은유, 신학 등과 교회 안팎의 삶과 사역들을 분석하는 것이 중요하다.

3) 회중의 문화적 배경에 대한 이해

문화적 존재로서의 회중은 지역문화의 영향을 받지만, 동시에 지역과는 구별되는 하부문화로서의 특성을 갖는다. 그리고 이 두 서로 다른 문화적 단위들은 상호 영향을 주고받게 된다.

회중을 문화적으로 이해하기 위해서는 문화인류학적 혹은 사회학적인 방법이 많은 도움이 된다.[10]

문화인류학적인 연구방법 중에서 프록세믹스(proxemics, 공간지각)에 대한 이해, 친족계보를 파악하는 것, 인터뷰, 참여관찰, 회중 안의 중요한 사람을 대상으로 한 생애사의 수집, 교회의 이미지를 제공할 수 있는 중요한 이야기의 내용 분석, 교회 내 공식적인 조직의 연구 등은 회중을 문화적으로 분석할 수 있게 도와줄 것이다. 특히 그들의 가치관, 세계관을 분석하기 위해서는 그들의 언어, 역사, 신화, 상징, 이미지, 은유 등을 분석하는 것이 중요하다.[11] 이러한 문화 안에서의 회중은 독특한 신학을 발전시켜 나가며, 예식, 활동, 도구, 필요한 물건, 새신자 관리하는 방법, 갈등을 해결하는 방법, 리더십이 수행되는 과정과 방법 등을 개발해 나가게 되는데, 이러한 요소들을 이해하는 것은 회중을 이해하는 중요한 단서가 된다.[12)]

또한 사회학적인 방법은 특별히 회중을 그 내부 구성원들끼리의 상호작용이라는 관점에서뿐만 아니라 지역사회와의 관계 속에서 생태학적으로도 이해할 수 있도록 도와준다. 회중을 구성하는 교인들의 삶의 장은 교회이면서 또한 세상이다. 회중은 교회 안에서뿐만 아니라 세상과의 유기적인 관계 속에서 상호작용하며 자신의 모습을 만들어 간다. 그러므로 회중을 이해하려고 할 때, 세상과 함께 사고하려는 시도를 해야 한다.[13)] 즉 회중은 열려 있는 시스템으로서 상황 속에서 이해하는 것이 중요하다. 회중의 성원들은 그들의 이웃과 관계할 뿐만 아니라, 직장과 사회단체들과 같이 더 큰 사회 단위와도 관계를 맺는다. 또한 회중은 같은 교단의 교회들과도 관계하며, 에큐메니칼 차원에서 다른 교단의 교회들과도 교류한다. 더 나가서 회중은 지역사회의 타종교들과도 서로 영향을 주고받으며 관계한다. 이러한 모든 관계는 그 교회의 회중이 이해하는 자신의 정체성에 영향을 주며 그들이 감당할 선교에도 영향을 미친다.

이렇게 회중과 연관된 상황을 분석하기 위해서는 회중과 그 구성원들의 생활 일정표를 만들어 보고, 그들이 지역사회와 맺고 있는 네트워크 지도를 그려보는 것도 도움이 될 것이다. 그 외에도 지역을 걸어보면서 지도를 작성해 본다든지, 인구통계학적 관심으로 주민 수의 증가 및 감소, 주민 삶의 변화, 가족의 변화들을 파악해 보는 것이 좋다. 또한 지역사회의 전통문화와 현대문화를 파악하고자 노력하는 것도 회중에게 영향을 미치는 지역사회의 요소들을 이해하는 데 좋은 관점을 줄 수 있을 것이다.

4) 회중의 성향과 특성, 그리고 은사에 대한 이해

하나의 회중은 삶의 배경이 서로 다른 사람들이 그리스도의 이름으로 함께 모임으로써 형성된다. 그러므로 그 안에는 다양한 직업, 연령층, 성별의 차이, 출신지역과 배경을 가진 사람들이 존재한다. 한 회중을 이해하기 위해서는 그 안에 다양한 성격의 사람들이 존재한다는 것을 이해하는 것이 중요하다. 이렇게 한 회중을 구성하는 사람들의 다양성을 이해할 수 있는 분석도구로 두 가지만 예를 들어보기로 하자.

(1) 서로 다른 성격 유형의 지체들을 이해하기(MBTI)[14]

MBTI(Myers-Briggs Type Indicator)란 융(C.G. Jung)의 성격 유형 이론을 바탕으로 캐서린 C. 브릭스(Katharine C. Briggs)와 그의 딸 이사벨 브릭스 마이어스(Isabel Briggs Myers)에 의해 개발된 성격 유형 검사다. 이 검사는 선천적으로 타고나는 개인의 심리 경향을 발견하고, 그 경향에 따라 개인의 성격과 그 개인이 환경에 반응하는 태도가 다름을 이해하는 것을 목적으로 한다. 이러한 이해는 자신과 타인의 성격적 차이를 이해하고 공동체를 향한 새로운 접근이 가능하도록 도와줄 수 있다.

우리나라에서는 서강대학교 김정택 교수와 부산대학교 심혜숙 교수가 미국 MBTI의 인준을 거쳐 도입하게 되었는데, 문항분석을 포함한 세부적인 통계분석을 거쳐 검사의 신뢰도와 타당도가 검증된 후 1990년부터 사용하기 시작했다. 특히 이러한 개인적 성향의 분석은 그들의 영성적 특성의 차이를 가져오는데, 이러한 영성적 차이에 대한 연구는 앞으로 계속해서 개발될 것이고, 회중 안에서의 영성적 다양성을 이해하는 데 중요한 기여를 할 것이다.

MBTI는 네 가지의 분리된 선호경향(preference)의 축들로 구성되어 있다.

선호경향이란 교육이나 환경의 영향을 받기 이전에 이미 인간에게 잠재되어 있는 선천적 심리경향을 말하며, 각 개인은 자신의 기질과 성향에 따라 다음의 네 가지 이분척도에 따라 둘 중 하나의 범주에 속하게 된다.

외 향 (E)	에너지 방향, 주의 초점	내 향 (I)
Extraversion	◀┈┈┈┈┈▶	Introversion
감 각 (S)	인식기능 (정보수집)	직 관 (N)
Sensing	◀┈┈┈┈┈▶	iNtuition
사 고 (T)	판단기능 (판단, 결정)	감 정 (F)
Thinking	◀┈┈┈┈┈▶	Feeling
판 단 (J)	이행양식/생활양식	인 식 (P)
Judging	◀┈┈┈┈┈▶	Perceiving

이러한 선호도는 각각 네 가지 접근방식을 조합한 열여섯 가지의 성격유형을 나타내게 되는데 이는 이와 같은 도형으로 알기 쉽게 구분된다. 이 유형도표는 서로 다른 성격을 가진 사람들 간의 상호작용을 쉽게 이해할 수 있도록 해줌으로써, 회중 안의 다양한 지체들을 있는 그대로 받아들이는 데 도움을 줄 수 있다.

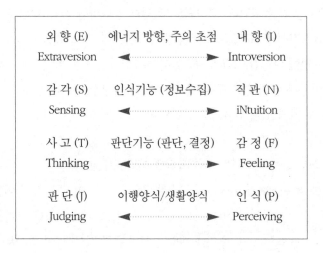

ISTJ 세상의 소금형	ISFJ 임금 뒷편의 권력형	INFJ 예언자형	INTJ 과학자형
ISTP 백과사전형	ISFP 성인군자형	INFP 잔다르크형	INTP 아이디어 뱅크형
ESTP 수완좋은 활동가형	ESFP 사교적인 유형	ENFP 스파크형	ENTP 발명가형
ESTJ 사업가형	ESFJ 친선도모형	ENFJ 언변능숙형	ENTJ 지도자형

그러나 이 검사는 설문을 통해 자신의 유형을 파악하는 것보다 검사내용을 해석해주는 과정이 더 중요하다. 이러한 과정에서는 전문가의 도움을 청하는 것이 좋다.

특히 기억할 것은 이 검사는 사람들의 우열을 가리기 위한 것이 아니라는 점이다. 단지 이 검사 프로그램은 서로 다른 너와 나를 발견해 가는 과정으로 이해해야 한다. 자신을 알아가는 과정은 동시에 너를 알아가는 과정이다. 이로써 나를 이해하고 사랑할 수 있게 되며, 너를 이해하고 사랑할 수 있게 되는 것이다.

(2) 서로 다른 은사들을 이해하기(Network 은사배치)[15]

네트워크 은사배치 프로그램은 윌로우크릭 교회에서 개발되었다. 이 프로그램은 윌로우크릭 교회의 교회관을 반영하고 있다. 즉 교회는 '은사공동체'로서 성령께서 그리스도의 몸을 위해서 각 사람들을 불러 모으셨다는 것이다. 그러므로 이 프로그램은 성도들의 영적 은사를 발견하고, 이에 따라 성도들을 효과적으로 배치함으로써, 주신 은사에 맞게 적절한 사역처에서 교회를 섬기도록 함으로써, 그에 합당한 열매를 맺고 사역을 성취하도록 돕는 것을 그 목적으로 한다.

이 프로그램이 우선적으로 성취하고자 하는 일은 성도들 각자가 가진 열정과 영적 은사, 그리고 개인 스타일을 발견하는 것이다. 첫째, 열정은 특정한 사역분야에서 영향을 끼치도록 강권하시는 하나님이 주신 소원으로서, 어느 곳(where)에서 봉사하는 것이 가장 적합한지를 말해 준다. 둘째, 영적 은사는 성도들이 봉사할 때에 무엇(what)을 해야 할지를 말해 준다. 셋째, 개인 스타일은 사람들이 다른 사람들이나 상황과 어떻게 관계 맺기를 원하는지를 반영하는데, 이는 봉사를 어떻게(how) 할 것인지를 말해 준다. 이를 위해 이 프로그램은 8단계의 과정을 밟아가며 자신을 분석하고 점검하게 된다.

그 다음 단계는 이러한 성도 각자의 은사와 능력이 어떻게 하나님 나라에 기여할 수 있는가를 묻고, 자신에게 적합한 사역을 찾아가도록 돕는 단계다. 이를 위한 상담의 과정은 성도들에게 적합한 사역을 찾을 수 있도록 도와준다. 참으로 풍성한 사역은 그리스도의 몸 된 지체 안에서 각자가 기여해야 할 부분을 담당함으로써 가능하게 된다.

마지막으로 이 프로그램이 이루려고 하는 것은 "사랑으로 서로 종노릇하는" 것이다.16) 모든 기독교인은 사역자며, 자신의 사역을 위해 사용할 수 있는 영적 은사를 적어도 한 가지 이상은 받는다. 그러므로 우리는 영적 은사의 영역 안에서 다른 사람들을 섬기는 사역을 감당해야 한다.

5) 목회와 선교를 수행할 회중의 능력에 대한 분석

목회와 선교를 수행할 회중의 능력을 평가하기 위해서는 회중의 특성을 이해할 뿐만 아니라, 그들의 자원들을 파악하는 것이 중요하다. 무형적 자원들로서는 회중이나 회중 안의 사람들에 대한 평판, 지역사회와의 연결고리들, 역사적 경험, 어려운 시기를 이겨 나온 이야기들, 그들의 영적 에너지와 신앙의 깊이, 헌신의 정도 등을 고려할 수 있고, 유형적 자원들로는 돈, 빌딩, 대지, 기술 등을 들 수 있다.

또한 회중 안의 상호작용과 대내외적 사역을 감당하는 데 영향을 미치는 회중의 구조도 중요한 고려의 대상이 된다. 특히 구조에 대한 질문은 아래와 같다.

① 회중 안에서 충분히 교제할 수 있는 구조인가?
② 평신도의 참여가 가능한 구조인가?
③ 새신자가 쉽게 정착할 수 있는 구조인가?
④ 급변하는 세계에 대응할 수 있는 구조인가?
⑤ 지역사회의 문화와 연관성이 있는 구조인가?

한 회중은 마치 유기체와 같아서 다각적인 분석을 통해서만 전체적인 윤곽을 파악할 수 있다. 그리고 우리가 회중을 올바르게 파악하면 할수록, 그 회중의 잠재력을 살릴 수 있는 기회를 얻게 될 것이다. 또한 회중은 훈련과 개발 여하에 따라서 얼마든지 새로운 능력을 갖출 수 있다는 사실을 기억하는 것이 중요하다.

4. 지역사회 분석과 사역의 발굴

우리는 선행된 연구를 통해서 한 회중을 이해하기 위해서는 그 회중이 처해 있는 지역사회를 이해하는 것이 중요하다는 사실을 확인했다. 한 회중은 지역이라는 문화적 상황 안에 존재하기 때문이다. 반대로 그 회중은 사회를 향해 복음을 전하고, 사회를 섬기는 활동을 함으로써 지역사회를 향해 반응한다. 그렇기 때문에 지역사회의 조건들은 회중의 정체성에 영향을 줄 뿐만 아니라, 회중이 감당할 목회와 선교에도 중요한 영향을 끼친다. "세상을 위한 교회", "세상과 함께하는 교회"는 세상이 필요로 하는 부분에 응답해야 하기 때문이다. 이것을 세계교회협의회는 "세상이 선교사업 목록을 제시한다"라고 주장했다.[17] 이러한 목적을 성취하기 위해서는 지역사회를 체계적으로 이해하는 것과 그곳의 주민을 이해하는 것이 중요하다.

이 장에서는 M-Church가 처해 있는 지역을 체계적으로 이해하기 위해서 지역조사 방법론의 기본적인 관점들과 조사방법들을 고찰해 보고자 한다.

1) 지역사회를 이해해야 하는 중요한 이유들

(1) 교회 회중을 이해하는 근거가 된다.

한 지역사회 안에 있는 회중은 그 구성원의 대부분이 이 지역 사람들이기 때문에, 지역의 특성을 이해하는 것이 중요하다. 지역의 정서, 문화, 가치관, 세계관 등을 이해하는 것은 회중의 그것들을 이해할 수 있는 단서가 된다.

특히 회중을 구성하는 사람들이 이 지역 사람들 중에 차지하는 위치를 이해하는 것이 중요하다. 교인들의 정치적 · 경제적 · 사회적 위치를 이해하는 것은 교회가 지역사회에서 활동을 이뤄나가는 데에 중요한 정보를 제공해 주기 때문이다.

(2) 지역사회와 복음을 커뮤니케이션할 수 있는 방법을 모색할 수 있게 된다.

복음은 문화적으로 표현되어야 한다. 그 구체적인 이유는 다음과 같다.

첫째, 교회 예배와 설교를 그들의 문화에 맞춤으로써 그들이 이해할 수 있는 방법으로 개발할 수 있다.

둘째, 지역사회 사람들의 삶의 주기에 교회의 활동을 맞춰나갈 수 있다. 농촌 삶의 주기와 도시 삶의 주기가 다르고, 기업 삶의 주기와 서비스업종 삶의 주기가 다르다. 교회는 그들이 삶을 영위하는 패턴에 따라 교회의 패턴을 개발해 갈 필요가 있다.

셋째, 지역사회 사람들의 필요에 따른 복음의 제시를 할 수 있다. 지역 사람들의 여러 가지 측면들을 이해함으로써 그들이 절실히 필요로 하고 있는 점들을 이해할 수 있다. 그들이 추구하는 것과 필요로 하는 것을 이해하는 것은 복음을 제시하는 접촉점을 형성하는 데 중요하다.

(3) 회중이 지역사회 사람들을 섬길 수 있는 방법들을 개발할 수 있다.

첫째, 지역사회 안에 살고 있는 소년가장들, 노인들, 장애자들, 외국인근로자들 등 많은 그룹의 사람들을 파악함으로써, 지역에 소외되고 도움이 필요한 사람들을 향한 사역을 개발할 수 있다.

둘째, 지역사회 개발을 위한 방향을 이해하고, 지역활동에 동참할 수 있다. 즉 지역이 바람직한 자치적 조직을 이루고, 삶을 풍족하게 만들 수 있는 길을 모색하는 데에 교회는 다른 기관들과 힘을 합할 수 있게 된다.[18]

(4) 에큐메니칼 운동의 계기를 마련할 수 있다.

지금까지 개체교회가 감당했던 선교는 교회 성장에만 집중된 느낌을 금할 수 없다. 그러나 교회가 지역사회에 관심하고, 그 안의 사람들을 섬기는 사역을 시작하면서, 같은 지역사회 안에 있는 다른 교회들과 연대할 수 있는 가능성이 높아질 것이다. 이는 세계교회협의회가 제시했던 선교권 구조를 형성할 기회가 많아진다는 것을 의미한다.[19] 즉 같은 지역사회 안에 있는 교회들은 그 지역사회를 하나의 선교권으로 보고 힘을 합쳐 나가야 한다.

(5) 영적인 문제에 더 열려 있는 지역을 파악할 수 있게 함으로써 사역을 집중시킬 수 있다.

지역의 모든 부분을 세밀하게 분석하는 것은 과도한 노력을 요구하고, 오히려 교회의 목표를 흩어놓는 결과를 가져올 수도 있다. 교회는 목회자와 회중이 감당할 수 있는 사역을 발견하려고 노력해야 할 것이고, 지역조사를 통해 목표그룹을 정할 수 있게 되어야 할 것이다. 일단 목표그룹이 결정되면, 그들의 수입, 교육, 연령, 성별분포, 가족구성, 종교적 성향 등을 이해하려고 노력하면서, 그들 그룹의 특징을 퍼스널라이즈하려는 노력이 필요하다.[20]

이러한 지역조사는 지역사회를 보다 객관적으로 이해하게 함으로써 사역의 신뢰성과 확신을 준다. 또한 새로운 사역들을 개발하는 근거가 된다.

2) 지역조사의 기본 개념들

(1) 지역사회의 개념[21]

지역사회(community)는 "공동의 장소, 이해, 정체감, 문화, 활동에 기반하고 있는 사람들이 구성한 사회 단일체(a social unit)"로, 일정한 지리적 공간 안에서 서로 사회적·심리적 인연을 가지고 있는 사람들"로 정의될 수 있다. 이러한 정의에서는 공동의 지역성과 공동의 삶의 양식이 중요한 특징이 된다.

그러나 위와 같은 지역사회 개념이 교통혁명, 대중매체 발달, 정보통신 혁명을 통해서 공간 개념이 바뀌고 지역 개념이 소멸된 현대사회에도 적용될 수 있겠는가라는 질문이 제기되고 있다. 그러나 지역사회를 연구하는 학자들은 근린집단(neighborhood)이나 지역사회의 지연성은 여전히 사회를 구성하는 고유한 요소라고 주장하고 있다.

지연적 지역사회에는 손으로 만지듯 실감할 수는 없다고 해도 눈으로는 보이고, 지적인 것은 아니라고 해도 정서적인 대면이 존재한다. 사람들은 아직 다른 이웃의 옆집에 살며 일정한 지연의 테두리 내에서 먹고, 자고, 서로를 사랑하고, 증오하고, 기피하고, 추구한다. 그들이 이웃들과 관계를 많이 갖고 있든 아니든, 그들은 같은 잡화점, 같은 슈퍼마켓을 이용하고, 같은 영화관을 다니고, 같은 미장원과 이용소를 애용한다. 자기 집에 살든, 셋집에 살든, 그들은 오물수거, 거리청소, 방법활동 등과 같은 동일한 지역사회 서비스에 의존한다. 엘리트들이 아무리 공간적 장벽에 구애받지 않고 지연에서 독립되어 있다고 할지라도, 대부분의 인간에 있어 상호작용이 일어나는 곳은 지역사회 내의 어느 장소다. 이러한 현상이 바로 지역사회라는 분야를 삭제시킬 수 없는 것이다.[22]

우리의 지역사회 연구에 있어서도 급변하는 사회 속에서 더 큰 단위의 사회를 고려하면서도, 지역사회의 특수한 성격을 분석하려는 노력을 게을리 해서는 안 될 것이다. 다시 말하면 이 두 연구는 그 상호작용을 고려하는 가운데 병행되어야 한다.

(2) 지역사회의 구성요소

① 지리적 공간 : 마을과 단지 혹은 교회를 중심으로 하는 구역에 초점을 둔 공간을 분석대상으로 한다.

② 생활공간 : 이 지역을 사람들이 삶을 영위하는 터전으로 이해한다. 이 공

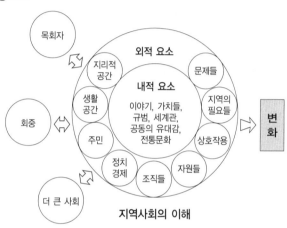

간 내에는 주거공간, 취업활동을 위한 공간, 여가를 위한 공간뿐만 아니라, 병원, 학교, 가게, 행정기관, 종교기관과 같은 생활 유지를 위한 공간 등이 있다. 이러한 공간 이해는 사람들이 어느 지역에 분포되어 삶의 주기를 이어가는지를 이해할 수 있게 해 준다.

③ 주민 : 이는 지역적으로 어떤 종류의 사람들이 얼마나 살고 있는가에 관심한다. 지역적 인구 수, 그들의 성향, 연령, 성별 구성비, 교육수준, 직업, 삶의 주기, 계층관계, 거주기간, 여가활동, 지위와 역할, 사회관계망 등을 파악한다.

④ 조직 : 조직은 공동의 목표를 갖는 사람들의 집합체로서 조직 내부 구

성원의 욕구를 반영한다. 한 지역사회 내에는 서로 다른 배경과 가치와 목적을 갖는 사회적 단위들, 기관들, 집단들이 공존하고 있다. 이러한 조직에는 공공조직, 영리조직, 사회봉사조직, 상조조직, 비공식조직뿐만 아니라 생계를 유지하는 조직도 있다. 지역사회 안의 조직들은 때로는 갈등을 빚기도 하지만, 지역사회의 변화를 위한 노력에 중요한 역할을 감당할 자원들이기도 하다. 즉 올바른 지도력을 통해 조직화된 시민단체들은 사회 운동으로 나갈 수 있는 것이다.

⑤ 상호작용 : 지역사회 안에서 주민과 조직이 서로의 목적을 달성하기 위해서 관계하는 과정을 말한다. 이러한 상호작용은 상거래 행위뿐만 아니라, 지역문화활동, 사회활동, 취미오락활동, 질서 유지를 위한 노력 등 다양한 차원에서의 교류를 포함한다. 지역주민의 관심은 다양하기 때문에 이들 간의 상호작용은 조화, 협력을 이루기도 하지만, 파당들 간의 대립, 반발 등의 형태로도 나타난다. 이러한 상호작용의 정도는 지역사회의 역동성을 나타내 주며, 이를 통해 지역사회의 잠재능력을 파악할 수 있다.

⑥ 공동의 유대감 : 주민들이 얼마나 '우리의식' 또는 '동류의식'을 갖고 있는가에 대한 문제다. 이와 관련된 표현으로는 소속감, 애향심, 향토애, 지역사회감정, 의존감정, 역할감정 등을 들 수 있다.[23] 이러한 감정은 지역사회 내 사람들의 공동성을 강화하기도 한다.[24] 그러므로 지역사회의 지도자는 지역사회에서의 역사와 전통을 이해하고 평가함으로써 사회 발전적 토대를 이뤄나가야 한다.

⑦ 지역사회의 변화성 : 지역사회는 내부적인 상호작용뿐만 아니라 외부적인 변화에 대응하면서 끊임없이 변화한다. 그러므로 지역사회의 변화를 예측하는 것이 중요하다. 짧게는 3~5년, 길게는 5~10년 이후 그 지역사회의 인구증가, 도시계획, 경제활동의 변화, 지방정부의 정책 변화에 대한 전망 등에 관심하는 것이 중요하다. 뿐만 아니라 주민 스스로가 자체적으로 지역

발전을 계획하고, 주민들의 참여를 유도하는 것이 중요하다.[25]

⑧ 지역사회의 전통문화 : 지역사회는 지리적 · 역사적 · 전통적 · 정치적 · 경제적 · 종교적 맥락에서 고유의 특성을 갖는다. 이러한 특성의 이해는 그 지역사회를 포괄적으로 파악하는 근거가 된다. 또한 이러한 특징들은 다른 지역사회와 구분 짓는 요소가 된다.

⑨ 그 외의 고려사항 : 위에 거론한 관심사항 외에도 지역사회의 자원들, 욕구와 문제들, 목표들, 실천경험 등을 파악하는 것이 중요하다.

3) 지역사회 조사방법

위의 각 요소들은 지역사회를 여러 가지 각도에서 보게 한다. 이러한 시도는 문화를 보다 다층적으로 파악할 수 있게 하며, 그 안의 다양한 측면들을 고려할 수 있게 해 준다. 그러나 중요한 것은 이러한 각각의 요소가 서로 떨어져서 이해되어서는 안 된다는 것이다. 지역사회를 파악하는 중요한 관점은 그것을 통합적인 유기체로 보는 것이다. 지역사회를 구성하는 각 요소들은 서로 상호작용을 하며 하나의 유기체처럼 기능한다.

(1) 문화인류학적인 방법

지역사회를 연구하는 것은 다각도로 이루어져야 한다. 그중에서도 문화인류학적인 연구방법은 지역사회라는 작은 단위의 분석에 중요한 도구가 될 수 있다. 그 몇 가지의 예는 아래와 같다.[26]

① 먼저 그 지역의 지도를 작성할 필요가 있다. 일반적인 실측지도가 아니라 사람들의 삶이 표현되어 있는 지도여야 한다. 이것과 병행해서 지역의 데모그래피(demography)를 파악하는 것도 중요하다. 이러한 시도는 그 지역의 사람들을 전체적으로 파악할 수 있는 좋은 기회가 된다.

② 구체적으로 지역 사람들의 삶을 이해하기 위해서는 정보제공자에 대한 인터뷰와 참여관찰, 지역 사람들의 이미지를 상징적으로 보여줄 수 있는 사람의 생애사 수집, 사례 분석, 프로그램 분석, 사진촬영 등을 시도할 수 있다.

③ 지역의 문화를 이해하기 위해서는 문화사를 발굴하고, 민간전승의 내용을 분석하며, 민족의미론 조사연구(Ethnosemantic Research), 지역사회 비교연구와 같은 접근방법을 사용할 수 있다.

④ 지역사회의 조직을 이해하기 위해서는 공식적인 조직의 연구, 커뮤니티 연구, 서베이 등의 방법을 사용할 수 있다.

(2) 사회학적인 방법

또한 지역사회를 사회학적으로 분석하는 것이 중요한데 이러한 연구 분야가 지역사회학(sociology of community)이다.[27] 이 학문분야는 지역사회를 그곳의 주민 입장에서 바라보고, 사회문제를 인식하며, 그 문제에 대한 해결방법을 발견하려고 노력한다. 이러한 연구는 지역사회를 분석하는 틀과 시각 및 연구방법을 제공한다. 이러한 연구방법은 지역사회 구성원의 특성과 사회 구조적 특성을 분석함으로써 지역사회의 제 문제들의 특성과 원인을 분석함으로써 지역사회 개발의 방향을 제시할 수 있게 한다. 또한 지역사회의 구성과 변동을 그 구성원들의 상호작용과 사회 구조적 관점에서 연구함으로써, 지역민의 역량을 강화하고 조직화하여 지역문제를 해결하는 데 기여할 수 있다.[28]

(3) 다각적인 접근방법

문화인류학적, 사회학적 연구방법은 각각의 강점들을 가지고 있다. 그렇기 때문에 지역사회를 이해하려고 할 때는 여러 가지 각도에서 다양한 방법론을 사용하여 연구를 수행해야 한다.[29] 그 몇 가지 관점들의 예는 다음과 같다.

지역사회를 문화인류학적으로 분석함으로써 지역 사람들 사이의 상호 작용과 그들이 형성하는 삶의 방식, 가치관, 규범, 세계관 등을 이해할 수 있다. 공간적 측면에서 계급분석을 시도하면, 지역사회를 구성하는 사람들 안에서 구분되는 그룹들을 이해할 수 있게 된다. 지역사회를 사회심리학적으로 연구하기도 하고, 지역 정체성을 연구함으로써 그것을 상징적으로 표현한 이미지들을 파악할 수 있다. 역사심리학적인 접근은 지역사회의 역사적 사건과 정신 구조에 대해 이해할 수 있도록 도와주며, 지역교육적 관점에서의 연구는 지역의 리더십을 증진시키는 길을 깨닫게 도와준다. 지역경제를 연구함으로써 지역경제의 성장과 쇠퇴, 지역격차, 그리고 그에 따른 지역정책의 방향에 대해 관점을 형성하게 된다. 그 외에도 지역언론이나, 지방행정의 연구도 지역사회의 힘의 움직임을 파악할 수 있는 중요한 관점을 제시해 준다.

(4) 사회 변혁과 실천을 위한 연구방법

특히 우리가 관심하는 것은 지역사회를 개발, 변혁시켜 나갈 수 있는 실천을 유발하는 연구방법에 대한 것이다. 이러한 관점에서 지역사회 개발활동의 일환으로 실시되는 실천연구(action research)는 중요한 연구방법을 제시한다. 이러한 연구에서 연구주체는 지역사회 개발 요원이며, 그들의 훈련 과정의 일환으로 도입되는 경우도 있다. 그러므로 이러한 연구는 목적에 따라 경험형, 진단형, 실험형으로 구분하는 것이 가능하다. 이렇게 실천연구는 연구대상을 직접 연구에 참여시키고, 그들에 의해 수행되기 때문에 참여연구라고도 한다. 이러한 연구는 지역주민 스스로가 문제를 제기하고, 그들이 자료를 수집, 분석하며, 해결을 위한 협의와 실천계획 수립, 그리고 실천 과정을 밟으면서 수행된다. 이러한 연구는 주민의 문제를 스스로 해결할 수 있다는 강점이 있는 연구방법이면서 동시에 교육, 훈련방법이기도 하다.[30]

5. 되짚어보기

이 장은 M-Church가 선교 지향적인 목회를 개발하는 데 필요한 조사방법론의 틀을 개발하는 것을 그 목적으로 삼았다. 이 조사방법론은 목회자 자신에게 적절하고, 회중이 감당할 만하며, 지역사회의 필요에 응답할 수 있는 목회와 선교방법을 개발하는 데 도움을 줄 수 있어야 한다.

총체적인 분석을 위해서 목회와 선교를 개발하는 데 영향을 줄 수 있는 변수들, 특히 하나님, 목회자, 회중, 지역사회, 더 큰 단위의 사회 각각의 특성과 서로 간의 연관관계를 연구했다. 그 결과 각 변수들은 서로 밀접하게 상호작용을 하면서, 다른 변수들의 변화에 영향을 미치고 있다는 것을 확인할 수 있었다. 다음으로는 각 변수들을 하나씩 구체적으로 다루면서 각각의 변수들을 이해할 수 있는 여러 관점들과 조사방법론들을 발견하려고 노력했다.

그러나 이 연구가 계속해서 강조했듯이, 각 변수들에 대한 연구는 전체적인 맥락 속에서 이루어져야 한다. 각 변수들은 전체적으로 연결되어서 선교 지향적 목회를 개발하는 데 영향을 미치게 되기 때문이다.

1. M-Church의 사역을 개발하기 위해 고려해야 할 다섯 개의 변수들을 설명해 보라.

2. 각 변수들을 향해 파악해야 하는 중요한 점들을 설명해 보라.

3. 이 변수들의 특징들을 엮어서 가장 창조적으로 목회 초점을 잡을 수 있는 방법에 대해 토론해 보라.

4. 이 조사방법들을 나의 목회에 적용시키기 위해 계획을 세우고, 실천하라.

III

실천하기

그리스도가 교회의 머리로 인정될 때 그분은 우리의 삶 속에서 자유롭게 활동하신다. 그리고 바로 그때 기도에 대한 응답이 나타난다. 그러므로 변화를 원하는 교회는 교회의 근원에로 돌아가야 하고, 함께 모여 기도하는 일에 매진해야 한다. 우리가 입으로만 말해 왔던 것을 믿고, 그대로 행동하기 시작할 때, 하나님이 허락하시는 비전이 점점 분명해지기 시작한다.

9

M–Church 계획서 작성

1. 주요 전략

1) 포지셔닝, 브랜딩, CI

강력한 M–Church를 만들기 위해서 교회는 지역사회 안의 구체적인 사역대상을 향해 나만의 사역으로 포지셔닝하고, 이를 브랜딩해야 한다. 그리고 이를 효과적으로 달성하기 위해 CI작업이 필요하다. 그러므로 M–Church를 위한 계획서를 작성하기 위해서는 전 장에서 다룬 개념들을 구체화할 수 있는 단계가 필요하다. 그 단계는 다음과 같다.

(1) 포지셔닝을 위해 아래의 분석을 실시한다.
① 목회자 자신 분석
② 회중 분석
③ 지역사회 분석
④ 더 큰 단위의 사회 분석

(2) 타깃 집단을 설정한다.

(3) 어떤 형태로 포지셔닝할 것인가를 결정한다.

(4) 브랜딩 방법을 결정한다.

(5) 전체를 묶어 CI 작업을 완성한다.

2) 비전, 미션, 목표 설정

위의 포지셔닝을 구체적으로 실천하기 위해서 다음의 사항들을 분명히 한다. 비전, 미션, 목표설정, 계획은 꿈을 현실화할 수 있는 아주 중요한 단계이다.

(1) 비전 형성

(2) 미션 형성

(3) 목표 설정

(4) 종합계획(Master Planning)

3) 구체적인 계발 항목들

위의 두 단계를 마치면, 이를 위해 목회 전반을 재조정해야 한다. 전통적인 방법의 목회가 아닌, 비전을 실천할 수 있는 조직과 사역형태, 그리고 프로그램들이 필요하다. 이 과정에서 점검해야 할 대상은 다음과 같다.

(1) 목회자의 리더십 및 자기계발

(2) 예배 계발

(3) 설교 계발

(4) 교인 훈련 시스템 계발

(5) 교회교육 시스템 계발

(6) 전도 시스템 계발

(7) 총체적인 교회 조직 계발

(8) 교회 건물 정비

2. 목회계획서 만들기

1) 교회 개척을 위한 필수 조건들

(1) 가장 적절한 사역대상을 선택한다.

(2) 그 사역대상을 제대로 안다.

(3) 사역대상이 선호하는 차별화된 나만의 것을 준비한다.

(4) 사역대상에게 창조적으로 나의 것을 알린다.

2) 내가 세상 사람들에게 주어야 하는 가장 좋은 것은 무엇인가?

너무나 많은 교회들이 자신이 무엇을 주어야 하는지, 무엇을 가장 잘 줄 수 있는지 심각하게 생각하지 않는다. 우리는 왜 교회를 개척하려고 하는가? 누구에게 무엇을 주려고 하는가? 그 일이 우리가 평생을 두고 해야 할 가치가 있는가?

아래의 질문에 응답하면서 당신들이 그곳에 존재해야 하는 이유와 사명을 분명히 하라.

(1) 우리가 주고자 하는 것의 핵심은 무엇인가?

만약 사역대상에게 무엇이 중요한지, 그것을 어떻게 이뤄줄 것인지가 불확실하다면 당신들은 시작부터 초점을 잃은 것이다. 가치가 불확실한 사역은 목표 역시 불확실할 수밖에 없기 때문이다. 우리는 사역대상에게 어떤 가치를 제공할 것인가?

사역의 목표를 적어보면서 당신들의 사역이 사역대상을 향해 추구하는 바를 확실히 하라.

우리가 사역대상에게 제공하고자 하는 가치는 다음과 같다.

①

②

③

(2) 무엇이 사람들로 하여금 우리가 제시하는 것을 받아들이게 하는가?

사역대상이 우리가 제공하는 것을 선호하는 이유는 다음과 같다.

①

②

③

(3) 그것이 세상 기관이나 다른 교회들이 제공하는 것들과 다른 점은 무엇인가?

'나는 충분히 생각했으니까 이것이야말로 정말 대단한 아이디어다' 라고 생각하는 것은 위험천만이다. 다른 사람이 이미 그 일을 하고 있다고 가정해야 한다. 다른 사람들이 나의 사역대상을 향해서 무엇을 제공하고 있는지를 알아야 하고, 그들이 제공하지 못하는 것을 제공할 수 있어야 한다.

(4) 우리가 제공하는 것을 어떻게 브랜드로 만들 것인가?

브랜드는 내가 제공하는 것의 가장 기본적(본질적)인 성격을 드러내야 한다. 그렇다면 우리는 "내가 제공하는 것을 이미지화하기 위해 무엇을 해야 할지"에 대해 심각하게 질문해야 한다. 내가 제공하는 것을 한 문장으로 이해하기 쉽게 정의하라.

예) 내가 사역대상을 향해 내어놓고자 하는 것은 ……이다.

이 짧은 문장이 당신의 사역을 위해 계획을 세우거나 다른 교회로부터 지원을 받을 때 가장 핵심적인 개념이 된다.

(5) 우리는 가장 좋은 것을 제공하기 위해 무엇을 준비해야 하는가?

이제 우리가 제공하는 것을 보다 풍성하게 하기 위해 내가 더 준비해야 할 것이 무엇인지 질문하라. 우리가 섬기는 사람들을 향해 가장 좋은 것을 제공하기 위해 더 준비해야 하는 것은 무엇인가? 이러한 질문은 평생토록 이어져야 하고, 우리는 평생토록 더 좋은 것을 제공하기 위해 노력해야 한다.

3) 누가 내 사역대상인가?

너무나 많은 교회들이 실제적인 사역대상을 알지 못한 채, 우리가 머릿속으로 생각한 가상의 사람들을 향한 사역을 개발하는 데 많은 시간을 보내고 있다. 그 결과 우리의 사역대상은 우리의 노력에 비해서 그리 만족해하지 않는다. 그러므로 우리는 다음과 같이 물어야 한다.

(1) 누가 진짜 사역대상인가?

우리는 사역을 준비하면서 우리 교회가 모든 사람의 욕구를 충족시킬 수 없다는 것을 깨닫는 것이 중요하다. 특히 개척단계에서 지나치게 많은 사역을 개발하는 것은 비효율적이고, 불가능하다. 모든 사람을 사역대상으로 삼으면, 한 사람도 만족시킬 수 없다는 것을 명심하라. 그러므로 허상을 좇지 말고 사역대상을 구체적으로 명확하게 설정하라.

내 머릿속에 있는 사역에 심취해서 실재하는 사역대상을 망각하는 일은 의외로 허다하게 발생한다. 이런 오류를 극복하기 위해서는 대부분의 노력을 사역대상에게 집중할 필요가 있으며, 그들과 최대한 밀착해야 한다.

우리의 사역대상은 ······이다.

우리의 사역대상은 이러한 필요조건이나 삶의 스타일을 갖고 있다.

①

②

③

(2) 우리의 사역대상은 지역사회 안에 얼마나 많은가?

지역사회 조사는 내 사역의 성공 가능성을 사전에 분석하고, 실패의 위험과 새로운 대안을 파악하는 중요한 활동이다. 특히 사역의 규모와 미래의 확장 가능성을 예측하기 위해서도 지역사회 조사를 통한 지역사회 안에서 사역대상의 규모를 파악해야 한다.

(3) 사역대상은 우리의 사역을 좋게 평가하는가?

우리의 사역에 대해 설명하며 사역대상자들과 이야기를 나눠보라.

"이 사역에 동참할 의향이 있으십니까?"

"그렇다면 얼마나 열심히 참여하고 싶으십니까?"

되도록 많은 사항들을 기록해 놓으라.

① ······의 생각

② ······의 생각

4) 그 대상을 향해 어떻게 접근할 것인가?

(1) 사역 홍보의 목표는 무엇인가?
(2) 우리의 홍보 전략은 무엇인가?
(3) 구체적인 홍보 계획은 어떤가?

5) 우리의 경쟁자는 누구인가?

(1) 누가 당신의 경쟁상대인가?

세상의 기업들은 성공을 위해 경쟁사를 철저하고 정확하게 파악하고 있다. 현재 당신이 계획하고 있는 사역은 어느 누군가가 이미 하고 있다는 사실을 항상 염두에 두는 것이 좋다. 그렇다면 그들이 누구인지, 내 사역대상을 향해 무엇을 제공하고 있는지 알아낼 필요가 있다.

새들백 교회의 릭 워렌 목사는 자신의 경쟁상대는 주위의 교회들이 아니라 세상의 레저산업이며, 문화라고 했다. 이와 같이 우리가 말하는 경쟁상대란 내가 섬기고자 하는 사람에게 다가가고 있는 기업이나 기관, 그리고 종교단체들을 포함한다.

당신의 경쟁상대는 누구인가? 상위 다섯 곳을 적어보라.
①
②
③
④
⑤

(2) 경쟁상대는 무엇을 하고 있는가?

① 경쟁상대 이름

② 주요 사역대상

③ 주요 사역

④ 주요 사역의 특징들

⑤ 주요 사역 파트너

⑥ 그들의 홍보 전략

⑦ 지역사회 안에서 영향력의 정도

⑧ 그들의 강점, 약점, 전망

이러한 것들은 가능한 한 도표로 체계화하면 좋다.

(3) 경쟁력이 있는가?

경쟁상대가 제시하고 있는 것과 우리의 사역을 비교해 보았을 때 어느 것이 사역대상에게 대답이 되고 있다고 생각하는가? 우리가 말하는 경쟁력 이란 사역대상에게 더욱 더 도움이 되고, 그들이 매력을 느끼는 정도를 말한 다. 그렇다면 우리가 준비한 것이 경쟁력이 있는가?

(4) 경쟁력 강화를 위해 무엇을 더 보강할 것인가?

경쟁력 강화를 위해 보강할 사항을 기록하라.

①

②

③

6) 지원사항과 조달방법을 분명히 하라.

(1) 위의 사역을 시작하고 진행하는 데 필요한 지원사항은 무엇인가?

(2) 그것을 어떻게 조달할 것인가?

(3) 당신의 지원자에게 무엇을 말할까? 다음의 사역 플랜 항목에 답해 보라.

(4) 인터뷰 준비

당신의 지원자는 당신의 다음 사항들을 알고 싶어 할 것이다. 아래의 질문들에 대한 대답을 준비해 보자.

① 당신은 이런 사역을 해 본 경험이 있습니까?

② 그 결과는 어땠습니까?

③ 당신은 이 사역에서 어떤 결과를 거두길 바라십니까?

④ 이런 사역에서 실패와 성공 확률은 어떻습니까?

⑤ 실패확률이 높은데도 불구하고, 당신이 성공할 수 있는 이유는 무엇입니까?

7) 구체적인 사역 계획서를 작성하라.

(1) 비전(Vision) : 당신이 이루고 자 하는 사역의 결과는 무엇인가?

잘 준비된 비전 선언서는 자신 감이 넘치고, 미래의 가능성을 점치 게 하는 내용으로 가득 차 있으며, 실현하고자 하는 꿈을 상대방에게 깊이 각인시킨다. 비전 선언서는 아

비전 성취의 단계

Evaluation — Check&Replanning
Action — Implementation
Goal Setting — Plan
Mission — Task
Vision — Big Picture

이디어 속에 담겨 있는 열정을 전달한다.

　(2) 미션(Mission) : 이 사역이 존재해야 하는 이유는 무엇인가?

　미션 선언서는 사역의 존재 의의를 간결하고도 기억에 오래 남도록 서술하는 것이다. 사람들이 그 교회의 사역을 위해 헌신하려는 이유를 간결하게 보여준다.

　(3) 목표(Objectives) : 우리는 무엇을 언제까지 성취할 것인가?

　목표는 사역이 목적으로 했던 것을 구체화시키며, 그 진행상황을 객관적으로 측정할 수 있게 해준다. 목표는 중요한 사항에 초점을 맞추어 우선순위를 정하는 데 도움을 준다.

　(4) 전략(Strategies) : 이 사역을 어떻게 성취할 것인가?

　전략은 교회 안과 밖의 조직들의 방향을 설정하고 조직들이 중시하는 가치를 결정해준다. 전략은 또 조직 범위를 결정하는 역할로, 어떤 일을 하든지 좀 더 분명한 방향의식을 부여한다.

　(5) 플랜(Plans) : 무엇을 언제 할 것인가?

　플랜이란 목표를 달성하기 위해 어떤 구체적 행동을 취할지 정하는 것이다. 사업 전략과 목표, 플랜을 원하는 대로 달성하려면 모두 일관성과 상호연관성을 가져야 한다.

8) 다른 사람들의 의견을 들어라.

(1) 우리의 계획에 대한 타인의 의견은 어떠한가?

일단 주변 사람들의 이야기에 귀를 기울여라. 주변 사람들이 때때로 현실에 입각한 충고를 한다는 사실을 인지하라. 사람들의 조언을 듣는 것이야말로 비용을 들이지 않고도 위험요소를 사전에 파악할 수 있는 효과적인 방법이다. 그러므로 가능한 한 주위 사람들에게 내 사역에 대해 의견을 구하라.

(2) 우리의 계획에 대한 전문가들의 의견은 어떠한가?

개척 컨설턴트들과 상담하라. 그 외에도 해당분야의 전문가들을 만나보라. 그들의 의견을 경청하고, 필요한 만큼 계획을 수정하라.

10

M-Church로 변화를 유도하기

지금까지 우리는 M-Church를 위한 다양한 논의들을 해왔다. 그러나 문제는 기존의 교회 패러다임을 M-Church 패러다임으로 전환하기가 지극히 어렵다는 데 있다. 실제로 사회조직 중 가장 변화에 둔감한 것이 종교집단이다. 예배나 사고방식, 건물조차 1960년대를 연상케 하는 교회가 많이 있다. 비록 현대식 교회 건물과 시설은 갖춰져 있다고 하더라도, 내부의 조직과 문화는 여전히 예전 것 그대로를 답습하고 있는 교회도 많다.

반면에 현대사회는 급격하게 변화하고 있다. 사회조직과 운영방식이 변하고 있을 뿐만 아니라 그 안에 살고 있는 사람들의 삶의 방법과 사고방식까지 변하고 있다. 즉 문화가 변화하고 있는 것이다. 글로벌 사회, 정보화 사회, 과학기술 사회, 포스트모던 사회 등은 이미 진부한 용어가 된 듯하다. 사회를 표현하는 새로운 개념들이 속출하고 있다.

이러한 급변하는 사회에서 생존하기 위해서 기업과 조직들은 새로운 경영전략, 리엔지니어링, 조직 재구축, 기업 인수합병, 기업 축소, 신 시장 개발 등을 통해 대대적인 경영 혁신을 단행하고 있다. 불확실한 상황에 더 빠르게 대처할 뿐만 아니라 그 상황을 이끌어가기 위해서는 보다 수평적이고 유연한 조직 구조와 의사결정 구조가 요청되고 있다.

그렇다면 교회의 변화는 어떤 방법을 통해 이뤄낼 수 있을까? 이 마지막 장에서는 이 문제를 다뤄보기로 하자.

1. 조직의 변화에 대한 연구들

사회가 급변하면서 기업의 조직도 변화하지 않을 수 없게 되었다. 이제 조직 변화를 성공적으로 이뤄낼 수 없는 기업은 생존할 수 없다. 이러한 물결을 타고 조직 변화에 대한 책들이 많이 출판되고 있다. 그중에 중요한 것으로 롤프 스미스의 책, 「개인과 조직의 혁신을 위한 변화 7단계」를 들 수 있다.[1] 이 책에서 저자는 창조, 혁신, 그리고 지속적인 발전을 위한 전략으로 7단계의 마인드시프트를 주장한다. 저자가 제시하는 단계들은 다음과 같다.

1단계 : 효과 – 할 일을 한다.
2단계 : 효율 – 할 일을 제대로 한다.
3단계 : 개선 – 제대로 하는 일을 더 잘한다.
4단계 : 삭제 – 불필요한 일들을 하지 않는다.
5단계 : 모방 – 다른 사람들의 좋은 점을 따라한다.
6단계 : 차별화 – 아무도 하지 않는 일을 한다.
7단계 : 불가능에의 도전 – 불가능한 일을 한다.

하버드 경영대학원도 「변화경영의 핵심전략」에서 조직이 변화하기 위한 7단계 과정을 제시하고 있다.[2] 그 단계들은 다음과 같다.

1단계 : 문제점과 해결방안을 찾는 일에 경영진과 종업원이 공동으로 참여함으로써 전체 조직 구성원의 에너지와 헌신을 동원하라.

2단계 : 회사의 경쟁력을 어떻게 키우고 관리할 것인지 공유 비전을 개발하라.

3단계 : 변화를 주도할 리더를 찾아라.

4단계 : 활동 자체가 아니라 결과에 집중하라.

5단계 : 외곽에서부터 변화를 시작하고, 변화가 위로부터의 강요 없이 조직 전체로 확산되도록 하라.

6단계 : 공식적인 정책과 시스템, 조직 구조 등을 통해 성공적인 변화를 제도화하라.

7단계 : 변화 과정을 모니터링하고, 발생하는 문제점에 따라 전략을 수정하라.

그러나 조직 변화 문제에 있어서 가장 주목을 받는 사람은 존 코더일 것이다. 하버드 경영대학 리더십 분야의 석좌교수로 있는 존 코더는 아메리칸 익스프레스, 코카콜라, GE, GM 등 수많은 기업과 공공기관에 대한 컨설팅과 강연으로 유명하다. 한국에 번역된 책만도 「변화의 리더십」, 「기업이 원하는 변화의 기술」, 「변화관리」, 「기업이 원하는 변화의 리더」 등 다수가 있다.[3] 우리는 이후에 코더가 제안하는 조직 변화의 8단계를 기독교적인 관점에서 살펴보려고 하는데, 그 이유는 코더의 접근방법이 교회 조직에 적용하기에 더 적절하다고 보이기 때문이다.

첫째, 실행이 현실적이다. 변화 선도팀을 구성하는 문제라든지, 비전을 세우고 모든 회중에게 전파하는 것 등, 그의 여러 제안들이 변화를 일궈낼 교회 지도자들이 구체적으로 따라갈 수 있는 제안들로 보인다.

둘째, 코더의 주장은 사람의 변화에 초점을 둔다. 코더가 제시하는 조직 변화를 위한 8단계에서 가장 중요한 과제는 사람의 행동을 변화시키는 것에 있다. 물론 전략과 시스템, 문화 외에 다른 요소들의 변화도 중요하다. 그러나 코더는 이 모든 것에 영향을 주는 가장 핵심적인 문제는 '사람의 행동'이라고 말한다.[4]

셋째, 코더의 이론은 느낌(feeling)의 중요성을 강조한다. 그의 주장에 의하면 행동의 변화는 사고작용에 영향을 주는 분석자료를 제시하는 것보다는 감정에 호소하는 것이 더 강한 효과가 있다. 즉 변화의 요체는 감정이라는 것이다. 그러므로 '본다-느낀다-변화한다'의 도식이 '분석한다-사고한다-변화한다'는 흐름보다 훨씬 더 강한 변화의 힘을 지닌다.[5]

이제 코더가 제시하는 조직 변화의 8단계를 교회 조직의 변화라는 관점에서 살펴보기로 하자.

2. 교회의 변화를 성공적으로 이끄는 8단계

1) 위기감을 고조시킨다.

교회가 변화를 거부하는 이유 중 많은 부분은 위기의식의 부재 때문이다. 다른 교회는 몰라도 우리 교회는 아직 문제가 없다는 자만심이 교회 개혁의 발목을 잡고 있다. 이는 다음과 같은 이유에 근거한다.

① 가시적인 중대 위기의 부재
② 교회 지도층의 근거 없는 낙관론
③ 겉으로는 인적 물적 자원이 풍부하게 보임
④ 교회에 대한 기대치를 낮게 잡음

⑤ 단편적 목표 달성에 초점을 맞춘 교회 조직 구조

⑥ 교회의 업적에 대한 외부자의 충분한 평가 부족

⑦ 새로운 것을 거부하는 인간의 본성

⑧ 비판적이거나 솔직한 말을 하는 사람 죽이기

그러나 이러한 근거 없는 자만심을 방치하면 교회의 사회적 영향력이 감소하고 성장 또한 그치게 된다. 그러므로 교회가 이러한 단계에 들어가기 전에 변화를 가져오기 위해서는 교회에 위기감을 고조시켜야 한다. 위기감을 고조시키는 방법은 다음과 같다.

① 다른 성장하는 교회들에 비해 취약한 교회의 부분을 교회 지도자들이 직시하도록 유도할 것

② 교회의 문제들에 대한 자료를 공개할 것

③ 교회의 목표치들을 쉽게 도달할 수 없을 정도로 높게 정할 것

④ 각 부서와 조직의 업적을 교회 전체의 비전의 관점에서 평가할 것

⑤ 교회에 대한 비판의 소리에 귀를 기울이도록 할 것

⑥ 컨설팅 등을 통해 외부자의 관점에서 교회를 분석해 볼 것

⑦ 교회 지도자들은 근거 없는 낙관적인 이야기를 중지할 것

⑧ 교회가 넘어야 할 많은 문제들에 주의를 집중하게 할 것

그러면 사람들이 스스로 말하기 시작한다. "우리는 변화해야 해!" 다시 점검하라. 위기감은 충분히 높은가? 자만심은 충분히 낮은가?

2) 강력한 변화 선도팀을 구성한다.

이렇게 위기감이 고조되고 변화의 필요성을 느끼게 되면, 강력하게 변화를 이끌고 나갈 지도자 팀을 구성해야 한다. 강력한 혁신 지도부가 없을 때 교회는 변화를 향해 나갈 수 없다. 그러므로 목회자는 리더십을 가진 교인들로 하여금 미래를 형성하는 일에 참여하도록 요청하고 도전해야 한다.

① 영향력 있는 사람들을 모아 교회의 혁신을 주도할 구심체를 구성한다.
② 그들이 하나의 조화된 팀으로 일할 수 있도록 유도한다.

M-Church를 향해 변화를 주도할 혁신 지도부를 구성하는 방법과 단계는 다음과 같다.

(1) 적합한 인물 찾기

가장 중요한 것은 하나님을 향한 강한 열정이 있고, 하나님 나라를 위해 헌신할 수 있으며, 진정으로 교회를 사랑하는 사람이어야 한다. 이러한 사람은 비전을 볼 수 있고, 교회의 근본 문제를 파악할 수 있다.

나아가 교회 조직의 면에서 리더십이 있고, 많은 경험을 갖추고 있으며, 확실히 믿을 수 있는 사람이면 더욱 좋다.

이 단계에서 목회자는 현재의 교인을 갱신의 역할을 감당하기에 충분한 것으로 믿고 인정해야 한다. 목회자가 지금 갖고 있지 못한 것을 애석해 하는 것은 하나님의 시험이다. 교회의 갱신은 그곳에 없는 사람들이 아니라 그곳에 있는 사람들과 함께 시작되어야 한다. 만약 하나님이 지금 교회가 감당할 수 없는 일을 원하신다면, 그 일을 감당할 수 있는 사람이나 단체를 보내주실 것이다.

(2) 신뢰 구축하기

변화 선도팀은 많은 대화와 집단활동을 통해 서로의 비전과 삶을 이해할 수 있는 기회를 만들어야 한다. 신뢰는 자동적으로 주어지는 것이 아니다. 신뢰는 획득되어야 한다. 그러나 사람들이 일단 서로를 신뢰하게 되면, 그들은 기꺼이 함께 모험을 하고, 새로운 실천을 향해 움직여 나갈 수 있다.

(3) 공동목표 개발하기
① 도시사회 속에서 선교를 수행하기 위한 경쟁환경 분석
② 현재와 미래의 위기 속에서 선교의 기회와 요인 파악 및 검토
③ 지적인 면에서 합리적인 목표
④ 정적인 면에서 강한 호소력 있는 목표

3) 비전을 새로이 정립한다.

많은 교회들이 교회의 위기에 대해 피상적인 대응을 한다. 새 목회자를 구하고, 교인들에게 사랑스러운 찬송을 부르게 하고, 성경공부를 강화하고, 다양한 프로그램을 실시해 본다. 그러나 그러한 노력에 그리스도의 역동적 실재가 없으면 아무 소용이 없다. 물론 교인들 개인적으로 깊은 신앙 가운데 거하는 사람들도 있을 것이다. 그러나 교회공동체 공통의 비전, 부활의 신앙이 주는 비전 없이는 교회가 살아서 제 기능을 하지 못한다. 많은 교회들이 비전의 중요성을 과소평가하거나 인식하지 못할 때가 많다. 그러나 변화는 강력한 비전 없이는 이루어질 수 없다.

그러므로 변화 선도팀은 교회 혁신의 방향을 제시하기 위한 비전을 개발하고, 그 비전을 실현시키기 위한 구체적 전략을 개발해야 한다. 이 과제를 위해 선도팀은 먼저 기도하고, 성경공부를 통해 하나님의 뜻을 헤아리며, 지

역 분석을 통해 선교 현장을 이해하고, 많은 토론을 통해 하나님의 뜻을 찾아나가야 한다.

(1) 하나님께서 주시는 비전

분명한 것은 교회의 갱신은 하나님의 일이라는 사실이다. 우리가 할 일은 영적인 눈으로 그 일을 바라보는 것이다. 교회는 하나님의 교회라는 믿음이 중요하다. 그리고 우리는 하나님으로 하여금 당신이 당신의 교회를 통해 하고 싶어 하시는 일을 하시도록 해야 한다. 교회 안에 그리스도의 임재가 인정될 때 성령께서 활동을 시작하신다. 그리스도가 교회의 머리로 인정될 때 그분은 우리의 삶 속에서 자유롭게 활동하신다. 그리고 바로 그때 기도에 대한 응답이 나타난다. 그러므로 변화를 원하는 교회는 교회의 근원에로 돌아가야 하고, 함께 모여 기도하는 일에 매진해야 한다. 우리가 입으로만 말해 왔던 것을 믿고, 그대로 행동하기 시작할 때, 하나님이 허락하시는 비전이 점점 분명해지기 시작한다.

① 그리스도의 몸으로서의 교회
② 화해의 공동체
③ 치유하는 공동체
④ 은사공동체
⑤ 선교와 전도하는 공동체
⑥ 모든 교인들이 사제요 선교사인 공동체

(2) 효과적인 비전

비전은 하나님께서 주시지만, 선도팀은 이 비전을 사람들이 이해할 수 있는 형태로 바꿔주어야 한다. 이를 위한 조건들은 아래와 같다.

① 모두가 상상할 수 있는 것이어야 한다. 미래에 우리 교회가 어떻게 될 것이라는 그림을 보여주어야 한다.

② 모두가 원하는 것이어야 한다. 교회에 관계된 사람들의 장기적인 이익을 보여주어야 한다.

③ 실행 가능해야 한다. 실제로 달성할 수 있는 목표들이어야 한다.

④ 구체적이어야 한다. 의사결정에 도움을 줄 수 있도록 명료해야 한다.

⑤ 융통성이 있어야 한다. 환경 변화에 적응할 수 있고, 각 개인의 독자성이 인정되어야 한다.

⑥ 쉽게 전파될 수 있어야 한다. 5분 내에 알아들을 수 있도록 설명할 수 있어야 한다.

4) 새로운 비전을 전파한다.

목회자와 몇몇 지도자들이 비전을 가지고 있다고 하더라도, 그 비전을 충분히 전파시키지 못하면 회중 전체의 공감대를 형성하지 못한다. 이 일에 선도팀은 모든 방법을 동원하여 새로운 비전과 전략을 널리 알린다. 그들은 솔선수범하여 그들의 삶을 통해서 그들이 고취했던 비전의 모델이 될 필요가 있다. 누군가 그 비전이 작동하는 방식을 보여주어야 하기 때문이다.

(1) 반대자 설득하기

비전이 선포되면 사람들은 물과 기름처럼 분리된다. 하나님의 나라에 대한 꿈을 갈망하던 사람들은 기쁨에 흥분하게 되고, 생존주의적 사고를 고집하는 이들은 당황하게 된다. 그러나 그럴 때일수록 선도팀은 인내와 포용성을 가지고 사람들을 설득해 나가야 한다.

(2) 성공적 비전 전파의 원칙

① 쉬운 용어 : 전문용어나 기술용어를 사용하지 마라.

② 은유법, 유추법 그리고 사례 : '말로 묘사하는 그림'은 천 마디 낱말보다 낫다.

③ 다양한 기회 이용 : 크고 작은 회의, 메모와 신문기사, 공식적이거나 비공식적인 접촉, 이 모든 것들이 뜻을 전달하는 데 매우 효과적이다.

④ 반복 : 아이디어는 여러 번 거듭해서 들어야만 마음 깊숙이 뿌리를 내린다.

⑤ 솔선수범에 의한 리더십 : 비전과 일치하지 않는 교회 리더의 언행은 다른 의사 전달도 망쳐 버린다.

⑥ 모순처럼 보이는 것은 충분히 설명: 앞뒤가 안 맞는 것처럼 보이는 것을 충분히 해명하지 않으면, 모든 의사 전달에 대한 신뢰성이 떨어진다.

⑦ 서로 주고받기 : 양방향 의사 전달 방식이 일방통행식 방법보다 항상 더 유용하다.

5) 행동을 위한 권한을 부여한다(empowerment).

① 교회 조직 구조를 비전에 걸맞게 만들 것 : 비전과 일치하지 않는 조직 구조는 구성원들의 행동 변화를 방해한다.

② 교회 구성원들이 필요로 하는 교육훈련을 제공할 것 : 사람들은 신앙생활을 삶으로 옮기고 선교와 전도를 수행할 수 있는 능력과 자세가 갖추어질 때 자신 있게 변화를 향해 움직인다.

③ 교회 혁신의 장애가 되는 리더들을 관리할 것 : 변화에 반대하는 리더들을 지혜롭게 관리함으로 전체가 힘을 잃는 일이 없도록 한다.

6) 단기간에 가시적인 성과를 이끌어낸다.

(1) 가지적 성과 실현

교회가 비전 성취의 가능성을 체험할 수 있도록 비전을 향한 가시적인 성공사례를 의도적으로 계획하고, 실현한다. 그리고 이 사례를 성공시킨 구성원들을 여러 사람 앞에서 칭찬하고 포상함으로써 다른 사람들도 비전을 향해 용기를 낼 수 있도록 한다. 사람들이 변화의 가능성을 보게 되면, 변화에 저항하는 사람들이 점차 줄어들고 추진력이 형성된다.

(2) 단기적 성과의 역할

① 비전 성취의 가능성이 증명됨 : 비전이 가시적 성과로 나타남으로써 교회 구성원들의 용기를 북돋워줄 수 있다.
② 교회 혁신의 선도적 인물들을 격려해 줌 : 비전을 이끌기 위해 모험을 감행한 사람들의 사기를 북돋워주고 동기를 유발케 하는 효과가 있다.
③ 교회 비전의 반대자들을 무력화시킴 : 혁신의 효과가 분명하면 방해하기가 어렵게 된다.
④ 리더들을 계속 변혁에 참여시킴 : 교회 조직의 상위그룹 멤버들에게 혁신이 제대로 되고 있다는 증거를 보여준다.
⑤ 추진력을 증가시킴 : 방관자를 지지자로, 수동적인 지지자를 적극적인 주도자로 바꾼다.

7) 프로젝트를 본격적으로 추진한다.

교회가 하나님께서 주신 새로운 비전을 갖게 되면, 목회자나 교회의 다른 지도자들은 교인들을 통제하려는 마음을 버려야 한다. 성령은 교인들이 무언가를 추구하고, 기도하고, 은사를 발견하고, 짐을 나누고, 동의를 이뤄 내는 일련의 과정을 통해 하나님의 백성들을 지도하신다. 그것은 유기적인 과정이다.

이때 지도자는 비전을 향한 변화의 속도를 늦추지 않고, 비전이 충족될 때까지 더 큰 변화의 물결을 만들어야 한다. 단기적이고 작은 성공사례에서 얻은 신뢰감을 바탕으로 새로운 비전에 맞지 않는 시스템, 조직 구조, 목회 방향을 개혁해 나간다. 비전을 실현시킬 수 있는 능력 있는 사람들을 개발 하여 리더로 세우고, 새로운 선교 프로젝트를 추진하거나 더 큰 비전을 제시 하며, 새로운 혁신적인 리더들을 세워서, 지속적으로 교회의 분위기를 쇄신 해 나간다.

8) 조직에 변화를 정착시킨다.

일단 교회 조직이 변화하고 그에 따른 많은 성과들이 나타나면 그러한 교회의 혁신을 조직문화로까지 승화시키는 과제가 남아 있다. 그래야만 교 회는 변화된 패러다임 속에서 계속적으로 사명을 감당할 수 있기 때문이다.

이때 교회는 계속적으로 하나님과의 교제가 끊이지 않도록 해야 한다. 기도, 교육, 시범, 그리고 피드백 등을 통해 사람들은 성령의 지시를 따르는 법을 배울 수 있으며, 그렇게 함으로써 주님의 인도를 받아 함께 변화의 여 행을 할 수 있게 된다.

교회문화 속에 혁신의 뿌리를 내리기 위해서는 다음의 사항들이 필요하 다.

① 처음 단계가 아니고 마지막 단계다 : 행동규범과 공유가치관을 고치

는 것은 혁신과정의 마지막 단계다.

② 결과에 달려 있다 : 혁신은 그것이 옛 방식보다 좋다는 것이 분명히 검증된 뒤에야 교회문화 속에 뿌리를 내리게 된다.

③ 많은 이야기가 필요하다 : 교회 혁신 방향에 대한 설명이나 지지 발언을 하지 않으면 사람들은 새로운 방향이 타당하다는 것을 인정하려 들지 않는다.

④ 사람의 교체가 필요할 때도 있다 : 문화를 바꾸기 위해서는 때로 핵심 리더들을 교체해야 한다.

이제 교회는 전통의 방해나 변화 관리, 리더의 교체와 같은 사안이 발생하더라도 새로이 형성된 행동이 지속된다.

3. 되짚어보기 : 계속적인 변화를 위하여

지금까지 M-Church로 변화를 유도하기 위한 단계들을 살펴보았다. 그런데 이러한 교회의 조직 변화를 이루기 위해서는 관리자(manager)형 목회자보다는 리더(leader)형 목회자가 절실하게 요청된다. 관리(management)는 현재적인 조직 구조의 유지에만 집중하는 데 비해서 리더십(leadership)은 미래에 성취될 비전을 향해 조직을 움직여가기 때문이다.

관리자형 목회자는 크게 세 기능을 수행한다. 첫째는 기획 및 예산 수립 기능으로 조직의 목표 달성을 위한 세부단계 및 일정계획 작성, 이에 따른 예산을 배정한다. 둘째는 조직 및 충원 기능으로 계획의 집행을 위해 조직의 얼개를 짜고 사람을 배치하며, 책임과 권한을 맡기고, 그 실행을 위해 내부 규정과 절차를 만들며, 성과 측정을 위한 방법을 개발한다. 셋째는 통제 및 문제 해결 기능인데 얻어진 결과와 처음 계획과의 차이를 검토하고, 이에 따른 문제점을 해결한다. 이러한 관리자는 어느 정도 예측 가능하고, 원인과 결과를 설명할 수 있는 법칙이 있으며, 이해 관계자들이 기대하는 단기적 성과를 이루어 내는 일에 능력을 발휘한다.

반면에 리더형 목회자는 다음과 같은 일에 집중한다. 첫째, 방향 설정 기능으로서 조직이 나가야 할 비전을 확립하고 이를 성취할 수 있는 전략을 개발한다. 둘째, 인적 자원의 집중화인데, 조직 구성원들에게 조직이 나아갈 방향을 제시하고, 조직원들이 비전을 성취해 나갈 수 있도록 혁신지도부나 팀을 만든다. 셋째, 리더는 비전을 향한 동기를 부여하고 사기 진작을 위해 전력을 다한다. 이 과정에서 조직 구성원의 욕구를 만족시켜 줌으로써 비전 성취의 저해요인이나 자원의 한계를 극복하도록 격려한다. 이러한 리더는 특히 극적인 혁신을 이뤄내야 할 때 큰 힘을 발휘한다.

현대사회는 한 치의 앞도 예측할 수 없는 변화의 시대에 있다. 이러한 시대에는 변화의 물결을 탈 수 있는 유연한 조직 구조를 요청한다. 미래사회에서는 변화의 힘이 곧 경쟁력이 된다. 그리고 유연한 조직을 운영하는 데에는 관리자형 목회자보다는 리더형 목회자가 적절하다.

또한 교회는 한 번의 변화에 안주해서는 안 된다. 항상 변화의 물결을 감지하고 변화된 상황 속에서 새로운 사명에 대응하려는 태도가 필요하다. 이를 위해서 다음의 사항은 필수적이다.

① 위기의식의 유지
② 팀 목회
③ 리더십을 배양하는 인큐베이터
④ 최대한의 자율성을 갖는 교회의 각 조직 리더들
⑤ 수평적이고 군살 없는 조직 구조

⑥ 각 부서의 독립성을 높이는 조직

⑦ 적응력 높은 교회문화

⑧ 점진적인 변화는 없다.

한국의 개신교회가 다시 한 번 사명의식을 회복하고, 뜻이 하늘에서 이룬 것같이 땅에서 이뤄지기를 기도하며 세상으로 나가, 하나님 나라를 위해 썩어져가는 밀알이 되기를 간절히 기도한다.

내 것으로
만들기

1. 조직은 어떻게 변화하는가? 특히 교회 조직은 어떻게 변화될 수 있는가에 대해 이야기해 보자.

2. 존 코더의 조직 변화의 8단계는 우리 교회에 어떤 의미를 주는가?

3. 우리 교회에 적용 가능한 요소들을 중심으로 변화를 일으킬 계획을 세워보자.

4. 기도하면서 교회의 변화를 이끌자.

후기

한국 개신교회에 갈수록 차가운 바람이 불고 있습니다. 교회의 이미지는 나빠져 가고 있고, 대부분의 교회에서 교인의 수는 줄어들고 있습니다. 특히 막 개척한 작은 교회들은 이러한 사회의 변화를 최전방에서 체험하고 있습니다.

그러나 이러한 위기는 회개와 자성, 그리고 거듭남을 향한 기회이기도 합니다. 지금까지 유래 없는 교회성장으로 세계를 놀라게 했던 한국교회가 잠시 교만하여 기도와 말씀 보기를 게을리 하고, 타성에 젖은 목회에 안주하며, 세상에 나가 복음을 나누고 성취하는 일을 소홀히 했다면 이제는 다시 근본으로 돌아갈 때입니다. 이제 한국교회는 교회가 존재하는 목적을 재확인하고 이 목적을 이루기 위해 총력을 다하는 사명 중심적 교회(Mission-centered Church)가 되어야 합니다. 필자는 이 책을 통해 사명 중심적 교회의 특징을 다음과 같이 제안하려고 했습니다.

1) 기도와 말씀으로 돌아가기
2) 성서적 교회론을 회복하기
3) 교회의 사명을 분명히 하기
4) 교회 전체를 사명 중심적으로 재조직하기

5) 사명을 이룰 수 있는 보다 효과적인 방법을 찾기

6) 최선을 다해 실천하기

7) 실패를 두려워하지 말고, 수정 후 다시 도전하기

8) 주위의 교회들과 협력하기

9) 지역의 선한 단체들과도 적극적으로 협력하기

10) 결과적으로 하늘의 뜻이 땅에서도 이뤄지는 데 쓰임 받는 교회 되기

하나님의 명령 앞에 응답하는 모습은 저마다 다릅니다.

1) 회피하는 사람

2) 아무 생각이 없는 사람

3) 마음은 있는데, 어떻게 해야 할지 알지 못하는 사람

4) 방법을 알고도 행동하지 않는 사람

5) 알고, 헌신하는 사람

6) 알고, 효과적으로 헌신하는 사람

여섯 번째 사람이 가장 지혜로운 사람일 것입니다. 이 책은 하나님의 명령에 응답하고, 실천방법을 알며, 효과적으로 헌신하는 교회가 되는 길을 모색한 결과물입니다. 이러한 노력에 동참하려는 보다 많은 사역자들을 기대합니다.

I.이론적 근거

2. 건강한 교회

Herron, Fred. *Expanding God's Kingdom Through Church Planting*. iUniverse.com, 2003.

Logan, Robert E., Steven L. Ogne. *Churches Planting Churches*. ChurchSmart, 1995.

Moore, Ralph. *Starting a New Church*. Regal Books, 2002.

Murray, Stuart, J. Nelson Kraybill. *Church Planting: Laying Foundations*. Herald Pr, 2001.

Sjogren, Steve, Rob Lewin. *Community of Kindness*. Regal Books, 2003.

Stetzer, Ed. *Planting New Churches in a Postmodern Age*. Broadman & Holman Publishers, 2003.

김연택. 「*21세기 건강한 교회*」. 서울: 제자, 1997.

도나휴, 빌, 러스 로빈슨. 소그룹, 「*사역을 망치는 7가지 실수*」. 서울: 국제제자훈련원, 2003.

빌 하이벨스 외. 「네트워크 은사배치 사역」. 서울: 프리셉트, 1997.

빌 하이벨스 외. 「네트워크 은사배치 사역: 실행용 지침」. 서울: 프리셉트, 1997.

빌 하이벨스 외. 「네트워크 은사배치 사역: 인도자 지침」. 서울: 프리셉트, 1997.

샐리어스, 돈 E. 「예배와 영성」. 서울: 은성, 2002.

쇼그린, 스티브. 「*101전도법*」. 서울: NCD, 2002.

쇼그린, 스티브. 「자연적 전도」. 서울: NCD, 2001.

슈바르츠, 크리스티안 A. 「자연적 교회 성장」. NCD, 2000.

슈바르츠, 크리스티안 A. 「자연적 교회 성장 실행지침서」. NCD, 2000.

슈바르츠, 크리스티안 A. 「자연적 교회 성장 첫걸음」. NCD, 2001.

슈바르츠, 크리스티안 A. 「자연적 교회 성장 패러다임」. NCD, 2000.

와그너, 피터. 「은사를 발견하라」. 서울: 규장, 2002.

워렌, 릭. 「새들백 교회 이야기」. 서울: 디모데, 1997.

위어스비, 워런 W. 「참된 예배를 회복하라」. 서울: 생명의말씀사, 2002.

정진우 편. 「전도 소그룹이 폭발한다」. 서울: NCD, 2002.

채이석 외. 「건강한 소그룹 사역 어떻게 할 것인가」. 서울: 기독신문사, 2000.

코미스키, 조엘. 「*사람들이 몰려오는 소그룹 인도법*」. 서울: NCD, 2003.

Tapes

Purpose-Driven Church Conference Lecture Audio Tape, "Building A Purpose-Driven Church: Establishing A Foundation for Growth"

Purpose-Driven Church Conference Lecture Audio Tape, "Building Your Congregation: Turning Attenders into Members"

Purpose-Driven Church Conference Lecture Audio Tape, "Leading Your Church Through Change: Barriers to Growth, Essentials for Growth, Keys to Leading Change" (Part 1)

Purpose-Driven Church Conference Lecture Audio Tape, Attracting And Keeping A Crowd: How To Design Seeker Sensitive Services (Part 4-2)

Purpose-Driven Church Conference Lecture Audio Tape, "Leading Your Church Through Change: Barriers to Growth, Essentials for Growth, Keys to Leading Change" (Part 9-2)

Purpose-Driven Church Conference Lecture Audio Tape, "Targeting Your Community: Learning To Fish For Souls Like Jesus"

Ralph W. Rowley, "crave the wave" from 인터넷.

Mark A. Wyatt, "Church's message, not methods, is sacred, Rick Warren says" from 인터넷.

Internet Sites

http://www.nextchurch.org/

http://www.huntingtoncounty.org/Church_Planting/index.html

http://www.mislinks.org/church/chplant.htm

http://www.churchsmart.com/

http://www.cmtcmultiply.org/

http://www.dcpi.org/

http://www.newlifeministries-nlm.org/online/links-chplant.htm

http://www.newchurchspecialties.org/index.shtml

3. 이머징 교회

Bradshaw, Bruce. *Bridging the Gap*. Monrovia, CA: MARC, 1993.

Gibbs, Eddie, Ryan K. Bolger. *Emerging Churches.* Grand Rapids, MI: Baker Academic.

Kimball, Dan. *They Like Jesus But Not The Church.* Grand Rapids, MI: Zondervan, 2007.

Kraft, Charles H. *Christianity in Culture.* New York: Orbis Books, 1992.

Miller, Craig Kennnet. *Postmoderns.* Nashville, TE: Discipleship Resources, 1996.

Moynagh, Michael. *emergingchurch.intro.* Grand Rapids, MI: Monarch Books.

Towns, Elmer L., Ed Stetzer. *Perimeters of Light.* Chicago, IL: Moody Publishers, 2004.

Wilson, Jim L. *Future Church.* Nashville, TE: Broadman&Holman Publishers, 2004.

그린, 마이클. 「신앙의 미로를 향해하며」. 서울: 서로사랑, 2005.

뉴비긴, 레슬리. 「포스트모던 시대의 진리」. 서울: IVP, 2005.

미들턴, 리차드, 브라이언 왈시. 「포스트모던 시대의 기독교 세계관」. 서울: 살림, 2007.

슈바이커, 윌리엄. 「포스트모던 시대의 기독교 윤리」. 서울: 살림, 2003.

스윗, 레너드. 「영성과 감성을 하나로 묶는 미래 교회」. 서울: 좋은씨앗, 2002.

존스톤, 그래함. 「포스트모던 시대의 설교전략」. 서울: 한국기독교연구소, 2006.

킴볼, 댄. 「고위한 예배」. 서울: 이레서원, 2004.

킴볼, 댄. 「시대를 리드하는 교회」. 서울: 이레서원, 2007.

4. M-Church 패러다임

Abelove, Henry. *The Evangelist of Desire.* Stanford, California: Stanford University Press, 1990.

Anderson, James D., Ezra Earl Jones. *Ministry of the Laity.* San Francisco: Harper&Row, 1983.

Bloesch, Donald G. *Wellsprings of Renewal, Promise in Christian Communal Life.* Grand Rapids: Eerdmans, 1974.

Bosch, David. *Transforming Mission.* Maryknoll, New York: Orbis Books, 1993.

Doohan, Leonard. *Laity's Mission in the Local Church.* San Francisco: Harper&Row, 1986.

Engen, Charles Van. *God's Missionary People.* Grand Rapids, MI: Baker Book House, 1991.

Fahrer, Walfred J. *Building on the Rock: A Biblical Vision of Being Church Together from an Anabaptist-Mennonite Perspective.* Scottdale, PA: Herald Press, 1995.

Guder, Darrell L. ed. *Missional Church.* Grand Rapids, MI: William B. Eerdmans Publishing Company, 1998.

Hahn, Celia A. *Lay Voices.* New York City: An Alban Institute, 1990.

Hebblethwaite, Margaret. *Base Communities.* Mahwah, NJ: Paulist Press, 1994.

Hesselbein, Frances, Richard Beckhard and Marshall Goldsmith. 「미래의 조직」. 이재규, 서

재현 역. 서울: 한국경제신문사, 1998.

Kennedy, Paul. *Preparing for the Twenty-first Century.* New York: Random House, 1993.

King, Alexander. Bertrand Schneider. *The First Global Revolution: A Report by the Council of the Club of Rome.* New York: Pantheon Books, 1991.

Klaassen, Walter. *Anabaptism: Neither Catholic nor Protestant.* Waterloo, Ontario: Conrad Press, 1973.

Kohler, Robert F. ed. *Christian As Minister.* Nashville, TE: UMC, 1988.

Martin, Glen, Gary Mcintosh, *Creating Community.* Nashville, TE: Broadman&Holman Publishers, 1997.

Martin, Hans-Peter, Harald Schumann. 「세계화의 덫: 민주주의와 삶의 질에 대한 공격」. 강수돌 역. 서울: 영림카디널, 1999.

Mead, Loren B. *The Once and Future Church.* NY: The Alban Institute, 1994.

Naisbitt, John, Patrica Aburdene. *Megatrends 2000.* New York: William Morrow and Company, 1990.

Naisbitt, John. *Global Paradox: The Bigger the World Economy, the More Powerful Its Smallest Players.* New York: William Morrow and Company, 1994.

O'Halloran, James. *Living Cells.* Maryknoll, NY: Orbis Books, 1984.

O'Halloran, James. *Signs of Hope: Developing Small Christian Communities.* Maryknoll, NY: Orbis Books, 1992.

Rausch, Thomas P. S. Jr., *Radical Christian Communities.* Collegeville, Minnesota: The Liturgical Press, 1990.

Rouner, Arthur A. Jr. *The Free Church Today: New Life for the Whole Church.* New York: Association Press, 1968.

Rowthorn, Anne. *The Liberation of the Laity.* Harrisburg, PA: Morehouse, 1986.

Snyder, Howard A. *Commnity of the King.* Downers Grove, IL: InterVasity Press, 1997.

Snyder, Howard A. *Liberating the Church.* Downers Grove, IL: Inter-varsity press, 1990.

Snyder, Howard A. *Signs of the Spirit: How God Reshapes the Church.* Grand Rapids, MI: Zondervan Publishing House, 1989.

Snyder, Howard A. *The Problem of Wineskins Today.* Houston, TX: Touch Publications, 1996.

The Western European Working Group and North American Working Group of the Department on Studies in Evangelism. *The Church for Others.* Geneva: World Council of Churches, 1967.

Toffler, A. *The Third Wave.* New York: Bantam Books, 1981.

Williams, Colin W. 「교회」. 이계준 역. 서울: 대한기독교서회, 1984.

고이치, 다케다. 「팀 심리코칭」. 심교준 역. 서울: 한언, 2003.

고훈. 「교회 성장을 위한 팀 목회」. 서울: 베드로서원, 1996.

기독교대한감리회 편. 「하나님의 나라, 교회, 민중」. 서울: 기독교대한감리회, 1988.

길버트, 래리. 「팀 사역」. 채수범 역. 서울: 프리셉트, 1995.

김만배. 「선교 지향적 팀목회론」. 서울: 진리와자유, 1999.

김명혁. 「현대교회의 동향」. 서울: 성광문화사, 1991.

노치준. 「한국의 교회 조직」. 서울: 민영사, 1995.

니젤, 빌헬름. 「비교교회론」. 이종성, 김항안 역. 서울: 대한기독교출판사, 1988.

드루리, 케이스 외. 「청소년 멘토링: 청소년 지도자들을 위한 멘토용 지침서」. 박안석 역. 서울: 멘토, 2003.

마쿼츠, 마이클. 「초 학습조직 구축법」. 서울: 창현출판사, 1997.

맥라렌, 브라이언. 「저 건너편의 교회」. 이순영 역. 서울: 낮은울타리, 2002.

박건. 「멘토링 목회전략」. 서울: 나침반사, 1999.

버트리, 다니엘. 「생존을 넘어서는 교회」. 장종현 역. 서울: 기독교연합신문사, 2002.

베킷, 밥. 「지역을 바꾸는 기도」. 예수전도단 역. 서울: 예수전도단, 2002.

빌, 밥. 「멘토링: 사람을 세우는 22가지 원리」. 김성웅 역. 서울: 디모데, 1997.

세계교회협의회 편. 「선교와 전도: 세계교회의 입장」. 서울: 기독교대한감리회선교국, 1985.

스토트, J. R. W. 「현대의 기독교 선교」. 서정운 역. 서울: 대한기독교서회, 1982.

아이버슨, 딕. 「팀 목회」. 서울: 진흥, 1999.

염필형. 「한국 교회와 새로운 선교」. 서울: 이문출판사, 1989.

유영만. 「지식경제시대의 학습조직」. 서울: 고도컨설팅, 1995.

이계준. 「한국 교회와 하나님의 선교」. 서울: 전망사, 1981.

이원규 편. 「한국 교회와 사회」. 서울: 나단, 1989.

이형기. 「WCC, Vatican II, WARC 해방신학 및 민중신학이 지향하는 교회의 사회참여」. 서울: 성지출판사, 1990.

장성배. 「글로벌시대의 교회, 문화, 그리고 사이버스페이스」. 서울: 성서연구사, 2001.

조종남 편. 「로잔: 세계 복음화 운동의 역사와 정신」. 서울: IVP, 1992.

존스, 로리 베스. 「최고의 팀빌더 예수」. 송경근 역. 서울: 한언, 2002.

코디로, 웨인. 「팀으로 이끄는 교회」. 김경섭 역. 서울: 프리셉트, 2001.

코스타스, O. E. 「성문 밖의 그리스도」. 김승환 역. 서울: 한국신학연구소, 1990.

쿡, 마샬. 「코칭의 기술」. 서천석 역. 서울: 지식공작소, 2003.

퍼니스, 퍼드낸드. 「리더를 위한 코칭스킬」. 서울: HR Partner 컨설팅, 2002.

포스터, 리처드, 사라 캐플런. 「창조적 파괴」. 정성욱 역. 서울: 21세기북스, 2003.

피터 바이엘하우스. 「선교정책원론」. 김남식 역. 서울: 성광문화사, 1982.

하버라이트너, 엘리자베트 외. 「코칭 리더십」. 이영희 역. 서울: 국일증권경제연구소, 2002.

해거드, 테드, 잭 헤이포드. 「지역을 바꾸는 교회」. 예수전도단 역. 서울: 예수전도단, 2002.

휘체돔, 게오르그 F. 「하나님의 선교」. 박근원 역. 서울: 대한기독교출판사, 1989.

히데타케, 에노모토. 「코칭의 기술」. 황소연 역. 서울: 새로운제안, 2003.

5. 작지만 영향력 있는 M-Church

Beasley, G.R. and Murray. *Jesus and The Kingdom of God*. Grand Rapids, MI: Eerdmans Publishing Co., 1986.

Bloesch, Donald G. *Wellsprings of Renewal, Promise in Christian Communal Life*. Grand Rapids: Eerdmans, 1974.

Boff, Leonardo. *Ecclesiogenesis*. Maryknoll, NY: Orbis Books, 1992.

Bosch, David J. *Transforming Mission: Paradigm Shifts in Theology of Mission*. Maryknoll, NY: Orbis Books, 1993.

Branick, Vincent. *The House Church in the Writings of Paul*. Wilmingron, Delaware: Michael Glazier, 1989.

Bright, John. 「하나님의 나라」 [The Kingdom of God], 김철손 역. 서울: 컨콜디아사, 1981.

Cobb, John B. Jr. *Sustainability*. Maryknoll, New York: Orbis Books, 1992.

Daly, Herman E. and John B. Cobb, Jr. *For the Common Good*. Boston: Beacon Press, 1994.

Drucker, Peter F. *Post-Capitalist Society*. New York: HarperCollins Publishers, 1993.

Hebblethwaite, Margaret. *Base Communities*. Mahwah, NJ: Paulist Press, 1994.

-----. *Basic is Beautiful: Basic Ecclesial Communities from Third World to First World*. London, UK: Fount-HarperCollins, 1993.

Hesselbein, Frances, Richard Beckhard and Marshall Goldsmith. 「미래의 조직」 [The Organization of the Future], 이재규, 서재현 역. 서울: 한국경제신문사, 1998.

Kennedy, Paul. *Preparing for the Twenty-first Century*. New York: Random House, 1993.

King, Alexander and Bertrand Schneider. *The First Global Revolution: A Report by the Council of the Club of Rome*. New York: Pantheon Books, 1991.

Ladd, George Eldon. *The Gospel of the Kingdom*. Grand Rapids, MI: Wm. B. Eerdmans Publishing Company, 1959.

Last, John M. and Robert B. Wallace. *Public Health & Preventive Medicine*. Norwalk, CT:

Appleton & Lange Press, 1992.

Martell, Luke. 「녹색사회론」 [Ecology and Society], 대구사회연구소 환경연구부 역. 서울: 한울, 1995.

Martin, Hans-Peter and Harald Schumann. 「세계화의 덫: 민주주의와 삶의 질에 대한 공격」 [Die Globalisierungsfalle], 서울: 영림카디널, 1999.

Moltmann, Jurgen. 「삼위일체와 하나님의 나라」 [Trinitat und Reich Gottes], 김균진 역. 서울: 대한기독교출판사, 1997.

Naisbitt, John. *Global Paradox: The Bigger the World Economy, the More Powerful Its Smallest Players.* New York: William Morrow and Company, 1994.

Naisbitt, John and Patrica Aburdene. *Megatrends 2000.* New York: William Morrow and Company, 1990.

O'Halloran, James. *Signs of Hope: Developing Small Christian Communities.* Maryknoll, NY: Orbis Books, 1992.

-----. *Living Cells.* Maryknoll, NY: Orbis Books, 1984.

Ratzinger, Cardinal. *Letter to the Bishops of the Catholic Church on Some Aspects of the Church Understood as Communion.* Vatican City: Liberia Editrice Vaticana.

Rausch, Thomas P.S.J., *Radical Christian Communities.* Collegeville, Minnesota: The Liturgical Press, 1990.

Runia, Klaas and John R.W. Stott. 「하나님 나라의 신학」 [Das Himmelreich hat shon begonnen], 정일웅 역. 서울: 한국로고스연구원, 1992.

Snyder, Howard A. *Radical Renewal: Problem of Wineskines Today.* Houston, TX: Touch Publications, 1996.

-----. *Signs of the Spirit: How God Reshapes the Church.* Grand Rapids, MI: Zondervan Publishing House, 1989.

-----. *A Kingdom Manifesto.* Downers Grove, IL: Inter Varsity Press, 1985.

-----. *The Radical Wesley.* Downers Grove, IL: InterVasity Press, 1980.

Stevens, Paul. 「평신도가 사라진 교회?」 [The Equipper's Guide to Every-Member Ministry], 이철민 역. 서울: IVP, 1995.

-----. 「참으로 해방된 평신도」 [Liberating the Laity], 김성오 역. 서울: IVP, 1992.

The Western European Working Group and North American Working Group of the Department on Studies in Evangelism, *The Church for Others*(Geneva: World Council of Churches, 1967)

Toffler, Alvin. *Powershift: Knowledge, Wealth, and Violence at the Edge of the 21st Century.* New

York: Bantam Books, 1990.

-----. *The Third Wave*. New York: Bantam Books, 1981.

Vandenakker. John Paul. *Small Christian Communities and the Parish*. Kansas City, MO: Sheed & Ward, 1994.

Vicedom, Georg F. 「하나님의 선교」 [Missio Dei], 박근원 역. 서울: 대한기독교출판사, 1989.

Watson, David Lowes. *The Early Methodist Class Meeting*. Nashville, TN: Discipleship Resources, 1987.

Williams, Colin W. 「교회」 [The Church], 이계준 역. 서울: 대한기독교서회, 1984.

김광식. 「한국 *NGO: 시민사회단체, 21세기의 희망인가?*」. 서울: 동명사, 1999.

여성한국 사회연구회 편. 「한국가족문화의 오늘과 내일」. 서울: 사회문화연구소 출판부, 1995.

오광만 편역. 「구속사와 하나님 나라」. 서울: 반석문화사, 1994.

이신행 외 5인. 「*시민사회 운동: 이론적 배경과 국제적 사례*」. 서울: 법문사, 1999.

한국 사회학회 편. 「국제화시대의 한국 사회와 지방화」. 서울: 나남, 1994.

논문

Ratzinger, Cardinal. "The Ecclesiology of Vatican II", *Origins*. Vol. 15 (85-86).

II. 비전 세우기

6. 포지셔닝-브랜딩을 통한 비전 형성

Kraft, Charles H. *Anthropology for Christian Witness*. New York: Orbis Books, 1996.

Kraft, Charles H. *Christianity in Culture*. New York: Orbis Books, 1992.

갬블, 폴 R., 외 3인. 「마케팅 발상의 대전환」. 서울: 한스컨텐츠, 2007.

구자룡. 「한국형 포지셔닝」. 서울: 원앤원북스, 2003.

김훈철 외 2인. 「브랜드 스토리 마케팅」. 서울: 멘토르, 2006.

김훈철. 「포지셔닝을 만났을 때 광고-마케팅이 확 달라진다」. 서울: Comon, 2003.

던컨, 톰, 산드라 모리아티. 「브랜드 커뮤니케이션」. 서울: 북코리아, 2003.

데이비스, 스코트 M. 「브랜드 자산경영」. 서울: 거름, 2001.

라이징, 리차드. 「교회마케팅 *101*」. 서울: 올리브 북스, 2007.

무니, 켈리, 로라 버그하임. 「고객이 정답이다」. 서울: 좋은책만들기, 2002.

비숍, 빌. 「관계우선의 법칙」. 서울: 경영정신, 2003.

슈미트, 번트 H. 「CRM을 넘어 CEM으로」. 서울: 한언, 2004.

스미스, 숀, 조 휠러. 「브랜드 가치를 높이는 가치경험」. 서울: 다리미디어, 2003.

아커, 데이비드. 「브랜드 자산의 전략적 경영」. 서울: 비즈니스북스, 2006.

에스라, 박. 「크리스천 포지셔닝」. 서울: 생명의말씀사, 2003.

이관수. 「브랜드 만들기」. 서울: 미래와경영, 2003.

츠요시, 다마키, 혼다 테츠야. 「세상을 움직이는 파워마케팅」. 서울: 에이지21, 2004.

트라우트, 잭, 앨 리스. 「포지셔닝」. 서울: 을유문화사, 2006.

하쿠호도 브랜드 컨설팅. 「브랜드 경영」. 서울: 원앤원북스, 2004.

하쿠호도 브랜드 컨설팅. 「브랜드 마케팅」. 서울: 굿모닝미디어, 2002.

현대경영연구소. 「기업홍보 CI 현대광고」. 서울: 승산서관, 2002.

홍성준. 「차별화의 법칙」. 서울: 새로운 제안, 2006.

7. 포지셔닝-브랜딩(실천)

Logan, Robert E., Jeannette Buller. *Cell Church Planter's Guide.* ChurchSmart Resources, 2001.

Logan, Robert E., Neil Cole. *Raising Leaders for the Harvest.* ChurchSmart Resources, 1992-1995.

Logan, Robert E., Steven L. Ogne. *Churches Planting Churches.* ChurchSmart Resources, 1995.

Logan, Robert E., Thomas T. Clegg. *Releasing Your Church's Potential.* ChurchSmart Resources, 1998.

Merry, Jeff. *Focusing Worship.* ChurchSmart Resources, 2000.

Ogne, Steven L., Thomas P. Nebel. *Empowering Leaders through Coaching.* ChurchSmart Resources, 1995.

Walling, Terry B. *Focused Living.* CRM/Terry Walling, 1999.

Walling, Terry, Gary Mayes. *Focused Ministry: Discovering God's Unique Plan for Your Church.* CRM/Terry Walling, 1999.

닐, 캐스린. 「혼자서도 할 수 있는 비영리 PR」. 서울: 커뮤니케이션북스, 2003.

현대경영연구소. 「기업홍보 CI 현대광고」. 서울: 승산서관, 2002.

8. M-Church를 위한 조사방법론

Ammerman, Nancy T. *Studying Congregations: A New Handbook*. Nashville, TE: Abingdon, 1998.

Bierly, Steve R. *Help for the Small-Church Pastor*. Grand Rapids, MI: Zondervan Publishing House, 1995.

Bloesch, Donald G. *Wellsprings of Renewal, Promise in Christian Communal Life*. Grand Rapids: Eerdmans, 1974.

Burt, Steven E., Hazel A. Roper, *Rasing Small Church Esteem*. New York: An Alban Institute Publication, 1992.

Dudley, Carl S. *Making the Small Church Effective*. Nashville: Abingdon Press, 1978.

Foltz, Nancy T. *Caring for the Small Church*. Valley Forge: Judson Press, 1994.

Hebblethwaite, Margaret. *Base Communities*. Mahwah, NJ: Paulist Press, 1994.

Hirsh, Sandra K., Jane A.G. Kise. 「성격 유형과 영성」. 심혜숙, 문성호 역. 서울: 한국심리검사연구소, 2000.

Hopewell, James F. *Congregation: Stories and Structures*. Philadelphia: Fortress Press, 1987.

Kummerow, S. Hirsh, J. 「성격 유형과 삶의 양식」. 심혜숙, 임승환 역. 서울: 한국심리검사연구소, 1997.

Martin, Charles. 「성격 유형과 진로탐색」. 심혜숙 역. 서울: 한국심리검사연구소, 1999.

O'Halloran, James. *Living Cells*. Maryknoll, NY: Orbis Books, 1984.

O'Halloran, James. *Signs of Hope: Developing Small Christian Communities*. Maryknoll, NY: Orbis Books, 1992.

Poplin, Dennis E. 「지역사회학: 이론과 연구방법」. 홍동식, 박대식 편역. 서울: 경문사, 1985.

Rausch, Thomas P. S.J., *Radical Christian Communities*. Collegeville, Minnesota: The Liturgical Press, 1990.

Schaller, Lyle E. *The Small Membership Church: Scenarios for Tomorrow*. Nashville: Abingdon Press, 1994.

Snyder, Howard A. *Signs of the Spirit: How God Reshapes the Church*. Grand Rapids, MI: Zondervan Publishing House, 1989.

Spradley, James P. 「문화탐구를 위한 참여관찰방법」. 이희봉 역. 서울: 대한교과서주식회사, 2000.

김남선. 「지역사회 개발론」. 서울: 두남, 2002.

루빈, A., E. 바비. 「사회복지조사방법론」. 성숙진 외 3인 역. 서울: 나남출판, 1998.

메이슨, 제니퍼. 「질적 연구방법론」. 김두섭 역. 서울: 나남출판, 1999.

명성훈. 「교회 개척의 원리와 전략」. 서울: 국민일보, 2000.

박건. 「멘토링 목회전략」. 서울: 나침반, 1999.

버나드, 제시. 「지역사회학」. 안태환 역. 서울: 박영사, 1984.

벅비, 브루스. 「네트워크 사역: 개인의 열정, 은사, 스타일에 맞춘 봉사」. 안보헌 역. 서울: 생
　　　명의말씀사, 1997.

빌, 밥. 「멘토링」. 김성웅 역. 서울: 디모데, 1999.

세계교회협의회 편. 「세계를 위한 교회」. 박근원 역. 서울: 대한기독교출판사, 1991.

스테이크, 로버트. 「질적 사례 연구」. 홍용희, 조경주, 심종희 역. 서울: 창지사, 2000.

안석모. 「이야기 목회, 이미지 영성」. 서울: 목회상담, 2001

오혜경. 「사회조사방법론」. 서울: 아시아미디어리서치, 1998.

윌리, 로버트. 「교회의 조직갱신」. 박근원 역. 서울: 한신대학출판부, 1983.

이인재 외 4인. 「참여형 지역복지 체계론」. 서울: 나눔의 집, 2000.

장성배. 「글로벌시대의 교회, 문화, 그리고 사이버스페이스」. 서울: 성서연구사, 2001.

정지웅 외 3인. 「지역사회학」. 서울: 서울대학교출판부, 2001

정지웅 편. 「지역사회 개발과 사회교육」. 서울: 교육과학사, 2000.

정지웅. 「참여연구법과 그 사례」. 서울: 서울대학교출판부, 1995.

조옥진 편. 「성격 유형과 그리스도인의 영성」. 광주: 생활성서사, 1996.

존스톤, 존, 빌 설리반 편. 「대형 교회 시대의 작은 교회」. 고수철 역. 서울: 수직과 수평,
　　　2000.

최옥채. 「지역사회실천론」. 서울: 아시아미디어리서치, 2001.

최협 외 9인. 「지역사회 연구방법의 모색」. 전남: 전남대학교출판부, 1997.

캐롤, 잭슨. 「작은 교회는 아름답다」. 권정희 역. 서울: 신망애출판사, 1992.

크레인, 줄리아, 마이클 앙그로시노. 「문화인류학 현지조사 방법」. 한경구 역. 서울: 일조각,
　　　2000.

패짓, 데보라 K. 「사회복지 질절연구방법론」. 유태균 역. 서울: 나남출판, 2001.

하이벨스, 빌 외 공저. 「네트워크 은사배치 사역: 실천용」. 백순 외 공역. 서울: 프리셉트,
　　　1997.

하이벨스, 빌 외 공저. 「네트워크 은사배치 사역: 인도자 지침」. 백순 외 공역. 서울: 프리셉
　　　트, 1997.

하이벨스, 빌 외 공저. 「네트워크 은사배치 사역: 주교재」. 백순 외 공역. 서울: 프리셉트,

1997.

화이트, 제임스 에머리. 「*교회 성장 다시 생각해 봅시다*」. 백광진 역. 서울: 한국강해설교학
교, 2001.

III.실천하기

10. M-Church로 변화를 유도하기

스미스, 롤프. 「*개인과 조직의 혁신을 위한 변화 7단계*」. 이관웅 역. 서울: 엘테크, 1998.

코더, 존 외. 「*변화관리*」. 현대경제연구원 역. 서울: 21세기북스, 2002.

코더, 존, 댄 코헨. 「*기업이 원하는 변화의 기술*」. 김기웅, 김성수 역. 서울: 김영사, 2003.

코더, 존. 「*기업이 원하는 변화의 리더*」. 한정곤 역. 서울: 김영사, 1999.

코더, 존. 「*변화의 리더십*」. 신태균 역. 서울: 21세기북스, 2003.

하버드 경영대학원. 「*변화 경영의 핵심전략*」. 현대경제연구원 역. 서울: 청림, 2004.

I. 이론적 근거

1. M-Church?

1) 마 6:33.
2) 마 6:9; 눅 11:2.
3) 마 4:17; 막 1:15.
4) 행 1:3.
5) 눅 13:18~21; 마 13:31~33.
6) 마 13:44~46.
7) Howard Snyder, *Models of the Kingdom* (Nashville: Abingdon Press, 1991).
8) 이 부분은 본인의 저서, 「교회, 문화, 그리고 사이버스페이스」에서 인용함.
9) 행 2:42~47.
10) 마 8:20; 눅 9:58.
11) 막 1:35~39.
12) 마 9:35~38.
13) 마 28:19~20a.
14) 요 20:21b.
15) 행 1:8.
16) 마 5:13~16.
17) 오스 기니스, 「소명: 인생의 목적을 발견하고 성취하는 길」, 홍병룡 역 (서울: IVP, 2006).

2. 건강한 교회

1) Mark A. Wyatt, "Church's message, not methods, is sacred, Rick Warren says", 인터넷의 Baptist Press News Archive에서.
2) 자연적 교회 성장에 대한 연구는 다음과 같은 책들을 참고하였다. 크리스티안 A. 슈바르츠, 「자연적 교회 성장」 (NCD, 2000); 크리스티안 A. 슈바르츠, 「자연적 교회 성장 패러다임」 (NCD, 2000); 크리스티안 A. 슈바르츠, 「자연적 교회 성장 실행지침서」 (NCD,

2000); 크리스티안 A. 슈바르츠, 「자연적 교회 성장 첫걸음」 (NCD, 2001).

3) 고전 12장.

4) 피터 와그너, 「은사를 발견하라」 (서울: 규장, 2002); 빌 하이벨스 외, 「네트워크 은사배치 사역」 (서울: 프리셉트, 1997); 빌 하이벨스 외, 「네트워크 은사배치 사역: 인도자 지침」 (서울: 프리셉트, 1997); 빌 하이벨스 외, 「네트워크 은사배치 사역: 실행용 지침」 (서울: 프리셉트, 1997).

5) 돈 E. 샐리어스, 「예배와 영성」 (서울: 은성, 2002); 워런 W. 위어스비, 「참된 예배를 회복하라」 (서울: 생명의말씀사, 2002).

6) 조엘 코미스키, 「사람들이 몰려오는 소그룹 인도법」 (서울: NCD, 2003); 빌 도나휴, 러스 로빈슨, 소그룹, 「사역을 망치는 7가지 실수」 (서울: 국제제자훈련원, 2003); 정진우 편, 「전도 소그룹이 폭발한다」 (서울: NCD, 2002); 채이석 외, 「건강한 소그룹 사역 어떻게 할 것인가」 (서울: 기독신문사, 2000).

7) 스티브 쇼그린, 「자연적 전도」 (서울: NCD, 2001); 스티브 쇼그린, 「101전도법」 (서울: NCD, 2002).

8) 이 부분의 연구를 위해 다음과 같은 책들을 사용하였다. Ed Stetzer, *Planting New Churches in a Postmodern Age* (Broadman & Holman Publishers, 2003); Fred Herron, *Expanding God's Kingdom Through Church Planting* (iUniverse.com, 2003); Steve Sjogren, Rob Lewin, *Community of Kindness* (Regal Books, 2003); Ralph Moore, *Starting a New Church* (Regal Books, 2002); Stuart Murray, J. Nelson Kraybill, *Church Planting: Laying Foundations* (Herald Pr, 2001); Robert Logan E., Steven L. Ogne, *Churches Planting Churches* (ChurchSmart, 1995).

9) 교회를 개척하는 문제에 집중한 사이트 중에 참고한 사이트는 아래와 같다.

http://www.nextchurch.org/

http://www.huntingtoncounty.org/Church_Planting/index.html

http://www.mislinks.org/church/chplant.htm

http://www.churchsmart.com/

http://www.cmtcmultiply.org/

http://www.dcpi.org/

http://www.newlifeministries-nlm.org/online/links-chplant.htm

http://www.newchurchspecialties.org/index.shtml

10) Robert E. Logan, Steven L. Ogne, *Churches Planting Churches* (ChurchSmart, 1995), 3~5.

11) Robert E. Logan, Steven L. Ogne, *Churches Planting Churches*, 7~13.

12) http://www.cdea.org/partners/parentchurch.html

13) http://www.ohioag.org/OMM/NCI.html

14) http://www.crm.org.au/track_types.html

15) Purpose-Driven Church Conference Lecture Audio Tape, "Building A Purpose-Driven Church: Establishing A Foundation for Growth."

16) 김연택, 「21세기 건강한 교회」 (서울: 제자, 1997), 329~31.

17) 릭 워렌, 「새들백 교회 이야기」 (서울: 디모데, 1997), 194.

18) Purpose-Driven Church Conference Lecture Audio Tape, Attracting And Keeping A Crowd: How To Design Seeker Sensitive Services (Part 4-2).

19) 릭 워렌, 「새들백 교회 이야기」, 148.

20) 밥 로버츠, 「T-라이프」 (서울: GLP, 2007), 17.

21) 밥 로버츠, 「T-월드」 (서울: GLP, 2008).

22) 밥 로버츠, 「T-라이프」, 179.

23) 밥 로버츠, 「T-라이프」, 51.

3. 이머징 교회

1) 댄 킴볼, 「시대를 리드하는 교회」 (서울: 이레서원, 2007), 86.

2) Dan Kimball, *They Like Jesus But Not The Church* (Grand Rapids, MI: Zondervan, 2007).

3) 댄 킴볼, 「시대를 리드하는 교회」, 28~42.

4) 리차드 미들턴, 브라이언 왈시, 「포스트모던 시대의 기독교 세계관」 (서울: 살림, 2007), 100~103.

5) 그래함 존스톤, 「포스트모던 시대의 설교전략」 (서울: 한국기독교연구소, 2006), 44~45.

6) Craig Kennnet Miller, *Postmoderns* (Nashville, TE: Discipleship Resources, 1996).

7) 그래함 존스톤, 「포스트모던 시대의 설교전략」, 40.

8) 윌리엄 슈바이커, 「포스트모던 시대의 기독교 윤리」 (서울: 살림, 2003).

9) Michael Moynagh, *emergingchurch.intro* (Grand Rapids, MI: Monarch Books), 14.

10) Eddie Gibbs, Ryan K. Bolger, *Emerging Churches* (Grand Rapids, MI: Baker Academic).

11) Jim L. Wilson, *Future Church* (Nashville, TE: Broadman&Holman Publishers, 2004).

12) 레너드 스윗, 「영성과 감성을 하나로 묶는 미래 교회」 (서울: 좋은씨앗, 2002).

13) Michael Moynagh, *emergingchurch.intro*, 27~29.

14) Michael Moynagh, *emergingchurch.intro*, 15~19.

15) 댄 킴볼, 「시대를 리드하는 교회」, 42~45.

16) 댄 킴볼, 「고위한 예배」 (서울: 이레서원, 2004).

17) 댄 킴볼, 「시대를 리드하는 교회」, 25.

18) 마이클 그린, 「신앙의 미로를 향해하며」 (서울: 서로사랑, 2005); 레슬리 뉴비긴, 「포스트모던 시대의 진리」 (서울: IVP, 2005). 이 책들에서 마이클 그린과 레슬리 뉴비긴은 종교다원주의 속에서 하나님의 진리를 찾기 위해 노력하고 있다.

4. M-Church 패러다임

1) 브라이언 맥라렌, 「저 건너편의 교회」, 이순영 역 (서울: 낮은울타리, 2002), 8.

2) 브라이언 맥라렌, 「저 건너편의 교회」, 16.

3) 다니엘 버트리, 「생존을 넘어서는 교회」, 장종현 역 (서울: 기독교연합신문사, 2002), 19~38.

4) 다니엘 버트리, 「저 건너편의 교회」, chap. 3, 4, 5.

5) 장성배, 「글로벌시대의 교회, 문화, 그리고 사이버스페이스」 (서울: 성서연구사, 2001), 12~14.

6) The Western European Working Group and North American Working Group of the Department on Studies in Evangelism, *The Church for Others* (Geneva: World Council of Churches, 1967), 27. 이후 *Others*.

7) Darrell L. Guder ed., *Missional Church* (Grand Rapids, MI: William B. Eerdmans Publishing Company, 1998).

8) *Others*, 22~23.

9) *Others*, 13.

10) 이원규 편, 「한국 교회와 사회」 (서울: 나단, 1989), 55~56; 노치준, 「한국의 교회 조직」 (서울: 민영사, 1995), 31~62.

11) *Others*, 37.

12) Howard A. Snyder, *Liberating the Church* (Downers Grove, IL: Inter-varsity press, 1990).

13) Howard A. Snyder, *Liberating the Church*, 205~218.

14) *Others*, 38~45.

15) 마이클 마쿼츠, 「초 학습조직 구축법」 (서울: 창현출판사, 1997); 유영만, 「지식경제시대의 학습조직」 (서울: 고도컨설팅, 1995).

16) *Others*, 73.

17) Loren B. Mead, *The Once and Future Church* (NY: The Alban Institute, 1994), 9~13.

18) David Bosch, *Transforming Mission* (Maryknoll, New York: Orbis Books, 1993), chap. 6.

19) 빌헬름 니젤, 「비교교회론」, 이종성, 김항안 역 (서울: 대한기독교출판사, 1988), 47~73.

20) David Bosch, *Transforming Mission*, chap. 7.

21) Charles Van Engen, *God's Missionary People* (Grand Rapids, MI: Baker Book House, 1991), 29.

22) 게오르그 F. 휘체돔, 「하나님의 선교」, 박근원 역 (서울: 대한기독교출판사, 1989), 15~23.

23) 이계준, 「한국 교회와 하나님의 선교」 (서울: 전망사, 1981), 33~40; 게오르그 F. 휘체돔, 「하나님의 선교」, 37~52.

24) 이형기, 「WCC, Vatican II, WARC 해방신학 및 민중신학이 지향하는 교회의 사회참여」 (서울: 성지출판사, 1990).

25) 김명혁, 「현대교회의 동향」 (서울: 성광문화사, 1991), 46~133. 여기에서 그는 WCC의 입장에 대해서 비판적으로 기술하고 있다.

26) 피터 바이엘하우스, 「선교정책원론」, 김남식 역 (서울: 성광문화사, 1982), 21.

27) Arhur F. Glasser, "Evangelical Missions", *Toward the 21st Century in Christian Mission*, 11~12.

28) 김명혁, 「현대교회의 동향」 (서울: 성광문화사, 1991), 242.

29) John Naisbitt, *Global Paradox: The Bigger the World Economy, the More Powerful Its Smallest Players* (New York: William Morrow and Company, 1994), 17.

30) Colin W. Williams, 「교회」, 이계준 역 (서울: 대한기독교서회, 1984), 25~48.

31) *Others*, 72.

32)6) J.C. Hoekendijk, *The Church Inside Out* (Philadelphia: The Westminster Press, 1966), 76~82.

33)7) Peter C. Hodgson, *Revisioning the Church* (U.S.A.: Fortress Press, 1988), 18.

34) *Others*, 66.

35) Howard A. Snyder, *The Problem of Wineskins Today* (Houston, TX: Touch Publications, 1996), 66~69.

36) Howard A. Snyder, 55.

37) A. Toffler, *The Third Wave* (New York: Bantam Books, 1981).

38) 공동체에 대한 연구는 상당히 깊은 수준에 와 있다. 몇 가지 책들을 소개하면 다음과 같다. 가톨릭의 입장에서, Thomas P. Rausch, S. J., *Radical Christian Communities* (Collegeville, Minnesota: The Liturgical Press, 1990); 급진적 프로테스탄트의 입장에서, Howard A. Snyder, *Signs of the Spirit: How God Reshapes the Church* (Grand Rapids, MI: Zondervan Publishing House, 1989); 작은 공동체 운동에서, Donald G. Bloesch, *Wellsprings of Renewal, Promise in Christian Communal Life* (Grand Rapids: Eerdmans,

1974); 바닥공동체에 대해서는, James O'Halloran, *Living Cells* (Maryknoll, NY: Orbis Books, 1984); James O'Halloran, *Signs of Hope: Developing Small Christian Communities* (Maryknoll, NY: Orbis Books, 1992); Margaret Hebblethwaite, *Base Communities* (Mahwah, NJ: Paulist Press, 1994) 등을 살펴보라.

39) Howard A. Snyder, *Commnity of the King* (Downers Grove, IL: InterVasity Press, 1997).

40) Walter Klaassen, *Anabaptism: Neither Catholic nor Protestant* (Waterloo, Ontario: Conrad Press, 1973), 24.

41) Walfred J. Fahrer, *Building on the Rock: A Biblical Vision of Being Church Together from an Anabaptist-Mennonite Perspective* (Scottdale, PA: Herald Press, 1995), 26.

42) Arthur A. Rouner, Jr., *The Free Church Today: New Life for the Whole Church* (New York: Association Press, 1968), 37~46.

43) Glen Martin, Gary Mcintosh, *Creating Community* (Nashville, TE: Broadman&Holman Publishers, 1997).

44) Celia A. Hahn, *Lay Voices* (New York City: An Alban Institute, 1990); Robert F. Kohler, ed., *Christian As Minister* (Nashville, TE: UMC, 1988); Anne Rowthorn, *The Liberation of the Laity* (Harrisburg, PA: Morehouse, 1986); Leonard Doohan, *Laity's Mission in the Local Church* (San Francisco: Harper&Row, 1986); James D. Anderson, Ezra Earl Jones, *Ministry of the Laity* (San Francisco: Harper&Row, 1983) 등을 참조함.

45) 팀 목회에 대한 책들이 많이 나타나고 있다. 그중 몇을 소개한다. 로리 베스 존스, 「최고의 팀 빌더 예수」, 송경근 역 (서울: 한언, 2002); 딕 아이버슨, 「팀 목회」 (서울: 진흥, 1999); 김만배, 「선교 지향적 팀 목회론」 (서울: 진리와자유, 1999); 고훈, 「교회 성장을 위한 팀 목회」 (서울: 베드로서원, 1996); 래리 길버트, 「팀 사역」, 채수범 역 (서울: 프리셉트, 1995).

46) 웨인 코디로, 「팀으로 이끄는 교회」, 김경섭 역 (서울: 프리셉트, 2001).

47) 멘토링과 코칭에 대한 서적들이 많이 나타나고 있다. 대표적인 몇 권을 소개하면 다음과 같다. 케이스 드루리 외, 「청소년 멘토링: 청소년 지도자들을 위한 멘토용 지침서」, 박안석 역 (서울: 멘토, 2003); 박건, 「멘토링 목회전략」 (서울: 나침반사, 1999); 밥 빌, 「멘토링: 사람을 세우는 22가지 원리」, 김성웅 역 (서울: 디모데, 1997); 마샬 쿡, 「코칭의 기술」, 서천석 역 (서울: 지식공작소, 2003); 다케다 고이치, 「팀 심리코칭」, 심교준 역 (서울: 한언, 2003); 에노모토 히데타케, 「코칭의 기술」, 황소연 역 (서울: 새로운제안, 2003); 엘리자베트 하버라이트너 외, 「코칭 리더십」, 이영희 역 (서울: 국일증권경제연구소, 2002); 퍼드낸드 퍼니스, 「리더를 위한 코칭스킬」 (서울: HR Partner 컨설팅, 2002).

48) Frances Hesselbein, Richard Beckhard and Marshall Goldsmith, 「미래의 조직」, 이재규, 서재현 역 (서울: 한국경제신문사, 1998).

49) 테드 해거드, 잭 헤이포드, 「지역을 바꾸는 교회」, 예수전도단 역 (서울: 예수전도단, 2002); 밥 베킷, 「지역을 바꾸는 기도」, 예수전도단 역 (서울: 예수전도단, 2002).

50) *Others*, 30~33.

51) Paul Kennedy, *Preparing for the Twenty-first Century* (New York: Random House, 1993), 3~134.

52) Hans-Peter Martin, Harald Schumann, 「세계화의 덫: 민주주의와 삶의 질에 대한 공격」, 강수돌 역 (서울: 영림카디널, 1999); John Naisbitt, Patrica Aburdene, *Megatrends 2000* (New York: William Morrow and Company, 1990), 118~153; Alexander King, Bertrand Schneider, *The First Global Revolution: A Report by the Council of the Club of Rome* (New York: Pantheon Books, 1991), 274.

53) Alexander King, Bertrand Schneider, *The First Global Revolution: A Report by the Council of the Club of Rome*, 249~253.

54) 리처드 포스터, 사라 캐플런, 「창조적 파괴」, 정성욱 역 (서울: 21세기북스, 2003).

5. 작지만 영향력 있는 M-Church

1) 제임스 에머리 화이트, 「교회 성장 다시 생각해 봅시다」, 백광진 역 (서울: 한국강해설교 학교, 2001), 46.

2) 잭슨 캐롤, 「작은 교회는 아름답다」, 권정희 역 (서울: 신망애출판사, 1992); 존 존스톤, 빌 설리반 편, 「대형 교회 시대의 작은 교회」, 고수철 역 (서울: 수직과 수평, 2000).

3) 존 존스톤, 빌 설리반 편, 「대형 교회 시대의 작은 교회」.

4) 작은 교회 활성화를 위한 관점을 얻기 위해서는 다음의 책들을 참고하라. Steve R. Bierly, *Help for the Small-Church Pastor* (Grand Rapids, MI: Zondervan Publishing House, 1995); Lyle E. Schaller, *The Small Membership Church: Scenarios for Tomorrow* (Nashville: Abingdon Press, 1994); Nancy T. Foltz, *Caring for the Small Church* (Valley Forge: Judson Press, 1994); Steven E. Burt, Hazel A. Roper, *Rasing Small Church Esteem* (New York: An Alban Institute Publication, 1992); Carl S. Dudley, *Making the Small Church Effective* (Nashville: Abingdon Press, 1978).

5) 이하는 본인의 저서, 「교회, 문화 그리고 사이버스페이스」 6장에서 가져왔음을 밝힙니다.

6) Howard A. Snyder, *Radical Renewal: Problem of Wineskines Today* (Houston, TX: Touch Publications, 1996), 9.

7) Thomas P. Rausch, S. J., *Radical Christian Communities* (Collegeville, Minnesota: The Liturgical Press, 1990).

8) Howard A. Snyder, *Signs of the Spirit: How God Reshapes the Church* (Grand Rapids, MI: Zondervan Publishing House, 1989).

9) Donald G. Bloesch, *Wellsprings of Renewal, Promise in Christian Communal Life* (Grand Rapids: Eerdmans, 1974).

10) 기초공동체의 구조에 대해서는 아래의 책들을 참고하라. James O'Halloran, *Living Cells* (Maryknoll, NY: Orbis Books, 1984); James O'Halloran, *Signs of Hope: Developing Small Christian Communities* (Maryknoll, NY: Orbis Books, 1992); Margaret Hebblethwaite, *Base Communities* (Mahwah, NJ: Paulist Press, 1994).

11) Leonardo Boff, *Ecclesiogenesis* (Maryknoll, NY: Orbis Books, 1992), 23~33.

12) Howard A. Snyder, *The Radical Wesley* (Downers Grove, IL: InterVasity Press, 1980); David Lowes Watson, *The Early Methodist Class Meeting* (Nashville, TN: Discipleship Resources, 1987).

13) Margaret Hebblethwaite, *Basic is Beautiful: Basic Ecclesial Communities from Third World to First World* (London, UK: Fount-Harper Collins, 1993), 19~45.

14) Vincent Branick, *The House Church in the Writings of Paul* (Wilmingron, Delaware: Michael Glazier, 1989).

15) 몬 2; 그 외에도 고전 16:19; 롬 16:3, 5; 골 4:15 등을 참고하라.

16) David J. Bosch, *Transforming Mission: Paradigm Shifts in Theology of Mission* (Maryknoll, NY: Orbis Books, 1993), 210.

17) 여성한국사회연구회 편. 「한국가족문화의 오늘과 내일」 (서울: 사회문화연구소 출판부, 1995).

18) Paul Stevens, 「참으로 해방된 평신도」[Liberating the Laity], 김성오 역 (서울: IVP, 1992); Paul Stevens, 「평신도가 사라진 교회?」[The Equipper's Guide to Every-Member Ministry], 이철민 역 (서울: IVP, 1995).

19) *Others*, 30~33.

20) John M. Last, and Robert B. Wallace, *Public Health & Preventive Medicine* (Norwalk, CT: Appleton & Lange Press, 1992), 1071.

21) Donald G. Bloesch, *Wellsprings of Renewal, Promise in Christian Communal Life*, 19~20.

II. 비전 세우기

6. 포지셔닝-브랜딩을 통한 비전 형성

1) 잭 트라우트, 앨 리스, 「포지셔닝」 (서울: 을유문화사, 2006).

2) 잭 트라우트, 앨 리스, 「포지셔닝」, 19.

3) 김훈철 외 2인, 「브랜드 스토리 마케팅」 (서울: 멘토르, 2006), 17~18.

4) 구자룡, 「한국형 포지셔닝」 (서울: 원앤원북스, 2003), 98~105.

5) 잭 트라우트, 앨 리스, 「포지셔닝」, 98.

6) 구자룡, 「한국형 포지셔닝」, 21.

7) 잭 트라우트, 앨 리스, 「포지셔닝」, 19.

8) 구자룡, 「한국형 포지셔닝」.

9) 김훈철, 「포지셔닝을 만났을 때 광고-마케팅이 확 달라진다」 (서울: Comon, 2003), 9.

10) 홍성준, 「차별화의 법칙」 (서울: 새로운 제안, 2006).

11) 김훈철, 「포지셔닝을 만났을 때 광고-마케팅이 확 달라진다」, 56~57.

12) 구자룡, 「한국형 포지셔닝」, 49~50; 다마키 츠요시, 혼다 테츠야, 「세상을 움직이는 파워 마케팅」 (서울: 에이지21, 2004).

13) 홍성준, 「차별화의 법칙」, 89~96.

14) 구자룡, 「한국형 포지셔닝」, 82~89; 잭 트라우트, 앨 리스, 「포지셔닝」, 83~94.

15) 리차드 라이징, 「교회마케팅 101」 (서울: 올리브 북스, 2007), 236.

16) 구자룡, 「한국형 포지셔닝」, 54; 하쿠호도 브랜드 컨설팅, 「브랜드 경영」 (서울: 원앤원 북스, 2004), 26; 데이비드 아커, 「브랜드 자산의 전략적 경영」 (서울: 비즈니스북스, 2006), 56~69.

17) 구자룡, 「한국형 포지셔닝」, 24.

18) 이관수, 「브랜드 만들기」 (서울: 미래와경영, 2003), 41~56.

19) 김훈철 외 2인, 「브랜드 스토리 마케팅」, 18.

20) 하쿠호도 브랜드 컨설팅, 「브랜드 경영」, 15.

21) 하쿠호도 브랜드 컨설팅, 「브랜드 경영」, 22.

22) 스코트 M. 데이비스, 「브랜드 자산경영」 (서울: 거름, 2001).

23) 하쿠호도 브랜드 컨설팅, 「브랜드 마케팅」 (서울: 굿모닝미디어, 2002), 22.

24) 톰 던컨, 산드라 모리아티, 「브랜드 커뮤니케이션」 (서울: 북코리아, 2003), 3부.

25) 켈리 무니, 로라 버그하임, 「고객이 정답이다」 (서울: 좋은책만들기, 2002).

26) 리차드 라이징, 「교회 마케팅 101」, 240.

27) 빌 비숍, 「관계우선의 법칙」 (서울: 경영정신, 2003).

28) 폴 R. 갬블, 외 3인, 「마케팅 발상의 대전환」 (서울: 한스컨텐츠, 2007), 243~287.

29) 톰 던컨, 산드라 모리아티, 「브랜드 커뮤니케이션」, 2부.

30) 번트 H. 슈미트, 「CRM을 넘어 CEM으로」 (서울: 한언, 2004).

31) 숀 스미스, 조 휠러, 「브랜드 가치를 높이는 가치경험」 (서울: 다리미디어, 2003).

32) 김훈철 외 2인, 「브랜드 스토리 마케팅」, 6.

33) Charles H. Kraft, *Christianity in Culture* (New York: Orbis Books, 1992), 147~150.

34) Charles H. Kraft, *Anthropology for Christian Witness* (New York: Orbis Books, 1996), 69~84.

35) Charles H. Kraft, *Christianity in Culture*, 113~115.

36) Charles H. Kraft, *Christianity in Culture*, 169~173.

37) 요 3:16.

38) 마 20:26~28.

39) 요 13:14~15.

40) 요 13:34~35.

41) 박 에스라, 「크리스천 포지셔닝」 (서울: 생명의말씀사, 2003).

42) 롬 1:18~23.

43) 마 16:13~16.

44) 요 20:28.

45) 고전 9:19~23.

46) 행 17:22~31.

47) 행 18:3~4.

48) 리차드 라이징, 「교회 마케팅 101」, 101, 114.

7. 포지셔닝-브랜딩(실천)

1) 목회자 분석, 회중 분석, 탐구공동체 활용, 지역사회 분석, 비전 형성 등의 문제를 목회적 또는 선교적 관점에서 다룬 자료들이 많이 나오고 있다. 그중 이 연구자가 활용한 자료들은 아래와 같다. 이 자료들 중에서 이 논문의 주제에 맞는 부분을 연구자의 관점으로 재정리, 요약하여 인용하기도 했음을 밝힌다. Terry Walling and Gary Mayes, *Focused Ministry: Discovering God's Unique Plan for Your Church* (CRM/Terry Walling, 1999); Robert E. Logan and Thomas T. Clegg, *Releasing Your Church's Potential* (ChurchSmart Resources, 1998); Robert E. Logan and Steven L. Ogne, *Churches Planting Churches* (ChurchSmart

Resources, 1995); Robert E. Logan and Neil Cole, *Raising Leaders for the Harvest* (ChurchSmart Resources, 1992~1995); Steven L. Ogne and Thomas P. Nebel, *Empowering Leaders through Coaching* (ChurchSmart Resources, 1995); Jeff Merry, *Focusing Worship* (ChurchSmart Resources, 2000); Terry B. Walling, *Focused Living* (CRM/Terry Walling, 1999); Robert E. Logan and Jeannette Buller, *Cell Church Planter's Guide* (ChurchSmart Resources, 2001).

2) 스코트 M. 데이비스의 「브랜드 자산경영」에 제시된 구조 참조.

3) 현대경영연구소, 「기업홍보 CI 현대광고」 (서울: 승산서관, 2002), 2부.

4) 리차드 라이징, 「교회마케팅 101」 (서울: 올리브북스, 2007), 10장.

5) 캐스린 닐, 「혼자서도 할 수 있는 비영리 PR」 (서울: 커뮤니케이션북스, 2003). 이 책은 비영리단체들이 사용할 수 있는 다양한 홍보방법을 설명하고 있다.

8. M-Church를 위한 조사방법론

1) 최옥채, 「지역사회실천론」 (서울: 아시아미디어리서치, 2001), 29.

2) 벤 캠벨 존슨, 「목숨 걸 사명을 발견하라」, 이용복 역 (서울: 규장, 2002); 로버트 허드넛, 「소명」, 전의우 역 (서울: 요단, 2002); 헨리 블랙커비, 케리 스키너, 「소명」, 최문정 역 (서울: 두란노, 2002); 손경구, 「사명」 (서울: 두란노, 2007).

3) 벤 캠벨 존슨, 「목숨 걸 사명을 발견하라」, 87.

4) 벤 캠벨 존슨, 「목숨 걸 사명을 발견하라」, 116.

5) 벤 캠벨 존슨, 「목숨 걸 사명을 발견하라」, 157.

6) 안석모, 「이야기 목회, 이미지 영성」 (서울: 목회상담, 2001), 88~109.

7) 박건, 「멘토링 목회전략」 (서울: 나침반, 1999); 밥 빌, 「멘토링」, 김성웅 역 (서울: 디모데, 1999).

8) 로버트 윌리, 「교회의 조직갱신」, 박근원 역 (서울: 한신대학출판부, 1983), 34~36.

9) 로버트 윌리, 「교회의 조직갱신」, 38~39.

10) 줄리아 크레인, 마이클 앙그로시노, 「문화인류학 현지조사 방법」, 한경구 역 (서울: 일조각, 2000).

11) 안석모, 「이야기 목회, 이미지 영성」, 159~184.; James F. Hopewell, *Congregation: Stories and Structures* (Philadelphia: Fortress Press, 1987).

12) Nancy T. Ammerman, *Studying Congregations: A New Handbook* (Nashville, TE: Abingdon, 1998).

13) 로버트 윌리, 「교회의 조직갱신」, 41.

14) 조옥진 편, 「성격 유형과 그리스도인의 영성」 (광주: 생활성서사, 1996); S. Hirsh, J. Kummerow, 「성격 유형과 삶의 양식」, 심혜숙, 임승환 역 (서울: 한국심리검사연구소, 1997); Charles Martin, 「성격 유형과 진로탐색」, 심혜숙 역 (서울: 한국심리검사연구소, 1999); Sandra K. Hirsh, Jane A.G. Kise, 「성격 유형과 영성」, 심혜숙, 문성호 역 (서울: 한국심리검사연구소, 2000).

15) 빌 하이벨스 외 공저, 「네트워크 은사배치 사역: 인도자 지침」, 백순 외 공역 (서울: 프리셉트, 1997); 빌 하이벨스 외 공저, 「네트워크 은사배치 사역: 주교재」, 백순 외 공역 (서울: 프리셉트, 1997); 빌 하이벨스 외 공저, 「네트워크 은사배치 사역: 실천용」 (서울: 프리셉트, 1997); 브루스 벅비, 「네트워크 사역: 개인의 열정, 은사, 스타일에 맞춘 봉사」, 안보헌 역 (서울: 생명의말씀사, 1997).

16) 갈 5:13.

17) 세계교회협의회 편, 「세계를 위한 교회」, 박근원 역 (서울: 대한기독교출판사, 1991), 38~44.

18) 이인재 외 4인, 「참여형 지역복지 체계론」 (서울: 나눔의 집, 2000).

19) 세계교회협의회 편, 「세계를 위한 교회」, 57~66.

20) 명성훈, 「교회 개척의 원리와 전략」 (서울: 국민일보, 2000), 183~206.

21) 김남선, 「지역사회 개발론」 (서울: 두남, 2002), 109~115.

22) 제시 버나드, 「지역사회학」, 안태환 역 (서울: 박영사, 1984), 254.

23) 정지웅 외 3인, 「지역사회학」 (서울: 서울대학교출판부, 2001).

24) 정지웅 외 3인, 「지역사회학」, 13.

25) 정지웅 편, 「지역사회 개발과 사회교육」 (서울: 교육과학사, 2000).

26) 줄리아 크레인, 마이클 앙그로시노, 「문화인류학 현지조사 방법」; 제니퍼 메이슨, 「질적 연구방법론」, 김두섭 역 (서울: 나남출판, 1999); 로버트 스테이크, 「질적 사례 연구」, 홍용희, 조경주, 심종희 역 (서울: 창지사, 2000); James P. Spradley, 「문화탐구를 위한 참여관찰방법」, 이희봉 역 (서울: 대한교과서주식회사, 2000).

27) 정지웅 외 3인, 「지역사회학」; Dennis E. Poplin, 「지역사회학: 이론과 연구방법」, 홍동식, 박대식 편역 (서울: 경문사, 1985); 제시 버나드, 「지역사회학」, 안태환 역 (서울: 박영사, 1984).

28) A. 루빈, E. 바비, 「사회복지조사방법론」, 성숙진 외 3인 역 (서울: 나남출판, 1998); 데보라 K. 패짓, 「사회복지 질적연구방법론」, 유태균 역 (서울: 나남출판, 2001); 오혜경, 「사회조사방법론」 (서울: 아시아미디어리서치, 1998).

29) 최협 외 9인, 「지역사회 연구방법의 모색」 (전남: 전남대학교출판부, 1997).

30) 정지웅, 「참여연구법과 그 사례」 (서울: 서울대학교출판부, 1995).

III. 실천하기

10. M-Church로 변화를 유도하기

1) 롤프 스미스, 「개인과 조직의 혁신을 위한 변화 7단계」 [The 7 Levels of Change], 이관웅 역 (서울: 엘테크, 1998).

2) 하버드 경영대학원, 「변화 경영의 핵심전략」 [Managing Change and Transition], 현대경제 연구원 역 (서울: 청림, 2004).

3) 존 코더, 「변화의 리더십」 [What Leaders Really Do], 신태균 역 (서울: 21세기북스, 2003); 존 코더, 댄 코헨, 「기업이 원하는 변화의 기술」 [The Heart of Change], 김기웅, 김성수 역 (서울: 김영사, 2003); 존 코더 외, 「변화관리」 [Change], 현대경제연구원 역 (서울: 21세기 북스, 2002); 존 코더, 「기업이 원하는 변화의 리더」 [Leading Change], 한정곤 역 (서울: 김 영사, 1999).

4) 존 코더, 댄 코헨, 「변화의 리더십」, 20~21.

5) 존 코더, 댄 코헨, 「변화의 리더십」, 28~36.

21세기 교회의 존재방식, M-Church

사명을 다하는 교회로
바로 세워라

초판 1쇄   2009년 5월 20일
　2쇄　 2012년 11월 7일

장성배 지음

발 행 인 | 김기택
편 집 인 | 손인선

펴 낸 곳 | 도서출판 kmc
등록번호 | 제2-1607호
등록일자 | 1993년 9월 4일

(110-730) 서울시 종로구 세종대로 149 감리회관 16층
(재)기독교대한감리회 출판국

대표전화 | 02-399-2008, 02-399-4365(팩스)
홈페이지 | http://www.kmcmall.co.kr
디자인 · 인쇄 | 리더스 커뮤니케이션 02)2123-9996/7

값 11,000원
ISBN 978-89-8430-419-2 03230